·项/目/管/理/核/心/资/源/库/

[英] 苏珊娜·马德森（Susanne Madsen） 著
沈小滨 译

项目管理中的领导力

从项目管理者到领导者成功转型的七要素

（第2版）

THE POWER OF PROJECT LEADERSHIP

7 Keys to Help You Transform from Project Manager to Project Leader, 2E

電子工業出版社
Publishing House of Electronics Industry
北京·BEIJING

版权贸易合同登记号　图字：01-2020-0480

图书在版编目（CIP）数据

项目管理中的领导力：从项目管理者到领导者成功转型的七要素：第 2 版 /（英）苏珊娜·马德森（Susanne Madsen）著；沈小滨译. —北京：电子工业出版社，2020.3

书名原文：The Power of Project Leadership: 7 Keys to Help You Transform from Project Manager to Project Leader, 2E

ISBN 978-7-121-38441-7

Ⅰ. ①项… Ⅱ. ①苏… ②沈… Ⅲ. ①企业领导学 Ⅳ. ①F272.91

中国版本图书馆 CIP 数据核字（2020）第 024224 号

责任编辑：刘露明
文字编辑：刘淑敏
印　　刷：涿州市般润文化传播有限公司
装　　订：涿州市般润文化传播有限公司
出版发行：电子工业出版社
　　　　　北京市海淀区万寿路 173 信箱　　邮编 100036
开　　本：720×1000　1/16　印张：21　字数：310 千字
版　　次：2016 年 10 月第 1 版（原著第 1 版）
　　　　　2020 年 3 月第 2 版（原著第 2 版）
印　　次：2024 年 3 月第 8 次印刷
定　　价：88.00 元

凡所购买电子工业出版社图书有缺损问题，请向购买书店调换。若书店售缺，请与本社发行部联系，联系及邮购电话：（010）88254888，88258888。

质量投诉请发邮件至 zlts@phei.com.cn，盗版侵权举报请发邮件至 dbqq@phei.com.cn。

本书咨询联系方式：（010）88254199，sjb@phei.com.cn。

好评如潮

项目变得越来越复杂，从技术的角度是这样的，从领导力的角度也是这样的。我们在高级项目经理领导力培养项目中，为每位学员提供了《项目管理中的领导力》一书。在领导力培训中和培训后，学员们都一直在使用这本书，非常喜欢书中提供的实用方法。

——萨斯基亚·范德梅，皇家 BAM 集团学习与人才发展总监

出版第 1 版的时候，我就喜欢上了这本书。现在的第 2 版变得更好了。得到全面更新的这一版，进一步深入探讨了领导力战略，帮助你更有效地领导自己和团队。这本书不仅提供了很多理论方法，而且提供了很多日常工作中就可以应用的实用工具与技巧。苏珊娜用通俗的方式，帮助我们更好地理解了领导力的核心要素，你可以把其中的工具拿过来直接应用，让你的团队变得与众不同。

——伊丽莎白·哈林，Otobos 咨询公司总监，
英国项目管理协会会员，著名博客主

本书为项目经理提供了较新的前沿信息，旨在帮助你反思个人的职业生涯，提升职业素养，成为一名项目领导者。本书不仅提供了实用的理论框架，还有来自一线项目经理的令人深受启发的故事。

——卡罗尔·奥斯特韦尔，Visible Dynamics 公司总监

本书深入探讨了个人管理方面的技术，为我们提供了许多个人管理工具，帮助我们激发项目团队成员，获得最佳工作成果。这本书的内容，大多来自项目管理的一线实践，确实能帮助你成为一名卓越的项目领导者。你需要做的，就是带着好奇心，耐心地学习和提升自己。祝学习愉快！

——莎拉·简·伍兹，公共服务项目经理和生活教练

本书为项目经理的领导力实践提供了更多的新模型和新思想。在这本书里，你可以学习很多新概念，但要想收获最大，你需要制订一个计划，从头开始，认真地读完全书，熟练掌握所有的概念。我建议你多读几遍这本书。

——露丝·皮尔奇，ACC 教练，法学博士，PMP，*Project Motivator* 作者

苏珊娜的新书是项目经理们如何从被动的执行者转型为积极的领导者的指导手册。每翻一页，你都能找到有关项目领导力的故事、自我评测，以及富有启发性的提问，帮助我们强化学习成果，并把崭新的、强有力的领导力技能应用到自己的项目中。本书重点强调的是心态改变，这是所有项目经理在工作中都应该努力学习和改进的地方。

——戴夫·韦克曼，韦克曼管理咨询公司首席顾问

读苏珊娜的这本书，就像经历一次私人教练课程，一点一点地引导你转型，从项目管理者走向项目领导者。苏珊娜的教练技巧纯熟，其设计的学习内容由浅入深，随着阅读的深入，你会越发感觉到书中练习的价值。对于毕业后的学生和项目管理专业人士而言，这是一本必读书。我希望我的学生们读一读这本书。

——尼古拉斯·兰布鲁博士，威斯敏斯特大学高级讲师

这本书应该成为你今年的个人发展方面的有效指导工具。

——博格·康特克，德国 Barclaycard 公司副总裁，高级变革经理

推荐所有的项目经理读这本书。

——彼得·泰勒，《懒惰的项目经理》作者

这本书将会帮助全世界的项目领导者成长和发展，不仅会帮助更多的项目成功交付，而且会培养出更多的项目领导者。我认为这本书应该成为每位项目经理的必读书，不管你的项目是何种类型的。这本书不仅有益于你的现在，还将有益于你的未来。

——黛博拉·海因，复杂项目管理国际中心 CEO

本书引发人们注意到了企业家精神及其重要性，它特别强调了“人的因素”，阐述了在领导力发展中的心理和生理学方面的问题。

——史蒂芬·海因斯，ICCPM 国际协会主席

复杂解决方案中心总经理

目录

中文版序

非常荣幸地看到，我的第 2 本书被翻译成中文，这可是世界上使用人数最多的语言。我注意到，项目领导力正在全球兴起。英国项目管理协会在不断谈论项目领导力的重要性，全球项目管理学会 PMI 认为，基于流程的项目管理的技术已经远远不够。用它们的话说，除了项目管理的技术，我们还需要领导力，需要战略，需要商业意识，以支持战略目标的达成，这是项目的根本目标。世界各地对项目领导力的兴趣日益高涨，这本书能被翻译成中文，就是这方面的例证。

我第一次到中国是在 2014 年。我被这片土地上的活跃景象震惊了。我曾经被邀请到上海，做了一系列项目领导力方面的专题培训。我不仅对这个城市的巨大规模和活力充满惊奇，而且被参加我的教练和培训课程的学员们的专业和敬业精神所感动。我发现中国的学员们对持续改进、个人发展，以及如何向过去学习和反思，表现出强烈的意愿。他们迫切地想提升自己的能力，想搞清楚如何才能确保项目成功，如何才能为客户提供更多的客户价值，他们的表现实在令人兴奋。他们的这种强烈的学习欲望给了我巨大的信心，我坚信项目领导力的原则与思想一定会发展和普及开来。

在中国的时候，我还发现，中国项目经理们面临的最常见的问题与挑战，与我在世界各地观察到的几乎一模一样。项目团队需要交付产品和服务的要求越来越高，时间越来越紧，资源也越来越少。如何应对各方面的压力，许多项目经理的做法是，工作更加努力，工作中更加关注细节，不要让任何任务出错，同时把压力进一步传递给团队。然而，今天的项目正变得越来越复杂，不能简单地通过有力的控制和压力的传递就能让工作得以完成。与之相反，我们要学会如何更好地领导团队、激发团队去迎接来自各方面的挑战。为了更好地交付项目成果，为了避免项目失败，我们必须思考得更广、更深、更远，而不是简单地跑得更快。

我非常高兴地看到这本书在中国出版，期待它能在这个伟大的国家，帮助成千上万的人从项目经理转型为项目领导者。

苏珊娜·马德森

项目领导力教练

www.susannemadsen.com

译者序

本书反映了市场的需求和项目经理对这本书的喜爱。对项目经理来说，这是一本独一无二的、必备的手头工具书。

如今的市场竞争越来越厉害了，客户越来越挑剔了，产品越来越不好卖了，团队越来越不好带了，项目越来越难做了，而且所有的这一切，还会越来越严峻。企业如何应对这一挑战？项目经理如何应对这一变化？这是一个摆在每家企业和每名项目经理面前的现实问题。

对于越来越复杂的项目，只要给一点时间，技术方面的问题其实并不难解决。项目之难，难就难在需求的不确定、环境的不协同、资源的不匹配和团队成员个性的多样性。项目越复杂，环境越不确定，人员越多元化，管理流程越不规范，就越需要一名好的项目经理。一名好的项目经理，不仅要懂得项目管理方面的专业技术与工具，还要懂得领导力，才能有效地管理项目的相关方，提升项目相关方的参与度与满意度。项目经理不仅要具备专业方面的“硬能力”，还要具备人际关系方面的“软能力”。此外，项目经理的战略思维和商业思维也对项目的交付与成功，起着越来越重要的作用。

项目经理如何提升领导力？本书针对项目管理的环境，提出了一个非常有效的学习框架，总结出了项目管理中领导力的七大核心要素，为项目经理提升领导力勾画出了一条可学习、可落地的清晰路线图。项目管理中的领导力涉及的七大核心要素是做真实的自我（领导自我）、用愿景领导（领导他人）、改善与创新、赋能团队、与项目相关方建立信任关系、使用强有力的技术工具（成为项目管理专业人士）和聚焦工作重点（自我转型，从技术到管理，从管理到领导，从领导到战略）。

这七大核心要素就像一部项目管理的实践指导手册，个个读来耐人寻味，对一名在痛苦中徘徊、在迟疑中摸索、在转型中烦恼的项目经理来说，具有极大的指导意义。

第 2 版有几个方面的主要变化：一是增加了情商的内容，强调了项目经理提升情商的重要性，阐述了情商的五个方面；二是增加了罗伯特·迪尔茨的逻辑层次模型；三是增加了关于领导力的六种不同风格，帮助项目经理实施因人而异、因事而异、因项目阶段而异的高效情景领导，更好地领导和影响团队。

展望未来，项目经理作为一个典型的复合型人才，将会变得越来越重要、越来越有商业价值。在今天，项目经理如何做好自我转型，提升个人的全面素质与能力，特别是领导力？毫无疑问，学习项目管理中的领导力是对自己未来的最好投资。华为的任正非说，培训是通向明天的阶梯。我坚信，学习项目管理中的领导力是项目经理通向未来、从优秀走向卓越的必由之路。

“项目管理中的领导力”是一门跨界的学科，讲的不是单纯的项目管理，也不是单纯的领导力，而是一门新学科，融合了项目管理与领导力，是项目管理环境中的领导力。做项目管理的人很多，研究领导力的人也很多，但同时具备这两方面知识与实践的人很稀缺。同行学习是革新，跨界学习是革命。项目管理中的领导力不仅涉及理论研究，还涉及更多的行业实践与应用。对于这个方面的探索，还有太多的工作要做、太多的东西要学习。欢迎志同道合的同人，一起参与到这个特别值得投入的专业领域，为中国的项目管理、为世界的项目管理，做出独特的价值贡献。我的联系邮箱：customer@beijingonline.com.cn。

沈小滨

译者简介

沈小滨，中国 6P 领导力首席顾问、国内著名领导力专家、德鲁克学院特聘领导力高级讲师、ICF 国际认证教练、全球 PMGS 中国项目管理首席顾问。拥有国家版权局登记的自主品牌课程“6P 领导力”“变革领导力”“绩效领导力”“教练领导力”“项目管理中的领导力”。获得“领越领导力”“4D 卓越团队领导力”“克服团队协作的五项障碍”等国际品牌课程授权讲师认证。

曾任摩托罗拉高级经理人、高科技合资企业总经理、国内某著名管理咨询公司副总裁。具有左手领导力，右手项目管理，“软”和“硬”兼具的特色。为奥迪、大众、一汽、北汽、麦当劳、爱立信、微软、施耐德等全球 500 强企业，以及清华大学经管学院 MBA、北京大学 CHO 提供定制化培训。撰写和翻译有《企业转型》《绩效领导力》《战略领导力》《变革领导力》《项目管理中的领导力》《销售领导力》《家族领导力》《信誉》等多本著作，在《中国领导力评论》和《项目管理评论》发表论文多篇。

序一

这本书不是关于项目管理的，大多数人都知道什么是项目管理。这本书是关于如何在组织中快速成长为一名全新的、具有领导力的项目领导者的。项目管理的世界正沿着两个方向快速演变。首先，项目管理正从项目计划与控制——被看作确保项目成功的关键工具，走向项目人员和绩效的管理。其次，项目管理正从大型、复杂的建筑项目走向更加广泛的应用，在企业内部如雨后春笋般涌现。

这是伯运纳、格迪斯和黑斯廷斯（Briner，Geddes and Hastings）在《项目管理中的领导力》一书的前言中所描述的。从建筑行业发展到 IT 行业，中间跨越了几十年的时间，这本书是为“00 后”而非“90 后”所写的。对“90 后”而言，他们是不会重视这本书的。我记得我在第一次读 PMBOK（项目管理知识体系）时，发现只在最后有几页是关于人的，而且那时参考书目指向的都是人力资源方面，而非项目领导力方面。然而，这些早期的开创者——博迪、布卡兰和贾瑞斯（Boddy, Buchannan, Gareis）在项目的“软技能”部分，开启了一场似乎看来永无止境的运动。

项目管理这门学科的演化与发展是缓慢的，在硬技能/工具层面和软技能/人的层面，其发展一直落后于商业与组织环境，赶不上它们的发展速度，不能满足其复杂与变化的需要。当世界变得越来越不确定时，其变化的速度超越了我们的认知能力，越来越多的项目发生了变化，用我的话来说，就是从让我们能够清晰地描绘走向了如同穿行在云雾中一样。

项目的不确定性意味着人要改变。人类在面对重大的变革，或者在被变革推动时，并未能表现出最好的自己。现在，与以往任何时候相比，我们都更需要得到指导，帮助我们应对领导力方面的挑战。

在从伦敦飞往芝加哥的航班上，我读完了苏珊娜所写的这本书。我读书的时候，常常会用绿色的荧光笔在空白处做笔记、折叠书角，以便我能返回来重读那些有趣的部分。最后，我发现书上被画得乱七八糟，书角叠起的有很多。当然，这是一件好事。

苏珊娜在她的书中，把她在几十年中积累起来的在项目和项目集管理中的那些软技能，用一种清晰的结构呈现了出来。她用诙谐、有趣的语言和清晰的框架写完全书。作为读者，你穿梭于精彩的案例故事中，探索重要的理论，开发具体的行动措施，提供的工具可以现学现用。她的项目领导力框架能够帮助读者找到自己的位置，完成自己的学习与转型之旅。

展望未来的 20 年，项目领导力将会是什么样子？本书在这个方面做出了很多回应，包括聚焦创新、从层级结构到关系网络的影响力提升，以及从流程的重要性到 App 的应用，等等。

今天，我们许多人都共享一个愿景——让每个项目都成功。这本书就是对把愿景转化为现实过程的一个重大的贡献。

埃迪·奥本

Pentacle 虚拟商学院创始人和教授

序二

不久以前，我听一位同事告诉我他正在做一场有关“领导力”的演讲。他告诉我他在搜索引擎上搜索“领导力”时，竟然发现有 100 多万个词条。他继续说：“他们说的，我一点也不信。”如果他今天做这件事，我希望他能搜索到苏珊娜的这本书。这本书与其他领导力的书不同。如果要充分利用这本书的话，你需要激发自己的思考，把它当作一个工具，用于个人发展。这本书里的话，你可以相信！

与其他已出版的项目管理的书不同，这本书没有给出成功管理项目的秘诀，它给出的是一些有趣的项目管理案例和一些建议，聪明的读者会自己思考、自己寻找答案。当我第一次读完全书时，我有点担心书中无数的检查清单，我担心这些检查清单会阻碍读者自己思考。我们确实在项目管理书籍中看到过这样的书，对一些问题进行对错选择是一件不需要充分思考就能很容易地做到的事情。我感到苏珊娜的这本书不是这样的，她会帮助读者思考，创建出自己的检查清单。

作为项目经理，我们的脑子里充满了各种业务工具和技巧，对许多人来说，这就是他们相信的所谓的项目管理。我个人的观点是，一名有效的项目经理必须是一位好的领导者，因为人是项目成功的关键因素，理解他们至关重要。这本书之所以好，还在于它坚持了一个观点，而且清晰地表明要了解别人，首先必须了解自己。读完这本书，将会帮助你更好地认识自己。

苏珊娜对项目管理这门学科做出了非常有价值的贡献。这本书对那些处于复杂环境的项目经理来说特别有用，它会帮助项目经理提升领导力的素质与能力，促进项目的成功。项目领导力确实很强大，需要充分开发和利用。

我向所有期待自己能成为一位项目管理中的领导者的人，真诚地推荐苏珊娜的这本书。

玛丽·麦金雷
APM 项目管理协会理事会成员
国际项目管理协会副总裁
法国国际商学院项目管理教授

前言

世界需要你的才干，也需要你的领导力

谢谢你挑选这本书来学习。我有一点激动，倒不是因为你读我的书，而是因为我感到你是一个有抱负的人，你渴望学习和成长。这是成功与进步的源泉，因为你有一种想学习、想提高、想改变的欲望。我们每个人都有着不同的成长动机。一些人的动机来自金钱与被认可，另一些人则喜欢新事物、新挑战，还有一些人就是想表达自己的创意，或者想为一些特别的项目做出贡献。

不管你的动机如何，只要你想让自己变得更专业，结果都是好的：你感到自己活得更充实了，你以某种方式在为一个伟大的事业做出贡献，可能表面上看不出任何原因。你感到你对那些为你工作的人产生了积极的影响，可能是帮助交付了一个新产品或服务，或者你在为未来的项目铺路，让人们能够更顺利和更有效地交付项目。所有这些事情都是人们所期盼的。

也许你和我一样，熟知关于项目失败的统计数据。《经济学人》杂志和项目管理协会的研究表明，只有52%的项目能按时交付，69%的项目能达到目标。项目的成功率因行业有所不同，例如，英国下议院的报告说，只有1/2

的重大政府项目是按时、按预算交付的。

项目失败的原因包括范围不清、验收标准不明确、缺乏战略协同、缺乏高管相关方的认同与参与、缺乏变革管理技能、估算不足、风险管理不到位和资源不合适等。根据 PMI 的报告，组织投资的项目，由于对人、流程和结果关注不足，10 亿美元的投资，平均损失为 0.97 亿美元。尽管我们的项目管理的工具和技巧越来越多，它们能够帮助我们追踪项目的各种进展情况，但在经济不确定时期和随着竞争的加剧，项目的失败率好像在进一步提高。在艰难时期，我们更应该节约资源，以更低的成本交付更高质量的项目，但正好相反，我们好像浪费了更多的金钱和人力在失败的项目上。

为什么项目会不断失败？一个重要的方面是因为现今的项目与环境，其复杂性增加了。导致项目复杂性增加的原因有很多，例如，社会与技术的变化、全球性的互赖关系、相关方的数量在增加，同时需要跨文化的沟通和协同。国际复杂项目管理中心（International Centre for Complex Project Management，ICCPM）在它的一份报告《击中动态目标》（*Hitting a Moving Target*）中说："很显然，如今的环境情况就是复杂多变和动荡不定。如果我们的做事方式还是和以前一样不变，那么我们得到的结果也会和过去一样。有太多的案例可以证明，我们还有很多的改进空间。"

史蒂芬·卡佛是克兰菲尔德管理学院的讲师，也秉持这一观点，解释了为什么项目经常失败。他指出，研究人员发现项目的复杂性表现为三种不同的类型，即结构性的、涌现性的（Emergent）和社会–政治方面的，了解这些复杂性，能够帮助我们更好地管理项目。

传统的项目管理技术，如分解结构、关键路径分析和风险管理等，都是用来处理具有复杂结构的项目的，应对的是项目的复杂性，也就是说，解决的是大型项目、技术复杂的项目和那些具有众多运动部件（Moving Parts）的项目。

今天的项目，还具有高涌现性（系统科学名词。涌现性是系统非加和的属性，即整体大于部分之和，或者整体小于部分之和。——译者注）和社会–政治方面的复杂性。

涌现复杂性与你所要管理的项目本身及其周边的环境变化有关，例如，一个具有高创新性的项目，或者一个与外部环境密切相关的项目，如石油的价格。社会–政治方面的复杂性与人们在压力状态下表现出来的软技能、人际关系、个性和行为等有关。正是这些微妙的东西，史蒂芬认为它是项目管理中最难的部分，影响着项目管理的成功，因为如何去管理好兴趣爱好完全不同的众多的项目相关方，不是一件容易的事情。

克兰菲尔德管理学院研究者调查了 250 名项目管理专业人士，询问三类不同类型的复杂性对他们的真实项目的影响。70%的人回应说社会–政治方面的复杂性对项目的影响最大，20%的人说是涌现复杂性，只有 10%的人说项目的问题源于结构复杂性。研究者接着调查在正式培训中，对于三种不同类型的复杂性，哪种讲得最多。结果是，80%的培训内容聚焦在结构复杂性上，10%聚焦在涌现复杂性上，10%聚焦在社会–政治方面的复杂性上。

换句话说，流程可以用来管理结构复杂性，但是要想管理另两种复杂性，我们需要管理行为和与项目相关的大量的变更管理。应对涌现复杂性的最好方式是视变更为机会而不是威胁。变更是一件好事情，如果我们能够开放心态，在方法上更敏捷地应对变更。为了有效地应对社会–政治方面的复杂性，项目经理需要深入地了解人际关系，学会如何倾听、如何构建信任、如何具有同理心，以及如何因人而异地使用不同的沟通方式。

因此，你有意愿和决心，想要成为一名项目经理和优秀的项目领导者，是非常值得肯定的。我们需要更多的人，他们能够驾驭复杂的环境，愿意向过去的错误学习，拥有真实的意愿，期望自己成为一名伟大的项目领导者、项目大使，更好地管理项目。想象一下，这会带来什么不同？试想，如果所有的项目经理和他们的团队都在向着一个共同的目标努力，不断努力改进和提高，不断从经验中学习；如果他们都拥有激情，知道如何以最少的资源，为客户交付最好的产品，那将是怎样一个景象？梦想成真了？但是，梦想和梦想团队不能空想，需要有人愿意做领导，需要富有远见和智慧的人为人们指明道路。遗憾的是，这样的人很难找到。

例如，你知道在你的领域里有多少人是真的与众不同，是真的充满激情吗？有多少人拥有一种能激励他人的特质？有多少人具有一种能力，能够让他人参与到一种令人激动的、有意义的为愿景而奋斗中？他们中有多少人能够得到人们的尊敬和喜爱，因为他们的正直、真诚和永远信守承诺？我能想到的这样的人并不多。一些人在领导他人变革方面非常优秀，但是这样的人少之又少。

根据美国项目管理协会的研究，超过 80%的高绩效组织报告说，项目经理成功领导复杂项目所需要的最重要的技能是领导力。传统的项目管理技能，如成本管理、进度管理和绩效管理，都很重要，但是还不够。世界正在快速地发生变化，对领导力的需求比以往任何时候都更迫切。我们需要领导者应对不确定性，拥有愿景目标，能够加强合作，获得团队的认同和激励团队达成期待的结果。

我设想你拥有这样的抱负，你想为你的项目和客户交付满意的结果。我也认为你想学习和成长，期待在项目中得到认可。为了达成这样的目的，你必须提升自己，同时要帮助别人。传统项目管理控制与服从的思维方式与行为，已不能满足现今的需要，它会限制你的发展，导致项目失败。

如果有合适的环境，以及正确的思维方式和适当的支持，我相信所有的项目经理都有潜力成长为一名伟大的领导者。成为一名领导者，并不一定非得是大公司的 CEO，任何人都可以成为他所在领域的领导者。领导力不是一个人所拥有的工作头衔，领导力是你所拥有的态度和行为。因此，做好准备去拥抱一种全新的管理项目的方法，用领导力的方式去领导你的项目。勇敢一点，做好迎接挑战的准备吧！世界需要你的才干，也需要你的领导力。

你将从本书中学到什么

本书是为项目经理、项目集经理、项目管理人员、PMO、团队领导、部门领导、直接业务经理和任何参与项目工作的人所写的，他们期待更好地领导和应对项目与环境的变化。本书也适合 MBA 的学生和职业培训师使用，他们期待研究和应用如何让项目经理从管理到领导。

本书将帮助你更好地适应越来越复杂的世界，转变你的思维方式，从管理到领导，让你收获更多的机会。从管理到领导的转型，将帮助你不仅成功交付项目，还能在工作中取得更多的创新成果。你将学习和了解项目失败的一些最常见的原因，开始学会用领导力的方式，去领导你当下的项目。学习本书将帮助你转型为一名自信的、有内在动力的和专注于提升客户价值的项目领导者，一名不断学习和提高的项目领导者，一名能够激励他人、激发和鼓励身边每个人积极参与项目工作并最终把项目做到极致的项目领导者。

我写这本书的目的不只是告诉你什么是项目领导力，还期望能激发你按照本书的建议采取行动，真正做点什么。我为你提供了一系列简单的、有冲击力的案例，里面融入了众多的转型故事和对项目经理及项目管理专业人士所进行的访谈。一些项目领导者用他们的故事和智慧为我们做出了贡献，其中包括瑞奇·马尔茨曼（Rich Maltzman，《绿色项目管理》的合著者）、彼得·泰勒（Peter Taylor，《懒惰的项目经理》的作者）、科琳·加顿（Colleen Garton，《技术项目管理基础》的作者）、托马斯·朱利（Thomas Juli，《成功项目的领导原则》的作者）、佩妮·普兰（Penny Pullan）和凯文·奇科蒂（Kevin Ciccotti），请原谅我不能把他们全部列出。他们的故事与案例，我用单独的栏框列出，很容易与本书的内容区别开来。许多人贡献的故事或案例不止一个，涉及多个话题，因此你可能在多个地方看到他们的名字。

我自始至终都会全力支持你，我的要求是，既要保持高度理性的一面，也要注意更具创造性的情感的一面。你可能认识到，一些事情为了加快速度，需要用一种不同的方式去做，但是你没有。这就是我要你关注情绪与情感的一面，还要深入研究一下行为理论的原因。总之，作为项目领导者，你的成功不仅取决于你的知识，还取决于你的态度与行为，以及你是否愿意运用你的知识。我们可以把这种知识的运用叫作智慧。智慧是一种判断力，帮助你辨识知识正确与否，是否适用于某个特定的情形。

项目领导者是一群聪明的人，他们能够活学活用自己的知识，并把知识转化为行动。本书的大部分章节都在指导你如何应用知识，让你成为一名有智慧的领导者。但是本书不仅要帮助你成功，还想让你帮助别人。成为领导者的很大一部分职责是帮助他人拓展潜能，让他人变得更好、贡献更大。本书将帮助你成为这样的人。在本书中看到的每个富有智慧的见解、工具或策略方法，你首先要应用于自己，然后把它应用于与你一起工作的人。

基于这个目标，请注意，我可能挑战你的信念和行为，我经常会问很多问题，问题会比答案多。在很多种情况下，提出一组正确的问题，往往比给出一组正确的答案更有效果。此外，也可能不总有所谓的“正确”的答案。在一个复杂的世界中，技术在快速发展，社会与经济在快速变化，没有绝对正确的答案。我希望你能接受我提出的这些问题，不断追根究底，期待的是帮助你扩展你的舒适区，形成一套新的理念与习惯。

项目管理的一切都与领导力有关

“我的项目之所以能够按时交付是因为我知道如何计算关键路径。”之前的项目经理都有问题，他们不知道如何计算关键路径。

我记得在我职业生涯的早期参加过一次昂贵的、时间很长的项目管理专题培训，在培训中学习了很多工具、模板、表单及各种计算公式。当时的感觉真是太好了，也许是太激动了，最终，一点也没在实际中用起来。当我培训完后返回团队，试图把培训中学到的一些思想和工具应用到项目中时，我得到的反应却是："哇，安迪刚参加完培训。这个就不谈了！"

项目管理中的技术工具当然是有用的。但是我一次又一次地了解到的真相是，项目经理的人际关系让项目结果有所不同。一旦我认识到，作为项目经理，必须学会向上管理，要与相关方发展关系，以及要发挥影响力，一切都发生了变化。当我了解到领导力就是授权团队，也可以收回授权时，项目的结果显著改变了。

我可以毫不夸张地说，项目管理的方方面面都与领导力有关。如何实施领导，以及如何培养领导者，是我们真正的使命。

——安迪·考夫曼，The People and Projects Podcast 博客主

拼命多做事

我对项目经理的建议是，不断努力学习，让自己拼命多做事。犯了错误，就承认，向前看，把事情做得更好。不要掩盖自己的错误，因为大家都知道你犯的错误。深入探讨问题，寻找问题的根源。对待自己理解的和不理解的事情，一定要诚实，要寻求帮助。只有傻瓜才不找人帮忙。在我年轻的时候，我的承受力很有限，对一点事都会感到不安，但是现在我冷静得多，因为我知道我能够应付得了。要达到这样的境界，你要有耐心。要记住，这样的状态不会在一夜之间发生。不断学习，并找到一位师傅帮助你。在我大学毕业时，我心里想，"好呀，学习的日子一去不复返了"。我真是大错特错！在经过 20 年后，我继续学习，获得了各种专业证书，拥有一个硕士学位，读过成百上千的关于管理、项目管理、领导力和与战略相关的专业文章和书籍。我喜欢阅读各种资讯，并把它们应用于实际生活中。这也意味着我能为人们树立榜样，给人们提供支持，有

机会帮助他人。拿到项目管理的硕士学位真的改变了我的生活和工作。它教会我如何更好地思考重要问题，如何问问题，如何找到解决方案。还有一件特别值得一说的事情是，经理们开始注意到了我的工作方式的重大改变。结果，我现在拥有了更多的项目预算、更多的团队成员，我现在的工作绝对比过去做的要好得多。

——戴夫·索耶，英国政府的一名项目经理

我认识到需要克隆自己，培养出更多的人才

我一直是这样的一个人，很善于领导团队，但是我所做的一切，都基于直觉，不是刻意的。突然有一天，我意识到我需要做一点什么，以便提升个人的职业素养。我认识到，如果我想成长的话，那么我必须培养出一批新时代的项目经理，这样我们就可以承接更多的项目，拓展我们的业务。换句话说，我需要“克隆”自己。我知道我可以为我的同事培养他们的硬技能，同时我也知道要成为一个高效的项目经理，只有硬技能是不够的。那时，我不知道他们到底缺少什么，我只知道我自己做不了这件事。那时，我也不知道还有教练这回事，最终我引入了一名顾问，他擅长销售团队的培训，给我们做软技能方面的培训。我亲自参加了全程的培训。从那次培训开始，我的生活突然一下子明亮了起来。公司迅速发展，我成为首席运营官，然后又成为一家拥有150人的公司的联合CEO。事情还没有结束……

我爱上了教练这一行，最后决定成为一名专职的私人教练。教练工作完全改变了我的人生。

——阿尔农·亚夫，项目领导力顾问和教练

本书各章内容简介

本书由下面四大部分组成（见图 0.1）。

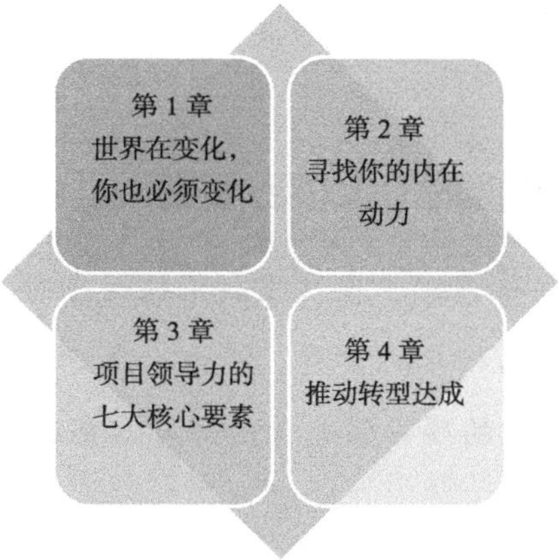

图 0.1　本书的四大组成部分

↘ 第 1 章：世界在变化，你也必须变化

本书开篇解释了管理与领导的区别，让大家了解为什么纯粹的管理方法不足以解决成功交付项目的问题。我们审视我们的社会，发现社会越来越复杂，越来越相互联系，越来越有竞争性，这对你的项目管理和工作具有双重影响。我们探讨了项目管理失败的最根本原因，让你决定自己的项目管理方式，它会决定项目管理的成败。在结尾的时候，我们引入了项目领导力的七大核心要素，解释了项目领导力的七大核心要素将如何帮助你成长、服务于你的客户和交付更好的项目结果。

↘ 第 2 章：寻找你的内在动力

本书的第 2 章是一个向内的探索过程，仔细研究你个人的动力来源，以及你所秉持的个人信念，你希望把自己当作项目经理，还是项目领导者。这一章的目的是让你深刻了解影响个人发展的信念系统与工作模式，帮助你用更有价值的新思维、新模式取代旧思维、旧模式。我们还要探讨你的个人目标与追求，以及推动你达成这些目标与追求的内在原因。本书的这一章，帮助你做好准备，让你拥有一套正确的思维框架；帮助我们之后正式讨论项目管理中的领导力战略。

↘ 第 3 章：项目领导力的七大核心要素

第 3 章是本书的主体内容，在这里我们探讨了项目领导力的七大核心要素。这七大核心要素包括相应的素质、能力、态度和行为，这是你要避免过去的错误、成为一名高效的项目领导者所必须具备的。这七大核心要素：

- 做真实的自我。
- 用愿景领导。
- 改善与创新。
- 赋能团队。
- 与项目相关方建立信任关系。
- 使用强有力的技术工具。
- 聚焦工作重点。

↘ 第 4 章：推动转型达成

在本书的最后一章，我们探讨的是你要采取的一些具体行动，帮助你应用项目领导力的七大核心要素，不断推动你从管理到领导的转型。我为你提供了一套工具，帮助你摆脱过去的那些陈旧的、不太好的行为方式，拥抱一套全新的、与时俱进的行为方式。这些工具将让你更自信，帮助你成长为一名真诚的、有影响力的项目领导者；帮助你加速转型，让你贡献出你所拥有的一切，成为一名楷模，让人学习，受人尊敬。

第 2 版更新了什么

第 2 版与第 1 版相比，增加了一系列的新内容。自从第 1 版出版以来，我一直作为独立的项目领导力教练、培训师和引导师，为世界各地的大型企业提供服务。最终，我的一些思想，比如，在项目领导力、情商、团队动力学，以及项目管理中的问题与挑战等方面，得到进一步深化和扩展。第 2 版融入了这些方面的最新思想与实践。

第 1 章　世界在变化，你也必须变化，强调的是情商的重要性，解释了情商的五个方面，帮助你成为一名高情商的领导者。

第 2 章　寻找你的内在动力，在两个方面有了重要变化。现在使用了一个核心四象限模型，帮助你理解为什么一些人或一些项目情景，让人产生过激的反应，以及如何应对这样的局面。此外，还包括一个全新的练习，剖析你曾经深信不疑的信念和行为方式，以及你的成长经历与环境是如何影响你的领导方式的。

核心要素 1　做真实的自我，对真诚领导力的一些重要思想做了更新。我增加了一节描述罗伯特·迪尔茨的逻辑层次模型，帮助你理解工作与生活中的冲突来源，以及如何更好地协调一致。理解该逻辑层次模型不仅能帮助你成为一名更真实的项目领导者，也能帮助你领导他人应对变革。我还提供了一些素材，帮助你加强自我意识。当你学会接受自我——原本的那个自己时，将让你更容易地把一个真实的自我展现给这个世界。

核心要素 2　用愿景领导，更深入地探讨了人们关于变革的本能反应。我们仔细研究了在变革期间，如何通过让人们感到有安全感和给人们安排任务，排除人们对变革的疑虑与恐惧感。

核心要素 4　赋能团队，新加入了关于领导力的六种不同风格，这与如何做好团队的领导者密切相关。这六种领导力风格是愿景型、教练型、民主型、亲和型、指令型和榜样型。新增的一节内容是关于如何使用教练方式，授权团队、提升团队责任感的。最后，分享了一个最新的科学研究成果，强调了心理安全对高绩效团队的重要性。

核心要素 5　被重新命名为“与项目相关方建立信任关系”（原来是“与项目相关方建立亲近关系”）。这一章更新的是，深入探讨了如何构建信任，如何与相关方沟通，如何传递一些困难的信息而又不会破坏与相关方的关系。我增加了一节新内容，描述了沟通的四个方面，这对绝大多数的交谈都是有用的，它们是内容和主题、程序和结构、互动和行为、情绪和情感。

核心要素 6　从原来的“建立坚实的基础”，重新被命名为“使用强有力的技术工具”。我强调了团队一起使用工具的重要性。最终，要特别强调的是，要重视让团队一起制订项目计划和项目风险管理计划，以及团队共创等技术工具。

核心要素 7　聚焦工作重点，提供了更多相关信息，帮助人们优化自己的精力，避免负面的压力源。我也分享了如何增强个人的幸福感，尽管项目压力重重。

第 4 章　推动转型达成，进行了全面的改写，以便更好地理解转型意味着什么。

此外，增加了一些新的专家访谈，所有的解释也相应地做了修改和说明。http://www.powerofprojectleadership.com/是与本书配套的一个网站，也增加了更多的相关材料。

我为什么写这本书?

我对项目领导力的热爱和想帮助项目经理成为项目领导者的激情，来源于我个人的一些转型经历，以及我做教练时听到的故事和感悟。近 10 年的项目管理工作，成为我职业生涯的一个关键期。那时，我工作非常努力，每天的工作时间都很长，管理跨年度的重要商业项目。我想把工作做好，那时，我的基本想法就是，了解所有的事情，做完所有的事情，对团队要尽可能地管得细致一些。遗憾的是，我感到压力重重和精疲力竭，我的领导力不够。我与相关方之间的沟通没有问题，却不能创建一个相互合作的、富有战斗力的团队。我还感觉到我对客户的业务方面知识不足，不能有效地对客户需求或最初的客户战略提出任何问题。我的大部分时间都在“救火”。我处理各种紧急的事务，经常让自己处于一种非常被动的状态。我压力很大，但又感觉没有任何人可以帮我。更重要的是，我发挥不了团队的潜能，只能累自己一个人。

大约在那个阶段，我参加了一个为期五天的领导力培训，此次培训对我产生了深远的影响。对我改变最大的，并不是那些评测，也不是让我感觉豁然开朗的关于个人领导风格方面的讨论，而是在课程中我得到的一对一面谈与教练。在教练过程中，我认识到我有能力改变我的现状；如果我想成为一名更有成效的项目经理（意味着更轻松、更有效、更省心和更省力），我也绝对做得到。

说起来就是这样简单，那一刻我真正开窍了，由此开启了一连串的事件。首先，我开始研究并实践，要成为一名更好的经理和领导到底意味着什么；其次，我决定成为一名教练；最后，它激发我写了第一本书——《项目管理教练指导手册》。我被点燃起来，在晚上、在周末，作为一名大型项目经理，教练其他项目经理成了我最重要的工作。

我如今是一名全职的项目领导力教练，帮助人们应对他们在项目管理中面临的诸多挑战。通过一些基本的训练和调整，他们不仅能克服所面临的困难，还能显著地提升绩效，工作状态变得更好。如果我们要解决为什么那么多的项目失败了的问题，那么，让更多的项目经理成长为一名项目领导者至关重要。这个世界不缺经理人，他们擅长遵守和坚持标准与规范，但是如果我们想要项目交付更好的结果，我们需要开始以一种不同的方式做事。我们需要思考得更宽、更深和更远一点，我们需要幸福地做行业的领导者。

我的愿景是期待看到越来越多的项目经理能转型成项目领导者，他们勇于创新，不断提升自己；他们与客户结成伙伴关系，为客户交付真正有价值的项目——战略和战术层面，能够鼓励和激发身边的每个人，最大限度地发挥出人的潜能。我的使命是帮助你做好从管理到领导的转型，看到你成为一名好教练，帮助他人成长，让领导力的行为与方式成为工作场所的一种新文化。当这一切成真的时候，每个人都会受益，包括团队、客户、组织、社会和你这个项目经理，不，我应该说，你这个项目领导者！

第 1 章

世界在变化，你也必须变化

在这一章你将会学到：

- 管理与领导的区别。
- 项目经理常犯的三个基本错误。
- 技术、社会、文化和经济方面的变化如何影响你的生活，以及你如何应对变化而非阻碍变化。
- 项目领导力的七大核心要素如何帮助你摆脱管理困境。

管理与领导

近年来，围绕着管理与领导的区别与联系有许多争论。所谓管理，是指维护现状，遵守标准，组织和指导个人在既定的约束条件下，完成任务目标。这些约束条件涉及时间、金钱、质量、设备、人力资源，以及完成任务所需的任何其他资源。作为一名优秀的经理，它意味着你可以用一种可控的或说可预测的方式，生产出所需的产品与服务。这门学科需要的是理性和逻辑，需要的是技能和方法。

然而，领导力是设定目标、改进现有的工作方式与方法、激发和领导团队实现新的目标。领导力的行为特质包括共享和激发愿景，推动有效的变革，以身作则，授权他人，营造适宜的环境，帮助团队取得成功。领导力不是关于你所拥有的某些特殊技能，而是关于你如何开展一项工作，以及你与他人如何相互作用。

“管理”和“领导”的主要区别之一，是二者在激励员工和团队实现目标的方式上有所不同。管理者依靠自身的权威，控制与任务相关的约束条件，确保工作的完成。领导依靠的是个人的影响力来激发和吸引每位员工。他们通过调整每位员工的个人目标，使其与项目和公司的目标协调一致，力求实现人尽其才。

管理者和领导者二者之间的区分因子并不取决于一个人的认知能力或技术能力，在很大程度上，它取决于他们的情绪智商，即 EQ。管理者通常都有一种较高的认知能力，即 IQ 高，但是并不一定 EQ 也高。管理者擅长有效地贯彻和执行一套管理系统，但是他们不一定擅长沟通变革或者带领人们一起前进。领导者擅长理解他人、激励他人和影响他人。他们管控自己的情绪，为他人树立行为榜样。因为他们具有高超的人际关系技巧，他们的领导方式也经常被描述为变革型的领导力，而不是交易型的领导力。变革型领导者能够与他人构建很强的人际关系，而那些低情商的领导者可能因为自己的行为方式，不能与群众打成一片，不能与团队一起合作共赢。

很难想象一名优秀的领导者的情商不高。想一想在过去的岁月里，和你曾经一起工作过的领导或榜样人物。你是否同意他们都拥有某种智商之外的超人能力？对我们每个人的好消息是，与 IQ 相比，我们的 EQ 水平并不是天生不变的。情商是一种可以后天学习和改善的技能，无论什么年龄。

“管理”和“领导”的区别，还可以用另一种方式来阐述，那就是管理者擅长的是，如何在一定的时间内快速地砍伐树木，而领导者所做的是爬上树梢指引方向，甚至可能告诉大家，他们选错了森林！换句话说，管理者关心的是“正确地做事”，而领导者关心的是“做正确的事”。图 1.1 展示了二者之间的主要差异。

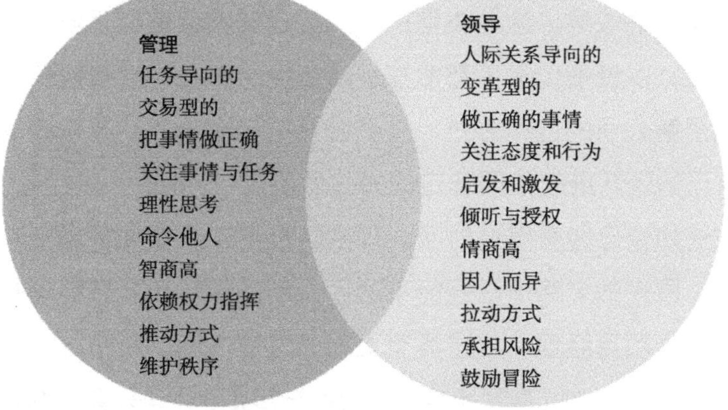

图 1.1　管理与领导的主要差异

在本书的后面，我们还会进一步探讨“管理”和“领导”的差异，你将从中了解到怎样将二者结合起来，尽最大可能地为你、你的客户和你的团队创造出最好的环境条件。对于项目领导者而言，“管理”和“领导”二者都会用到，随着个人的成长和职业生涯的发展，你可能越来越多地倾向于“领导”，而非“管理”。

值得强调的是，项目管理也好，领导力也好，它们都不是你要达到的目标。例如，要完成一项特定的工作，它更多地与你的态度和行为有关，而不是你所具有的技能。从这一点来说，一个项目管理者可能因为其行为而被视为一名“领导者”，同样一名 CEO 也有可能因为其行为而被视为一名管理者，而非领导者。“领导力”不是一个头衔，不能通过职位获得，领导力要靠不断的自我反省和观察，才能最终拥有。

低投入、高回报的文化正在走向我们

从传统意义上说，一个优秀的项目经理应该是一个条理分明、理智冷静，善于处理各种事件、任务和流程的人。他会努力满足客户的诉求、利用自身的权力交付期待的成果。这种类型的项目经理常常会醉心于研究最佳的方法和最优的流程，以便每位员工都能按规章制度行事，标准得以执行。项目经理要深入地了解公司的运作方式，接受公司的运营方式，适应公司的企业文化，带领自己的团队继续按照既定的方式做事。

这种方法如今已经有点过时了。现在，世界正变得越来越复杂，竞争也越来越激烈，原来的老路子已经行不通了，新的形势对项目经理提出了新的要求，作为一个项目经理，应该具有更强的适应性和创新精神，能够更好地利用人力资源。正如一位高管所言：“如果一个项目经理只会服从命令，那他对我就没什么用处了。”

全球经济总是起起伏伏，时涨时落，每次经济下落的时候，我们就会清查和裁减各种曾经得到批准执行的项目。许多人认为当经济危机过去以后，一切就会回归正常，但是现实从来没有发生。每次经济的下滑都让世界的竞争变得更加剧烈，迫使人们寻找更新、更好的方法开展业务。当经济好起来以后，那些在经济萧条时期被裁减掉的工作，并没有在同样的地方被增加回来。相反，工作在一些新的区域开展起来，从事的是新的活动。于是，旧的工作模式被新的工作模式所取代。

对于项目经理而言，这意味着必须要做出调整，以适应不断变化的经济环境。为了获得并保住工作机会，我们不仅要升级产品和服务，还要寻找新的方法，以更少的资源为客户带来更大的回报，同时确保质量不受影响。归根结底，低投入、高回报的文化正在走向我们，为此，我们需要发掘更快速、成本更低、质量更好的项目，这的确很具有挑战性。这就要求我们要勇于尝试，在不断的质疑声中实现创新，变革那些不再适用的方法。正如《试错力》（*Adapt*）一书的作者、经济学家蒂姆·哈福德（Tim Harford）所说，在这个纷繁复杂的世界中，我们能否获得成功，完全取决于我们能否快速地从过去的错误中吸取教训、调整自我，以适应新的形势。

当削减预算和资源时，我们的第一反应往往是抵触。我们会觉得这种被迫的妥协必将影响最终的交付物的质量。此外，我们还要花费更多的时间对项目和经费进行评价和认证，包括人工、软件、材料、培训设备及与产品性能相关的成本。所有的一切都会受到质疑，这让人大为光火。我们会觉得这样做弊大于利，因此断然拒绝。斯宾塞·约翰逊（Spencer Johnson）博士在他的畅销书《谁动了我的奶酪》中写道："你的奶酪对你越重要，你就越想抓住不放，你越快放开旧的奶酪，就能越快找到新的奶酪。""奶酪"代表的是我们习以为常的旧习惯和利益。我们越依赖它们，就越难改变自己。突破这一困境的秘诀是：面对现实，接受现实。我们必须适应新形势，并做出相应的改变。

每件事都要"更快，更低价，更好"

无论人们做什么，都希望能够"更快，更低价，更好"，这对大多数高管领导团队来说，就像一个魔咒。现在各家公司都非常重视其产业范围内的"客户一体化"（Single Customer View），它们不会投资任何昂贵的解决方案，除非这些解决方案能够降低它们的未来项目的成本，帮助它们更好、更全面地服务客户，更好地与客户沟通，更有效地抓住机会。因此，项目经理面临的挑战越来越多地表现为如何让客户需求更适度，如何让功能尽可能地标准化，如何尽量避免昂贵的专门定制。

——山姆·弗莱明，英国天然气公司项目交付负责人

项目经理必须掌握金融和经济方面的知识

毫无疑问，今天人们与过去相比期望更高，希望项目能够快速交付、快速盈利、更快速地应对变化，这些需求正在推动项目管理的实践发展。耗时的前期设计、详细规划及相关的项目管理计划书已经不再受欢迎。此外，还有一个趋势，那就是对资深项目管理人员的需求越来越多。他们必须在金融、商业和客户服务/解决方案等领域更为称职。诸如市场收益、经济价值和快速投资回报等因素成为商业需求和商业盈利的关键成功要素。人们越来越期望项目经理能够在这些方面有所作为。

——莫尔顿·索伦森，Verzson 公司企业解决方案
事业部全球客户服务副总裁

"低投入、高回报"的文化要求项目经理必须掌握更多的财务知识，从项目启动到整个实施过程，直至实现最终收益。我们必须把更多的注意力放在商业价值上，并把实现公司的持续发展视为我们的首要任务，而不是仅仅考虑如何在预算范围内按时完成项目。这意味着我们必须帮助高管和顾客选择最有经济价值和战略意义的项目，为了实现这一点，我们需要创建商论证，其中每项利润都要精确到"元"或者上升到公司战略高度。此外，我们还必须重新审视整个项目的每一阶段，考察其投入和产出，以及我们所采取的方

法是否有效、明智。我们必须精确评估我们可以采用哪些新技术和工作方法，以获得哪些额外利益，还有最重要的一点，我们怎样才能更好地发掘出项目成员的潜力。

仅仅对项目过程和技术进行评估是不够的。对一个有多种文化交融的跨国项目团队来说，实现其人力资本的最优化才是管理的最高境界。团队是项目的最大财富，我们只有在团队中才能获得最大的发展机会。正如福里斯特研究公司（Forrester Research）所写的那样："新型项目经理必须有更高的团队建设、团队合作和人际交往能力，能够适应团队的节奏和需要……具有同理心，知道如何把人与组织连接起来，这些能力至关重要。"

理解人、理解人的行为及与人打交道的能力，不仅仅是项目团队自身需要，还涉及变革流程中的每个人，包括项目中的相关方和最终用户。项目会带来变化，而变化必定会打破人们早已习惯的工作方式。如果项目经理忽略项目中的情感和心理因素，他们就很可能遇到阻力，出现无人认同的局面，这反过来会破坏变革的进程。很多变革尝试没有收到最理想的效果，就是因为未能在更深层次上获得团队和相关方的认可和参与。在传统意义上，项目经理只是做一些表面的工作，主要关注产品的交付，或者通过完成一些具体的任务与活动来获得某种结果。他们很少关注项目参与人员的价值观和理念，不能很好地应对人的行为、恐惧和变革的阻力。

毫无疑问少即是多

近来的经历让我相信，有两个因素将帮助高管们改变对项目管理的认识。① 紧迫感，需要在越来越短的时间内见到切实效果，这种压力往往来自投资者/股东（他们希望快速获得回报）和日益激烈的竞争格局。② 投资回报率，因为我们希望投资的每元钱都能获得更多的收益。其结果是那些非必要的形式和烦琐的规划将会越来越讨人嫌，而精益的项目管理原则将越来越受欢迎：在项目前期通过测试、快速失效模型、高保真演示和原型试验等方式来降低项目的风险。也就是说，要根据实际情况做决策（通过数据做出决策），聚焦输出物的结果（有效的、可用的、具体的结果）。在今天，毫无疑问少即是多，那些多余的程序已经越来越多地被各种新手法取而代之。

——贝努瓦·乔林，Expedia公司全球供应商体验负责人

我们不需要更多的追随者，我们需要领导者

经济上的挑战仅仅是影响项目管理这一职业的诸多因素之一。ICCPM在其《击中移动目标——在一个不确定的世界里实施复杂的项目交付》一文中指出：由于技术革新、全球一体化、新型经济模式、日益增长的相互依存性、法规要求、激进的相关方、复杂的跨文化、有限的全球资源及可持续性等原因，项目正变得越来越复杂。该报道还指出，现在需要的是经验更丰富、更灵活的领导者，他们不仅技术能力更强，而且其社交、商务和公关能力也更强，同时还具备决心和勇气。

ICCPM写道：

> 是时候调整我们的观点了，即应该从单一的、线性的、“闭门造车”的思维方式转变为关注全局的变化，在关注线性变化的同时，还要能从更高层面进行思考，展开行动，从而确保我们能在高度复杂、模糊不清却又快速变化的环境中拥有动态控制项目的能力，掌握所需的信息。具体来说，我们必须同时了解项目内部和外部的情况；能够接受和整合多方相互冲突的利益；反应要足够灵敏；在需要的时候，能够改变方向，而不必有任何不安全感。

最初，这可能让你备受打击，因为它充满了戏剧性，让人望而却步。尽管这需要你擦亮武器、奋力前行，却会给你的个人和职业发展带来大量机会，

同时还能让你的团队、公司、顾客及更多的人从中受益。如果你能从以前的错误中吸取教训，并在思考方式和行为方式上做出调整，这将会帮助你极大地改进项目的交付质量。如果你能接受挑战并努力适应变化，就可能以领导者和幸存者的姿态脱颖而出。正如查尔斯·达尔文所说："幸存下来的不是最强大的物种，也不是最聪明的物种，而是那些最能适应变化的物种。"

为了改变你的工作方式——你的思维定式——你需要接受一点，那就是你需要从此以后用一种与过去不同的方式去做事情。如果你还是坚持以前的做事方式，那么结果就不可能得到改善。可悲的是，很多人虽然明知应该怎样做，却没有这样做。因此我鼓励你更多地把思想落实到行动上，因为只有尝试着去改变，你才能有所收获。第 2 章中的主要内容就是帮助你了解自己的信念及"你为什么要那样做"。当你了解了自己的信念及动机之后，你就会开始改变你的思想，然后改变你的行为。

为了获得更好的结果，你必须积极主动地为你的团队和公司规划新的、更好的工作方法。要想实现这一目的，你需要打破惯例，边做、边学习、边调整，从而找到更好的方法。在这方面，你需要具有一定的洞察力。这就需要你能够摒弃所学，有时还需要突破常规，因为常规的思维方式可能将你带回原地。但是仅仅你个人这样做还不够，你还需要鼓励并设法让你周围的每个人都这样想、这样行动。

要这样做的时候，你可能遇到一个挑战，那就是多数人得到的训练都是本位思考、服从命令和听从指挥。在学校里，我们受到的教育就是严格按照要求完成任务，不要偏离主题。其结果就是让我们变得只会言听计从，而不懂得自己确定方向。尽管经历了一场经济危机的洗礼，也没有起到什么作用。当需要我们进行创新和改变的年代来临时，我们常常感到麻木、害怕冒险，因为这可能让我们丢掉工作。我们不愿意抬头看路，即使这样做是正确的。但是我们今天所处的社会不再需要追随者，它需要的是领导者。是时候展现我们的勇气和真实的自我了。

你是否已经做好准备，迈出前行的步伐，像一个项目领导者一样进行思考？我希望你已经做好准备，因为下面你就将学习如何避免项目经理常犯的三个基本错误。请不要认为我指出这些基本错误是对我们项目经理同行们不够尊敬，因为我会第一个举手承认我也犯过这样的错误。曾经有几年的时间，我负责管理一个大型项目，这让我精疲力竭，尽管我的工作非常努力，却不够明智。当时我经常加班，想把所有的工作都做完。我对团队实行的是微观管理，认为自己需要全盘掌控，亲力亲为。我既没有与团队中的精英进行沟通接触，也缺乏应有的前瞻性。在此，我将尽我所能，阐述我曾经在项目管理方面所犯的一些错误，目的是让你不再重蹈我的覆辙。

项目经理常犯的三个基本错误

我培训和教练过的项目经理有很多共同之处。他们大部分都接受过一些关于项目管理方法的培训，其中有些人还取得了培训合格证书，如 PMP®、PRINCE2®、APMP®或 IPMA®等。一般来说，他们都想做好自己的工作，期望成功完成项目，这样才能够得到认可和职业上的发展，这是他们梦寐以求的。但很多人追求的仅限于此。他们经常加班，事必躬亲，却还是觉得有些事情不在自己的掌控中。他们管理的项目出现纰漏，客户不满意，团队也没有动力。他们手头有太多的工作要做，以至于不得不放弃一些事情。他们的关注点往往只能停留在最紧急的事情上。对于那些基础工作，他们根本无暇顾及，例如了解客户的业务，将更多宝贵的时间投入团队建设上，找出更新、更好的工作方式，解决变革道路上的障碍，规避风险，确保团队最终能够满足客户的需求。他们每天忙得团团转，根本无暇顾及这些事务，从而落入了项目管理方面三个基本错误（见图 1.2）。

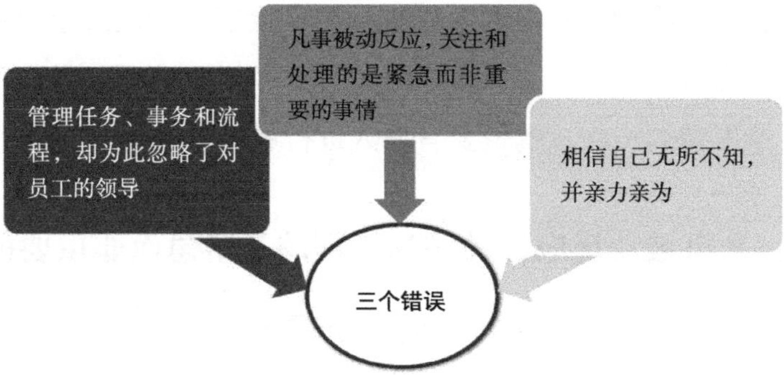

图 1.2　项目经理常犯的三个基本错误

↘ 错误 1：管理任务、事务和流程，却为此忽略了对员工的领导

项目经理最常犯的错误是他们关注任务和事务多过关心人和人对变化的影响，而且往往意识不到这一点。很多项目经理都是技术人员出身，他们的思维方式理性，逻辑性强，擅长分析。因此，他们善于分析事实、计算周期、协调工作，并做出合理的决策。他们关注的是任务及如何完成任务。他们认为自己的首要任务是按照客户要求的时间、成本和质量去完成项目。他们不太关心为什么自己的客户需要这个产品，以及这对他们的工作、产品开发人员和使用者有什么影响。他们的强项是执行他人的愿景和标准，而非帮助制定愿景和标准。

提到管理团队和员工的问题，很多项目经理依靠的是自己的理性逻辑。他们对需要完成的工作和所需要的技能进行评估，然后相应地分配给团队成员。他们认为和团队的关系是基于权威的，希望团队成员做好自己的工作，以获得相应的报酬，他们认为这是最主要的激励方式。

清醒理智、以任务为导向本身并没有错。作为项目经理，我们需要这些技能，尤其是在规划和评估一个大型项目时，更是这样。如果只有这一种方式，并且用这种方式来管理员工和客户交流的话，就会出现问题。要建立高效的团队和良好的客户关系，并且确保项目完全按客户的要求执行，仅凭理性是不够的，还需要有创造力、同理心（换位思考）、勇于冒险、有理想、有目标，还有最重要的一点，就是要有与人进行面对面沟通和交流的能力。

↘ 错误2：凡事被动反应，关注和处理的是紧急而非重要的事情

很多项目经理常犯的第二个基本错误就是他们太过关注当下急需解决的事情，而缺乏远虑和远见。这些紧急事务可能涉及技术、资源、标准、财务及人员管理等方面。对问题做出反应是人的本能，这让我们感觉良好，因为我们感觉在采取行动，而且别人会看到我们在做事。我们甚至常常去寻找紧急的事情，例如我们会频繁地查看电子邮箱，看看有没有什么紧急的事情需要处理。这是一种文化和思维模式，我们会更乐于接受这样的事情，而忽视了其他方面。

当有重要事情发生的时候，我们当然应该立即处理，但问题是，很多紧急问题根本没有看起来那么重要。很多时候，我们的时间没有得到最合理的利用，它们会让我们忽视项目中更重要、更具有战略意义的事情，而这些事情才是获得项目成功的基础。我们可能认为只要我们更加努力地工作，更多地处理一些紧急的事情，就是在践行“低投入、高回报”的文化，但其结果往往适得其反。

练习　紧急与重要

请花时间考虑一下这个练习。下列问题具有深刻意义，值得你认真思考，因为自我意识是转变的第一步。请单独准备一个笔记本，专门用于记录那些对你的职业发展特别有帮助的观点和心得。

- 反思并问一问自己，文中提到的那些问题，你身上存在多少？有多少次你离开办公室时有这样的感觉：由于忙于处理一些紧急的短期问题

而没时间处理项目中最重要和最有战略意义的事情？

- 那样做意味着什么？
- 如果你每天多工作 3 小时的话，你会把这些时间花费在哪些重要的事情上？

我们忙于处理各种短期的紧急需求，其实只是在处理一些表层问题。我们从来没有解决过根源问题，也没有把自己解放出来去思考那些更为重要和明智的问题：质疑、创新、开发人力资本，包括我们自己。

↘ 错误 3：相信自己无所不知，并亲力亲为

项目经理常犯的第三个基本错误是他们认为自己必须无所不知。当然这有助于他们做出决策，与客户交流，对工作进行审批，让项目处于掌控之中，但其结果往往会让自己陷入非常琐碎的交流和帮助团队确定怎样开展工作的决策中。尽管这种方式对于个体工作者和小型项目而言行之有效，但是对于那些依靠团队的或者比较复杂的项目而言就不太可行。为此，我们必须清晰地认识到，这种方式会给项目经理带来很大的压力，而且这样一来，我们就不得不参与整个项目实施过程中的几乎所有的交流沟通，这不仅会让人筋疲力尽、效率低下，还会削弱团队的凝聚力，因为他们在确定要执行的工作方面参与度可能不够。

事无巨细，凡事亲自过问、亲自把控，这通常意味着项目经理凡事都要指挥，告诉他人要去做什么。这本身就是一种非常消极的行为，但还不止于此，它还会阻塞言路，使团队成员无法提出自己对项目的想法，而这其中可能不乏优秀创意。因此，更明智的做法是充当一个“引领者”，也就是适当地抛出一些问题，然后激励整个团队想出最好的办法，做出最好的成绩。与其把你知道的告诉员工，不如帮助他们明白他们需要知道什么。在福雷斯特的研究报告中，玛丽·格里什（Mary Gerush）写道：“下一代项目经理会将权

力下放，把责任转交给团队。他们将自己定义为‘鼓励者’和‘障碍消除者’，他们负责排除干扰，以便团队能够顺利地开展工作。”

我学会了怎样通过别人去完成工作

项目经理有很多工作要做，他们认为解决问题的办法就是要自己全力以赴，而把与相关方沟通和管理方面的事情看作锦上添花的事情，没有时间做而不得不放弃。数年前我本人也曾落入同样的陷阱，当时我缺乏经验，却有幸负责一个大型项目。这个项目已经延误了时间，没有做出任何实质性的交付物，我是第三任项目经理。简而言之，这个项目当时是失败的。你们当中很多人比当年的我更有经验，会看到很多危险信号，但是对我来说，这是我的第一个重要机会。当时我盼望着有机会管理一个大型项目。因为项目延迟、项目经理更换及交付问题，项目团队的积极性降到了最低点，团队剩余的一些成员也都辞职了。一切都发生得太突然了：我一下子变成了既是项目经理也代表整个团队！要做的工作太多了，以至于我无法再跟相关方沟通，我每天埋头苦干，除要发几百封电子邮件外，我还承包了所有其他的工作。无须多说，随之而来的就是超负荷运转。这个项目总算在最终截止日期到来之前圆满收尾，但我并不开心。我把实施项目工作（实际是一人包揽）放在了首位，而忽视了影响他人和他人的共同参与。

通过这个可怕的项目和那些痛苦的经历，我学会了如何引导他人去完成工作，而这一点在几年后就派上了用场。当时，我是一个全球性项目的经理，这个项目的主要股东包括联合国官员、政府部长和多家跨国公司的董事。和上次一样，我加入进来时，这个项目已经延迟了，还没有交付。这次，我们仅用了 6 个月，就交付了主要产品。

不知我是否提到过，这个全球性项目只占用了我 50%的时间。真是天壤之别！那么是什么造成了这种差异呢？那时的我，已经知道该怎样让别人完成工作，当然，这其中还包括一些比我更资深的员工和其他公司的员工，有的甚至来自其他大洲。我的转变源自从那个早期项目的超负荷运转和挫折中学到的教训。我效仿那些最优秀的项目经理的做法，并发现这种做法行之有效。我很幸运地遇到了一位导师，让我能在短短数年的时间里取得长足的发展。

——佩妮·普兰，Making Project Work 有限公司董事，《虚拟领导力和商业分析》作者

一个团队之所以快乐，不是因为要解决的问题少，而是因为拥有足够的权力去解决问题

很多项目经理的问题就出在他们下达的指令太多，总想指挥别人"怎样做"，而忽视了将"做什么"分配下去，让每位员工自己思考该"怎样做"。领导者的作用是让团队发展壮大，这样公司的实力就会随着雇员数量的增加而成倍增长。如果所有决策都由领导者亲自制定，每个行动都要听从指挥，那么员工的能力就永远得不到发挥或利用。这是对人才的浪费。另一个典型的错误是项目经理采取的管理方法不是积极主动的，而是消极被动的。风险计划和风险应急管理绝不是浪费时间，而是未雨绸缪。当问题出现时，我们可以迅速、高效地执行计划，而不会手忙脚乱，仓皇应对。被动反应的结果是每次遇到问题时，项目经理和团队都会不堪重负，这几乎每天都会发生在项目团队身上！快乐的项目团队不是因为需要解决的问题少，而是因为获得了足够的权力来冷静有序地解决问题（即使灾难性的问题）。

——科琳·加顿，《技术项目管理基础》的作者

项目领导力矩阵™和你的行为特征

让我们再具体审视一下项目管理中的三个基本错误及管理和领导之间的区别。让我们先来看看“项目领导力矩阵™”（见图 1.3），在横轴上，左边是“任务”，右边是“人”。在纵轴上，下面是“消极被动”，上面是“积极主动”。

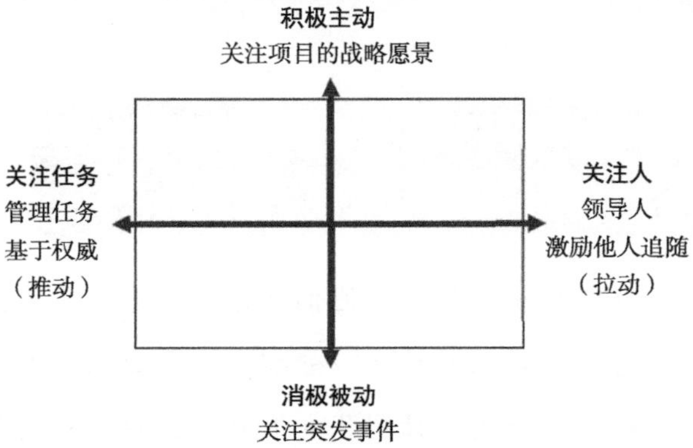

图 1.3　项目领导力矩阵™

位于矩阵左侧的人，即管理员工完成任务的人，具有较强的理性逻辑思维能力，他们关注的是技能、事件和流程。在分配任务时，他们依靠的是自己的理性和权威，常常会告诉团队成员应该做什么。我们称这种管理员工的方法为“推动型”方法。

位于矩阵右侧的人会自然地倾向于关注人。他们靠的不是权威，而是关注个体，通过发掘那些能激发每个人积极性的因素，来吸引人们追随。“关注人”的领导者会让团队成员参与对他们有影响的决策，并向他们展示应该如何融入整体愿景中去。他们不是单纯地告诉员工应该做什么，而是给他们描绘出实现项目目标的诱人愿景，从而激励他们为之奋斗。我们将这种方法称为“拉动型”领导。他们像一块磁铁一样，将员工拉过来，而不是推动或者强迫员工去做。

如果你不确定自己到底位于矩阵的哪个位置，那就想想当你接触那些不归你管理的人时，你是感到轻松还是为难。在矩阵组织图中，团队成员对项目经理并没有组织上的直接汇报关系。我们不能依靠权威来分配工作。以任务为导向的经理会觉得这太具挑战性了，尤其是需要面对职位比自己高，并且经验丰富的团队成员时。在这种情况下，我们只能充分利用我们的人际交往能力、自身影响力和对人情世故的洞察能力，而不能依靠权利。

现在让我们来看纵轴——“消极被动型”与“积极主动型”。消极被动型的人——位于矩阵图的底部——关注的主要是突发事件。即使在上班时他们也目标明确，已经计划好要完成的任务，也可能无法实现，因为总会有紧急事件或突发事件分散他们的注意力。他们总是被各种事情牵着鼻子走，而不是运筹帷幄，因此常常陷于被动应对的局面中。

在纵轴的另一端，即矩阵图的顶端是心态积极主动的人。位于这个区域的人关注的是项目的战略远景，他们每天都在为项目的未来而奔波，为最终的成功创造条件。他们以项目、客户和团队的利益为出发点来设置日程。他们不会不假思索就做出决定，只有当危机出现且时间紧急，而别人又处理不了时，他们才会去救火。在这种情况下，他们会尽力从根本上解决问题，并采取措施确保这样的问题不会再次发生。

练习　你位于项目领导力矩阵™的什么位置？

- 看一下项目领导力矩阵™，看看你大部分时间的表现处在什么位置。你对任务或者人有天生的偏好吗？
- 你是依靠权威来管理员工，还是从个体层面去激励和影响他们？
- 你是积极参加那些有助于项目成功的重大活动，还是在参加活动时，经常受到干扰、被打断？

尽管大部分人在不同的情况下，可能处于不同的象限中，但大部分时间里，我们会倾向于某一象限。大部分达不到预期结果的项目经理位于第Ⅱ象限（图 1.4 中用一个内部是叉的圆圈来表示）。他们将太多的时间花费在处理紧急突发事件上，不停地救火。他们善于完成任务，但是只要他们还在这个象限活动，就永远不会主动地进行战略上的改变。错误的事情有一个最大特点，那就是缺乏明确的方向，突发事件层出不穷，不管是人际方面的还是其他方面的。在很多情况下，项目还没有得到明确界定，角色和责任还不明确，团队成员没有配备好，相关方也没有参与，要求含混不清，目标与公司目标未达成一致，项目就开工了。最终项目无法实现预期收益，或者尽管可以实现，但是过程漫长而费力。

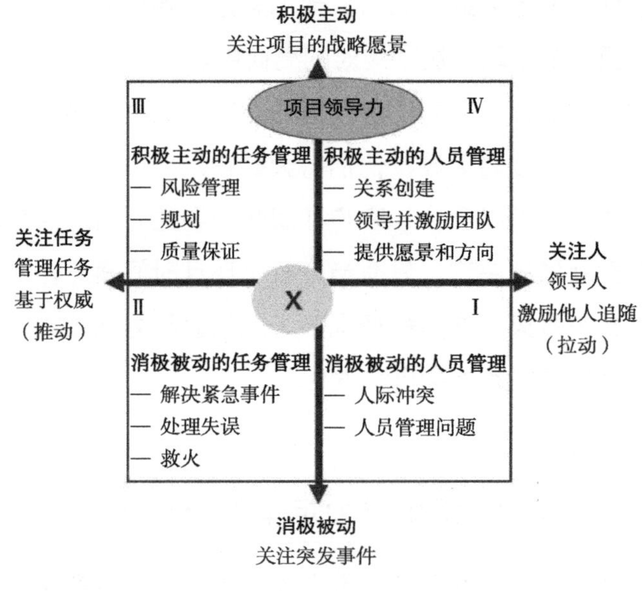

图 1.4　项目领导者的理想位置

表现出色的项目经理位于矩阵图的上半部，在第三和第四象限之间。他们未雨绸缪，将重心放在项目的长期战略上，他们既面向任务，又面向人。在图 1.4 中，你可以看到，这个位置有一个椭圆，叫作“项目领导力”。

项目领导必须持续关注项目的任务侧，因此如果他们只在第 IV 象限活动的话，就不会收到预期的效果。位于第 IV 象限的人能够想出好的创意，他们善于激励他人，但是常常因为缺少具体的计划或运作策略来支持自己的愿景。还有一点值得注意的是，项目领导有时候也需要在第 II 象限驻足。但是他们从一开始就确立了正确的项目，并且花费很多时间来建设优秀的团队，因此他们用在“救火”上的时间就会大幅减少，他们也不会靠这种策略来达到目的。

很多项目经理发现很难打破“消极被动”和“任务导向”的模式。他们不知道怎样才能解放时间和精力来积极主动地处理项目中的人员和战略问题。他们深陷管理陷阱，很难摆脱对控制和理性思维的过度依赖，无法接收更为面向人的方法，即开放和信任。毕竟，我们大部分人受到的训练是怎样把握细节和理性思考，而不是去构建关系和领导他人。此外，“低投入、高回报”的文化和缩减开支的方法并不奏效。很多情况下这可能增加工作量，迫使我们进入被动反应和任务导向模式。

不管我们为何身陷其中，只要我们能打破常规，进行创造性思考，总会有解决的办法，同时要明白我们并非别无选择。我们无法改变外在因素，例如有限的预算、人手减少及消极的公司文化，但是我们可以控制自己的反应、关注的重心及如何影响周围的人。我当时差点儿就放弃了在金融服务行业担任项目经理的工作，因为我发现这太辛苦了。当时我一点儿都不知道我的工作方式是自己强加给自己的，而不是行业、公司、项目、客户或我的经理的错误。我们很容易感觉自己是受害者，然后去责怪别人。但是事实是答案就在我们自己手中。想提高工作效率、获得更好的结果、更富有活力及与能更好地执行项目的人共事，关键在于我们自己。如果我当时放弃了自己的工作，也会在其他地方发现同样的问题。还好我并没有这样做，我开始审视我能做什么来改变这种状况。我开始考虑怎样更聪明而不是更努力地去工作。

授权、按重要程度把事情排序、关注重要事务

几年前我和一个要求特别高的团队合作，我负责的项目遇到了问题。当时时间比较紧迫，项目管理委员会也咄咄逼人。截止日期一天天临近，但技术问题看上去总也解决不完，一个解决了另一个（如果不是更多个）又出现了。工作时间越来越长，巨大的压力让团队成员无比紧张。在这种几乎一触即发的情况下，我发现了问题。如果团队全力以赴、团结一心，我确定我们能更早找到问题的原因，然后悄无声息地迅速解决问题，但当时我们谁都没有这样做。问题一直得不到解决，其影响看起来完全失去了控制。我们召开了紧急响应会议，在会上每个人都试图解决问题。遗憾的是，这时每个人都停下了自己手头的日常工作，这就导致了项目的进一步延迟。

就在我觉得一切都要崩溃时，我如醍醐灌顶般顿悟了。我不能说这是安排好的，也不能说是出于积极或创造性的精神，这只是在我忍无可忍的时候突然发生的。我让项目组成员回到自己的岗位上去，“去做自己的工作，让我们回到正轨”。无意间，我给很多人一种权威感，让他们不再为问题担忧，而是把注意力重新放在计划好的工作上。此外，我留下了一个相当年轻的技术人员帮助我，让他去 IT 部门找一个能帮忙全面考虑项目问题的人。我做什么呢？好吧，我去了酒吧。我承认我只是需要逃离压力，然后去思考。我已经掉入了一个陷阱，在所有的混乱和恐慌中变得非常主观，我现在知道我当时应该超然事外，保持客观性。

当时发生了三件事情。第一，我要了非常好的牛排馅饼、薯条和豌豆，还有一品脱啤酒。第二，那个年轻的技术人员正好找到了正确的人。第三，问题找到了应急方案，后来这个问题通过某个第三方的介入得到了解决。我当时很幸运。危机过去了，项目暂时进展缓慢，

但最终完成了，虽然比预期的时间要晚，但无论如何确实完成了。这次危机事情给我上了重要的一课——找出你需要处理的问题，能放权的全部放权，剩下的按重要程度排序，然后把重心放在重要的事情上。在这个案例中，我一个都没做到，但是幸运的是，付出总算有所收获。

——彼得·泰勒，《懒惰的项目经理》作者

从项目管理到项目领导

要改变纯粹事务型管理项目的方法——依靠控制和权威，就得应用领导力的方式与方法，它可以帮助你提供更多的价值、掌控更复杂的局面、交付更好的项目成果。它能帮助你关注项目的战略性方向、激励和鼓舞团队、构建一种不断改进的文化。它还能帮助你培养一系列正确的态度，如正直、诚实、信任和责任感。

我们会在第 3 章讨论项目领导力的七大核心要素（见图 1.5），但是先让我们简要地看一下这些内容。

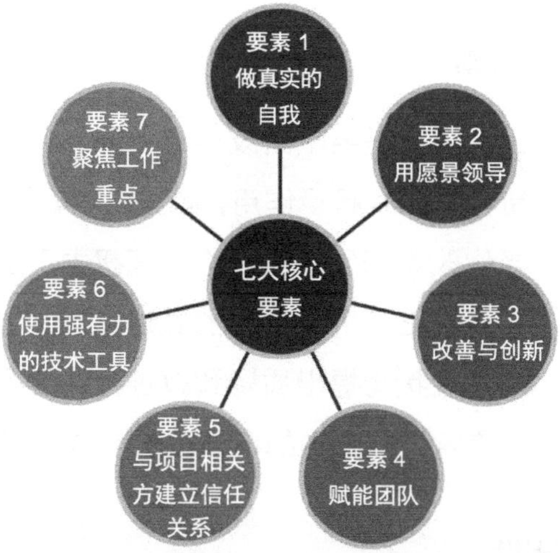

图 1.5　项目领导力的七大核心要素

↘ 要素 1：做真实的自我

七大要素的第一个就是要做真实的自我。这意味着你内心深处的对错观，你会根据这样的对错观进行领导和决策。这意味着你有很强的目的感，因为你了解自己的角色，知道怎样去给客户、团队及你自己增加价值。如果你是真实的，那么你的想法、感觉、言行就会很和谐。你会诚实地对待你的工作，不再去争宠或者参与一些不那么光彩的公司政治活动。相反，你会去探索如何实现诺言，如何保护你的团队，如何去维护你认为正确的东西。

↘ 要素 2：用愿景领导

用愿景领导就是说你要和客户合作，为实现项目的最终目标共同承担责任。你开始工作时心里就要有目标，和你的团队及客户一起去充分理解项目的战略目标和收益。但是你还要关心怎样获得这些收益，怎样赢得人心，怎样避免阻力。如果你有远见，你就不会只关注怎样实现项目的有形产出与结果，你还会关注项目的无形结果，它们会对你的团队和终端用户产生什么样的影响。

↘ 要素 3：改善与创新

项目领导力的第三大要素是要不断改善与创新。要置身项目之外，从另一个角度去观察和判断哪些因素起了作用，哪些没有，然后勇于和团队合作，共同对此采取措施。当你改善和创新时，你会把权力下放给你周围的人，让他们创造性地去思考，并提出新的、更好的做法。这个过程需要勇气、精力和清晰的视野，因为维持现状比提出质疑和改进提高要容易得多。你需要赢得团队的信任和参与，愿意为做正确的事情去冒险并走出自己的舒适区。

↘ 要素 4：赋能团队

授权给团队，使其表现出最佳能力，这是项目领导力不可或缺的组成部分。团队是项目的最大资产，能否用好这一资产取决于你挖掘每个人的强项和欲望的能力。我用了“资产”这个词，但并不是说团队是属于某个人的，而是说它是有价值和值得关注的。要建立一支高效的团队，必须和每个团队成员关系密切，熟悉每个人的特点。要做到这些就必须倾听每个人的需求和关注点，要做一位鼓舞人心的导师和向导。创建高效团队也会涉及对人的挑战，要解决表现不佳的问题，要就目标达成明确协议。要做到这些，你就必须利用自己的阴阳两个方面，“阴”指的是你支持性的一面，“阳”指的是你挑战性的一面。

↘ 要素 5：与项目相关方建立信任关系

作为项目领导者，你最关心的应该是为客户服务，帮助他们完成企业的战略目标，不是说不管他们说什么你都要视为真理，而是说你最终的目标是向他们提供所需的产品和服务。要做到这一点，你必须和客户建立良好的关系，熟知他们的业务驱动要素和商业目标。这可以让你充分和他们合作并帮助他们获得预期利益。你还必须善于让客户了解进度，善于赢得他们对解决方案和发展方向的认同和认可。这就需要有勇气去从客户那里寻求必要的帮助和指导，敢于公开谈论需要解决的风险和问题。

↘ 要素 6：使用强有力的技术工具

要步入项目领导者的行列，重要的一点是要熟悉和掌握最有效的项目管理工具，并清楚应该在何时使用它们。在项目实施前必须做好项目计划，要有风险清单、问题清单和变更申请流程，所有这些都要齐全并进行认真记录。这些事情看似谁都知道，却总有很多项目经理都是因为没有掌握这些重要的基础能力而惨遭失败。项目领导力的这一要求，还意味着你要具备一定的商务能力，能够构建真实的商业论证，对项目进行准确的估算，制定项目的关键业绩指标，以及真实地报告项目的进展。这一要素不是要你纠结于工具和技术的细节当中，而是要通过这一流程来增加价值；不要多做，也不要少做，要做到恰到好处。

↘ 要素 7：聚焦工作重点

七大要素中的最后一个是聚焦重点。这意味着为了成为一名高效的项目领导者，你必须拥有远景目标，不断改进提高、不断创新，授权给团队，与客户构建良好的关系，擅长确定事情的优先次序，尽一切可能优化你的时间，做最重要的事情。诀窍就是要始终把重要的事情放到紧急的事情之前，关注会产生最大效益的事情。这就要求你克服拖延症，把控好时间，不要浪费，不要多项工作同时进行，不要让借口、恐惧或自我怀疑挡住前进的道路。这还要求你把授权当作一个有效的工具去训练团队，使其获得成长，从而释放自己，去关注大局和客户。

正如你所看到的，这七大要素全面涵盖了项目领导力的内容，从怎样领导自己和他人，怎样通过确定愿景和实现项目的战略成果来增加价值，到怎样充分利用项目管理技巧和坚持关注最重要的事情。

当你向项目领导力的方向迈进并开始实施这七大要素时，你必须勇于冒险，坚持做自己认为正确的事情。你必须有勇气去挑战现状，即使这样做可能不受欢迎。你必须目光长远，同时要有足够的勇气，敢于为了未来而去接受当前的打击。项目领导者要为项目、团队和客户做正确的事情。在这层意义上，项目领导力不是关于提升自我或地位的权力。个人的成功是项目领导力的一个积极的附产品，但不是主要目的。

怎样发现项目领导者

在发掘项目领导者和优秀员工时，软技能是关键。一个关键素质与能力是人际技能、情商、能否冷静和有效地处理冲突与谈判。最终，这个人要有信心挑战现状，能够找到最有效的方式交付项目结果。另一个关键素质与能力是爱学习、愿意去指导他人。每个伟大的领导者都拥有这个特征，这可以让他们不断进步，不断提升自己的思维模式。最后，他们必须能够有效地处理变革中有关人的方面的问题（其影响远超体系和流程），让自己设身处地地为客户、员工、主管及股东考虑，让他们愿意做出改变，直至获得全面的成功。

——山姆·弗莱明，英国天然气公司项目交付负责人

优秀的项目领导者视自己为项目的 CEO

优秀的项目领导视自己为项目的 CEO。他们自我意识很强，非常关注项目生态系统中的每个人。他们忠于自己的价值观，以身作则。优秀的项目领导者的人生目标是在人际交往能力和专业技术两方面都表现出色，不会因为其中一个而忽略另一个。他们知道不断的自我提升是一个永无止境的过程，因此不会犯骄傲自大的错误。他们鼓励人们脱颖而出，把自己看作员工成长的引导者。

——阿尔农·亚夫，项目领导力顾问和教练

项目领导者与众不同的地方就在于他们的预见力

项目领导者注重细节但又不拘泥于细节。和普通的项目经理相比，他们看事情的方式不同。他们会抓住每个机会去体验、去观察，他们从每件事情（不论好事还是坏事）中学习，从参与的每场谈话及遇见的每个人那里学习。他们思考如何把这些信息综合运用到项目中去，他们还用这些信息去预见以后会遇到哪些挑战，或者他们的团队或相关方会对既有形势做出何种反应。他们总是处于未雨绸缪的状态，因

此他们会控制形势而不是受形势所控。这使他们能够去确定节奏，而不是对节奏做出反应。他能让团队退可两耳不闻窗外事，进可冲锋陷阵、全力以赴。预见力并不意味着项目领导者什么都知道。没有人能做到这一点。但是这确实意味着他们知道自己有什么是不知道的，以及什么时候向团队中其他的人求助。在我看来，如果这个能力和谦虚二者兼具，那么就是项目领导者的关键能力。

项目领导者对于自己作为项目经理和领导者充满自信。如果你总能真实地面对自己，如果你有适应力和预见力，即使你确实做错了事，得到原谅的可能性也会大得多。项目领导者要善于从项目的方方面面去学习，要承认在既定情境下或者在面临既定挑战时，在那一刻知道自己不是推动项目前进的最佳人选，这并不是领导力的失败。把球传给一位团队成员并不是推卸责任。接受这一点并且知道什么时候把球传出去也是区分项目领导者的一个属性。

——保罗·霍普金斯，保罗·霍普金斯项目咨询公司执行理事

情商的重要性

我们在之前的章节中曾经提到过，从项目管理到项目领导，在很大程度上，就是要成为一名高情商的领导者。丹尼尔·戈尔曼（DanielGoleman）在《情商：为什么情商比智商更重要》（*Emotional Intelligence——why It can Matter More Than IQ*）一书中指出，一个人的绩效表现，60%与情商的素质与能力有关，当从事领导工作时，这个数字则上升到 90%。丹尼尔·戈尔曼告诉我们，当一个人的职位在组织中不断升迁时，其情商变得越来越重要，因为情商决定其工作效率。

但是情商究竟是什么？EQ（情商）可以被定义为“一个人认知、控制和

表达个人的情绪，以及富有同理心、谨慎处理人际关系的能力”。这意味着拥有高情商的人能够准确地辨别和理解自己与他人的情绪。这并不意味着拥有高情商的人永远都是好好先生，或者他们从来都不会生气、悲伤与沮丧。拥有高情商的人不会回避他们的情绪，但是他们也不会让情绪控制自己。相反，他们会意识到自身情绪的产生，然后谨慎地选择如何表达他们的情绪。他们不仅能意识到自己的情绪，而且会敏感地感知其他人的情绪。他们会感知到客户或是团队成员是否开心、难过、愤怒或者恐惧，以及它们对自己情绪的影响，最后采取一种合适的方式应对，以便得到一个最好的结果，让双方都能满意。

为了更好地理解什么是情商及情商对于项目经理和项目领导者的意义，我们可以将情商分为五个主要方面：自我认知、自我管理、社会认知、关系管理与动机管理（见图 1.6）。

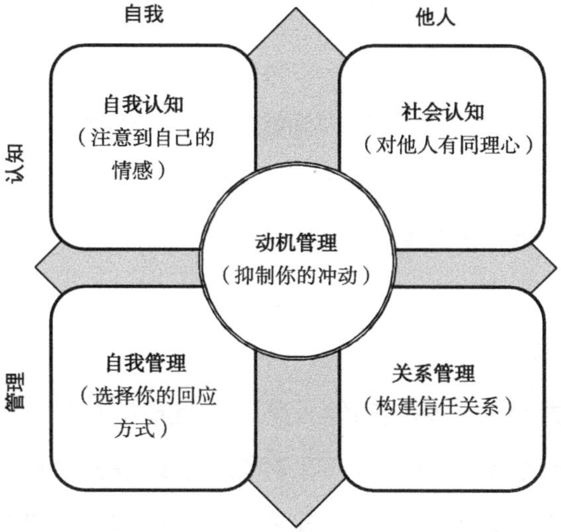

图 1.6　情商的五个主要方面

↘ 自我认知

自我认知是一种自我察觉及认知自身情绪的能力。如果你可以意识到并理解你自己的情绪、感受与动力，那么这就代表着你拥有良好的自我认知能力。你不需要压抑自己对项目的感受，或者对自己撒谎。恰恰相反的是 ，当你感到悲伤时，你需要意识到你的悲伤。当你因为某人或某事愤怒时，你也同样需要意识到这愤怒的来源。大多数领导力培训项目，在给予你任何建议之前，都会先提高你的自我认知能力。本书将会采用同样的模式，我们在第 2 章将着重探讨自我认知问题，然后在第 3 章再展开项目管理中的领导力的七大核心要素。

↘ 自我管理

自我管理能力是关于如何管理好你的情绪和处理好你的情感，用一种合适的方式领导好你的项目。随着自我认知的提升，你可以选择如何向他人表达情感，以及表达多少。仅仅因为你内心感到愤怒或压力，并不意味着你必须向你的客户、项目相关方或团队成员表达这种愤怒。想想卓越的领导者在危机中是如何保持冷静的。他们能够做好自我调节，不必立即做出判断或决策。他们在行动前总会三思而行，避免任何破坏性的冲动。拥有冷静的头脑不仅对团队产生积极的影响，而且有助于你做出更好的决定，因为你没有陷入情绪的旋涡，被自己的情绪所绑架。

↘ 社会认知

社会认知能力是关于你认知他人感受并且能够换位思考、产生共情的意愿和能力。当你产生共情时，这意味着你能够站在别人的立场上，能够从别人的角度，像穿着别人的鞋一样，去感受和看待问题。在会议期间，当你告诉项目相关方一个新问题时，你会注意到他们因此产生的情绪。当你在业绩上追赶上一个团队成员时，你会注意到他们是否感到紧张或不安。拥有良好的共情能力，是与他人建立信任和有效沟通的一个核心要素。

↘ 关系管理

第四种关于情商的能力是管理他人的情绪，并利用情绪建立关系。当你拥有高水平的社交能力，并能够有效地管理项目中的关系时，你就能够更容易地与项目相关方达成共识，建立起一种相互信任的关系，影响更多的人和团队，相互之间进行更好的沟通，激励大家为了一个共同的目标做出贡献——这对于一名优秀的项目领导者来说绝对重要。管理他人的情绪很重要，因为人们并不像我们想象中那样理性。为了帮助项目中的某个人，让他更有积极性和动力，愿意克服困难做出行为改变，你必须能够理解他们内心深处的原因，并在情感层面上与他们共鸣，并打动他们。

↘ 动机管理

最后一项能力是关于自我激励及引导情绪来为目标服务的能力。如果你想建立一个高效的团队，为你的客户带来一个满意的结果，你必须能够抑制你的冲动。正如我们已经讨论过的，项目领导者是积极主动的，并且专注于未来的愿景与目标。他们不会被人带偏，也不会因为自身情绪而不去面对一些困难的沟通或是一些不愉悦的事情。激励自己需要自制力，同时需要抛弃短期欲望以换取长期成就的能力。我们会在本书的第 2 章与第 3 章深入剖析情商的不同方面，并揭示拥有高情商的项目领导者的思维和行为模式。

如何践行新行为

如何学以致用

- 使用项目领导力矩阵™来确定你作为项目经理的行事风格。
- 评估你在不同环境下的反应及其潜在的原因和触发因素。
- 评估你自身是倾向于任务导向还是权力导向，例如，当你与人交流时，你是更倾向于一个理性的、就事论事的立场，还是一个更加人性化的、具有同理心的立场？

- 思考在什么情况下你喜欢控制项目的每项细节，并告诉人们该做什么和怎么做。这种行为方式会产生什么样的影响呢？
- 列出尽可能多的使用项目领导力方法的好处，在不增添复杂性的前提下，它将会如何更好地帮助你管理和领导项目。
- 去网站 www.powerofprojectleadership.com，下载模板和有关本书的更多资源。

小测验：你是否掌握了本章知识要点

- 你认识到世界变得越来越复杂，并且对项目管理行业产生了深远的影响。你认同现实，承认自己需要适应新环境、不断学习和成长。
- 你能够评估你在项目领导力矩阵™中最常处于哪个象限，你的烦恼是什么，以及如何做出改变。
- 你了解情商的五个主要组成方面，以及它们为什么对项目领导力很重要。
- 你清楚地了解为了成为更有效的项目经理和项目领导者，你需要停止哪些方面的行为。

第 2 章

寻找你的内在动力

在这一章你将会学到：

- 一个人的内在习惯与信念，可以解释其当下的行为。
- 身为项目经理的你，如何改变思维方式，以克服当前面临的挑战。
- 人类的六大基本需求是什么，它们将怎样影响你的选择。
- 为什么一些人和一些事会让你产生过度反应。
- 你自己的积极性来源是什么，怎样充分利用这些内在动力去发展你的项目领导力技能。

你面临的最大挑战

我假定你真的想成长，想在事业上更上一层楼。我还假定在生活中，你有很多成功的经历，你克服了重重障碍，才到达今天的位置。你是一个有紧迫感的人，而且特别足智多谋。你曾经遇到过一些看上去很大的障碍，有时难以克服，但是最终你找到了出路，你一出手障碍就不复存在了。它们消失的速度和出现的速度一样快。

有一些障碍可能是刚刚出现的，例如，如果你刚接手一个职位或承担了一个新项目，还有一些障碍可能存在已久，很难解决，这需要你具有更多勇气和洞察力才能克服。但是不管你身处职业发展的哪个阶段，你工作中总会遇到挑战，让你有挫败感，而你之前从未想到过这些。生活是一个不断学习的过程，充满了挑战和机遇，它要求我们做出决定并采取行动，以便继续前行。我们就是这样成长起来的。当然说起来容易，做起来难。尽管我们都能意识到这些行为和状况，知道是谁给我们施加了压力或占用了我们的时间和精力，但在很多情况下，我们并不知道原因何在，或者怎样才能改变这种状况。我们很难观察自己的行为、习惯和观念，我们很少花时间去思考这些问题。即使你不熟悉你所面临的挑战，也不知道怎样去探究它们的根源，但这样做也很重要（见图 2.1）。因为这些挑战会消耗你的精力，它们会拖垮你而不会帮助你成长。它们限制你的表现，减缓你的职业成长速度。

本章的目的就是要帮助你理解并处理这些挑战，给你提供一些策略和新理念，帮助你拥有一个成功的领导者该有的心态。为了做到这一点，我们会审视人类的基本需求，以及满足这些需求的途径。理解了这些以后，就能让你对怎样更好地领导自己有一些基本的认识，这反过来又有助于你更好地去领导他人。

- 项目有很大的技术难度，我很难应对
- 我和老板关系不好
- 我的客户不可理喻
- 我们经常面临时间和成本压力
- 我不善于激励团队
- 我缺乏信心
- 我的团队缺乏经验
- 我经常感到疲惫不堪
- 我要努力去让人们做出承诺

图 2.1　项目管理面临的挑战

练习　你在项目管理中面临的最大挑战

为了从这一练习中得到最大的收获，要保证你不是处于一种匆匆忙忙的状态，你要花至少 10 分钟时间来审视一下自己的工作方式。开始时，这些问题可能不容易回答，但是它们对于你是否能够成为一名项目领导者很重要。如果你感觉现在不在状态，那就先浏览一下问题，然后尽可能快地完成练习。

1. 拿一支笔和一张纸写下你在工作中遇到的最让你担忧和沮丧的情况、任务、人和活动。这可能涉及从预算或规划到与特定的人配合（如你的老板、表现糟糕的员工或项目发起人）等各种事情。也可能是你发现某些状况让你不舒服，例如，你不得不向项目管理委员会报告情况，或者你觉得对你来说，什么才是最大的压力，是长时间的工作，还是面对最后期限时的压力。想到什么就写下来。如果没有什么让你担忧或沮丧的，就写下你最不喜欢的活动。

2. 看看你刚才写下的挑战。它们在哪些方面会影响你的日常工作、影响你把工作做好、影响你给客户及团队贡献你的价值？这些挑战会影响他人对你的看法吗？这是否意味着你在浪费时间？这对你的生活状态会产生负面影响吗？工作压力会提高吗？或者最终会影响你的职业发展吗？写下你的想法。

3. 最后一步就是把你确认的挑战进行分组，找出它们的所有共同点。例如，你写下来的内容中有几条是跟人有关的，不管是跟客户、相关方还是和你的团队？有多少是关于缺乏具体能力的，例如，怎样展开一个项目或对客户的业务缺乏了解？又有多少是涉及在时间紧迫的条件下工作，或者关于自我感觉的，如不够自信？用对你而言最有意义的方法进行分类。

从以上练习中，可以很清楚地看到你所列的一些挑战，哪些是源自缺乏正确的领导策略或者某项具体技能。例如，如果你能领导团队更好地处理冲突并善于和人打交道的话，有多少挑战将不复存在？如果你能花一些时间来了解某个具体策略或更多地了解客户业务的话，你的哪些挑战将会消失？

你不妨花一些时间想一想，如果你想成为项目领导者的话，应该怎样减少你的挑战。成为项目领导者要求你关注真正重要的事情。但是最重要的是，你要了解哪些事情限制了你的观念和工作方式，你要如何改变。本书的这部分内容会帮你实现这一目标。

为什么项目团队中的一些人会反应过度

牢记你在前面的练习中所发现的问题与挑战，我想向你介绍丹尼尔·奥曼（Daniel Ofman）的核心四象限模型。这是一个强大的工具，它可以帮助你提高自我认知，同时更好地理解为什么项目中的某些人或者面临的一些情况，对你而言，处理起来非常困难。为了成为一个更全面的优秀的项目经理和项目领导者，奥曼的模型也是一个很好的工具，可以用来帮助你改善自己的行为。现在我向你介绍这个模型，如图 2.2 所示。

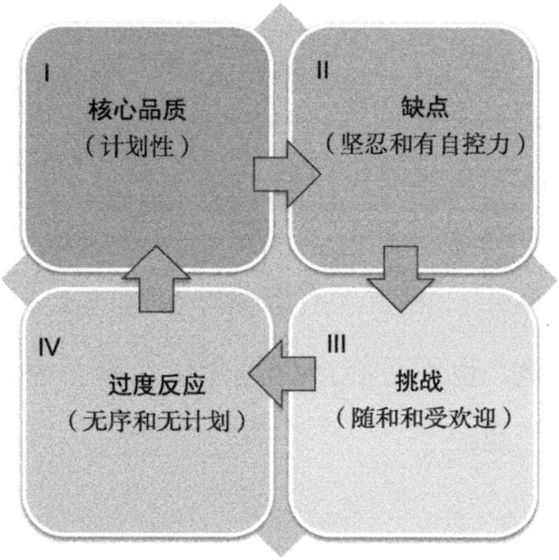

图 2.2　核心四象限模型，帮助你增强自我认知和了解你面临的挑战

↘ 象限 I：核心品质

奥曼的基本思想是每个人都有许多核心品质，如意志力、思想开放性或计划性。这些核心品质对我们来说是一笔真正的财产，而且更重要的是我们要懂得充分利用它们。我们激发他人，期望周围的人拥有的正是这些品质。如果你想知道你的核心品质是什么，想想你天生擅长的一些事情。你从周围的人那里得到了什么反馈，他们对你有什么评价？他们可能说“你总是那么有条有理”或“你总是那么有毅力”。

↘ 象限 II：缺点

然而，有时我们过度使用我们的核心品质，以至于它从优点变成了一个弱点。这种情况发生在我们过分追求完美的时候。当我们处于压力中时，我们可能变得太过强调计划性或太过较劲，执着于某个目标。在这种情况下，我们会变得盲目冲动，滥用我们的核心品质。在奥曼的模型中，这是你的一个缺点。你的缺点是你的团队成员会有抱怨，但你会容忍自己，缺乏相应的意识。

让我们假设一下，你的核心品质是具有较强的计划性。作为项目经理，这是一个很好的素质。你知道要做什么，以及什么时候需要完成。你跟踪风险和问题，你知道谁在什么时候可以参与这个项目。然而，在有压力的时候，你可能冲动，变得过于强调计划性，以至于你变得具有很强的控制欲和过于注重过程。这是你的弊端，也是一个要避免的缺点。过分控制不会帮助你创造一个有利的项目环境，也不可能产生理想的结果。相反，你可能限制团队，并与团队产生冲突与矛盾。

↘ 象限Ⅲ：挑战

为了避免你的缺点和冲动，你必须明确你所面临的问题与挑战。你所面临的问题与挑战与你所需要改进的缺点正好相反。所谓挑战，是指你所缺乏的，也是你羡慕别人的地方。因此，如果你的缺点是控制欲太强，那么如何使自己更容易地被他人接纳或者认同，则是你所面临的挑战。如果你在管理他人的同时，还能够让自己受欢迎，这将使你成为一个更完美的项目经理和项目领导者。

正如你所见，这个想法不是要剥夺你的核心品质，让你变得没有计划性，而是要让你变得更容易被人接纳，被人认同，更受人欢迎，让你的行为更趋于平衡。它是关于两者之间的平衡，而不是两者只能取其一。你必须既拥有计划性，又能被他人认同。

↘ 象限Ⅳ：过度反应

真正有趣的是，当你面临的挑战太多时，这可能引发你的过度反应。例如，如果你遇到一个特别随性和受欢迎的人，你可能生气，因为你感觉他们不守规矩。这是因为你的过度反应，他们与你的核心品质正好相反。换句话说，你的过度反应是因为你讨厌自己身上的一个缺点，也是你鄙视别人的地方。

有趣的是，你可以从你最不喜欢的客户、团队成员和项目相关方那里学到的东西最多，因为他们所拥有的正是你所欠缺的。我觉得这真的很发人深省。当你对团队成员或项目相关方做出强烈反应的时候，这往往说明你自己的问题之所在。团队成员在计划需要完成的工作任务时可能有点松懈或不严谨，但在你看来，他们混乱无序，缺乏计划性，这让你感觉更有压力和更想控制他人。这不是一个好的反应。团队成员实际上比任务本身来得更为重要，但因为与你的方法或观点不同，而产生敌对的情绪。

打破这种模式的方法是专注于你所面临的挑战，不要把你的挑战和过度反应混为一谈。如果你所面临的挑战是更平易近人和更受人欢迎，那就努力去适应它，并在日常生活中融入更多的这些行为。这并不意味着你必须变得混乱无序，凡事毫无计划，也不意味着你要对那些对工作有点松懈和不严谨的人做出过度反应。如果你把挑战和过度反应混为一谈，你永远都无法挑战成功，超越自己。

我自己所面临的挑战和过度反应与我刚刚所讲的例子非常相似。我是一个非常有内驱力和热情的人，这是我多次听到的。这种核心品质在管理大型项目时有其优势。我会一直确保每个人都在步调一致，我会和我的项目相关方保持密切联系，我还通常是最后一个离开办公室的人。我会积极地更新计划，记录会议内容，还会定时发送电子邮件沟通信息。然而，我性格的一个缺点是，我有时会盲目冲动，变得疯狂，尤其是在压力很大的时候。我会过度劳累，希望别人也能投入 110%。在那段时间里，我的注意力会变窄，我更喜欢速度而不是质量。这种方法的问题在于，它不仅令人筋疲力尽，而且效率低下，因为质量差会导致事倍功半，这一点并不明智。

对我而言，我所面临的挑战是放慢速度，做一下深呼吸，学会不去在意所有细节。当你很忙的时候，这似乎有点违反直觉——我知道这对我来说是这样的——我最终还是精疲力竭，不得不停下来。我无意识地接受了我的挑战，正如我所做的，小奇迹开始发生了。当我停止对每个细节吹毛求疵，并停止从一件事情匆忙地赶到另一件事情的时候，我能够观察到到底发生了什么。我在团队领导方面做得更好了，同时给了别人发挥能力的机会。

我很难放慢速度的原因是我把挑战和过度反应混淆在一起。放慢速度、后退一步的极端版本是不活跃和懒惰——我的过度反应。从那以后，我明白了我可以在全力奋进的同时，也学会做一些让步。这听起来可能很容易，但我花了几年时间才学会并接受这个事实：跑得更快并不总能成功。

练习

你的核心象限处于什么位置？现在轮到你创建自己的核心象限了。画一个正方形的坐标系，分四个象限，使用以下问题完成每个象限的内容。

- 你的核心品质是什么？你天生擅长的事情是什么？人们会称赞你的哪些品质？
- 当你过度使用这种品质时会发生什么？你的缺点是什么？它在什么时候会出现？
- 缺点的反面是你的挑战。这是一种你在别人身上所欣赏的品质，你需要更多地学习和培养自己这方面的能力。你的挑战是什么？你如何开始将这种品质融入你的工作中？
- 最后，你面临的最大挑战是过度反应。你厌恶他人的什么品质？在什么情况下你会产生这种厌恶情绪？你怎样才能将你的挑战与过度反应区分开，不让它们相互混淆？

你的信念来自哪里

我们的人格品质、价值观和信仰源自我们的成长和教育。我们带着这些价值观和信念去工作。如果想改变作为项目经理和项目领导者的形象，我们必须了解这些职位是什么及它们来自哪里。我希望你深呼吸一下，考虑一个非常私人化的问题："你最渴望谁的爱？你妈妈的还是你爸爸的？"在继续进行下一步之前，花些时间思考一下。你渴望妈妈或爸爸的关注吗？现在考虑下一个问题："对你的父母来说，你需要成为一个怎样的人？"也就是说，你必须做什么才能获得父母的爱，让他们高兴？

我们在孩童时期形成的思维模式跟随我们一直到成年。一些项目经理是取悦者。他们很难设定界限，向他人说不，表达自己的需求。他们善于接纳和服务他人。这可能是童年时期形成的一种模式。很可能他们必须表现得无私才能得到父母的爱，才能让父母接受。另一个例子是有的人在他们所做的每件事情上都要保持完美主义，他期望其他人也以同样的高标准工作。这种行为可能源自小时候父母希望并要求孩子在学业上做到一丝不苟，那样才能获得父母的接受与认同。

练习

你的成长经历对你的领导风格有什么影响？为了完成下面的练习，去一个不会被打扰的地方，带上一张纸和一支笔。首先，在纸上画两条时间线——一条代表你的个人生活（从你出生到今天），另一条代表你的职业生活（从你开始工作到今天）。你可以用你喜欢的任何方式画两条时间线。它们是直的还是弯的并不重要，但要确保你能在它们之间画出平行线。这将允许你指出你个人生活中的某些事件如何影响你的职业生活，反之亦然。在你的两条时间线上，画出所有影响你个人和职业生活的重大事件。用单词和图片来解释这些事件，尽情发挥创造力。然后在纸上用词语解释和回答以下问题：

- 你对当时的每个重大事件有什么看法？你现在对这些经历有什么感觉？它们是如何塑造你的人格与品质的？
- 对成功、作为项目经理应具备的能力，以及作为项目领导者的角色，你有什么样的信念与看法？

- 你会给人讲一些关于自己的什么故事？你应该成功吗？你觉得自己够好、够成熟、有着合适的性别和心理年龄吗？你是否告诉自己，你注定会成为一名伟大的项目领导者，或者不是？
- 这些经历对你有哪些正面或负面的影响？它们是如何塑造你的领导风格的？它们是让你朝着你想要的东西走得更近还是更远？

现在请完成下列句子：

- 衡量个人成功的最佳标准是……
- 我生活中的主要驱动力是……
- 我知道当……时，我会……
- 我不太擅长……
- 当我有压力时，我会……
- 让我感到棘手的是……
- 在……情况下，我倾向于回避。
- 当……时，我会生气。
- 我隐藏的天赋是……

你对这些问题的回答，表明你最基本的价值观和信仰，以及它们今天是如何影响你的工作和生活的。也许其中一些已经不再有用，需要把它们遗忘掉。

情商，情商，还是情商

我第一次听到情商一词大约是五年前。当时我所在的公司正将信息技术部门外包给第三方，工作量巨大。作为高级经理，我们花了一周的时间与公司聘请的职业心理学家一起进行培训，心理学家教会我们许多技巧，例如，如何应对自己的情绪，以及如何应对这场巨大的商业变革。最近，我通过一个高级管理培训项目进一步学习了这些知识，当我意识到我们的教育背景和生活经历是如何塑造了今天的我们时，我坐在房间里哭了。我意识到我一直基于旧的思维陷阱来与他人交流。（一个例子是，我用向父亲证明自己的方式，向经理证明自己。难怪我的经理对我的行为感到困惑。他不是我爸爸，但他也已经接受了我！）培训结束后的星期一，我走到办公室门口时停了下来。我笑了。我在脑海里模拟着把一个包裹放在了办公室的前台。这个包裹包含了我过去的所有经历，虽然这些经历已经渗透到我的职业人格中，成为我自己的一部分，但不会再影响我。我感觉到一丝轻松、平静，最重要的是……感觉自由了。那个包裹在某种意义上今天仍然放在当年的办公室的前台。

我相信成就卓越领导力的关键（无论是项目中还是运营中）在于自我认知和感知他人想法与情绪的能力。这是一种更高层次的认知，在这种认知中，我们可以理解我们所处的情绪状态，以及我们所接触的每个个体或旁观者的情绪状态。言语本身只能给我们带来很少部分的内容。语音、语调、肢体语言和背后意图，则是我们在面对面的沟通中才能够真正获得的信息。当我们获得正确的信息时，才能找到方法，跨越障碍，减轻当下任务所面临的压力。如果项目经理能够将情商放在一个正确的位置，并将其理念输入团队中，这将开启一种看起来非常重要又无比动人的人类行为，构建出一套健康的文化体系：相互关怀、相互尊重、诚实对话、尊重个人权力、通过谈判达成共识（不要武断决策）、认可他人，以及充分发挥自己和他人的优势达成最终的结果。

第一步，人们应该学会随时辨别自己的感受。如果我们感到疲倦、情绪低落、失去活力、恼怒、生气、紧张，那么我们的大脑思想和口头语言很可能从一个“低情商”的地方开始运作。然后我们错误地理解他人，同时放大自己，将自己的感受凌驾于他人之上。这损害我们应有的反应，表现出来的行为非常明显。学会识别我们的情绪及如何摆脱情绪的影响非常关键。如果我们在高速公路上有“路怒”行为，那我们就不可能在第二天早晨，站在团队面前慷慨激昂地发表讲话，激励团队。人们想要爬上事业的阶梯，就需要了解自己，并且懂得运用各种不同的技巧充分发挥他人的长处，应对各种艰难的挑战。

——山姆·弗莱明，英国天然气公司项目交付负责人

你的思维方式有问题吗

在最基本的层面上，你的个人生活和职业的质量取决于观念的质量。你的观念决定你的态度，这反过来会影响你的行为及你是否能达到目的。正如亨利·福特所言：“不管你认为自己能还是不能，你都是正确的。”从这一点来说，你的观念会影响你的决定、结果和现状。

可怕的是一天中的大部分时间，你的想法都是负面的。这意味着我们是自己最大的敌人，这一点不可否认，因为我们会在潜意识中限制我们自己、破坏我们自己，而这都是消极思考模式造成的结果。这些想法源自我们受的教育和我们的生活经验。十分遗憾的是，在很多情况下，随着年龄的增长，我们被迫意识到很多我们认为无法做到的事情，其实是可以做到的。要转变成一名领导者，关键因素之一是用更多激励行为代替那些无益的观念、态度和行为。

但是信念是什么？所谓信念，就是我们视之为真的东西。我们认为我们能做什么，不能做什么，这些观点都是由信念决定的。我们如何理解周围的世界，信念在其中起到了重要作用。信念就像一个镜头，我们通过它来看世界。我们看到的、经历的、思考的及感觉到的都是通过这个镜头得到的，是我们信念的产物。因此我们眼里的现实是信念创造出来的。如果我们相信机会无处不在，我们就会看到确实如此。同样，如果我们认为执行一个项目压

力很大，人们工作得太辛苦，那么我们就会感觉实际情况确实如此。问题在于大部分人不能清醒地意识到自己的信念是什么，以及它对自己的行为会有何影响。他们所有的经历不是紧张就是烦恼，他们不一定明白自己的信念和态度对此有何影响（见图 2.3）。

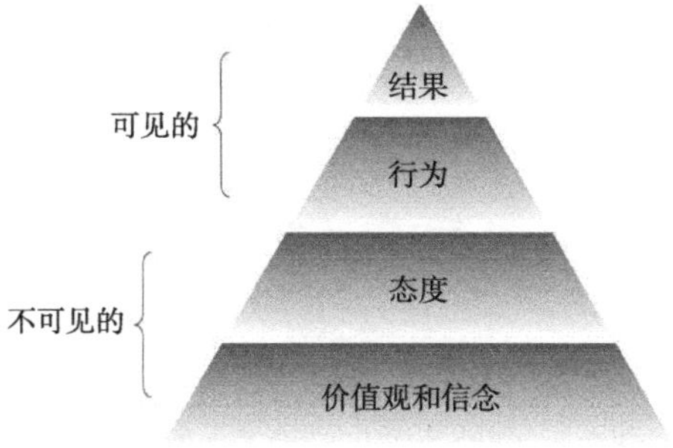

图 2.3　我们的价值观和信念决定了我们的态度和行为，也最终决定了我们能否达成结果

里贝尔·布朗（Rebel Brown）在她的著作《有影响力的领导者》（*The Influential Leader*）中解释说，我们超过 95%的决定和行动是受潜意识驱使的，而我们的主意识甚至从不参与其中。她声称，鉴于我们的潜意识每秒接受 1 100 万比特的数据，这些数据来自我们的眼睛、耳朵和感官，只有很小的一部分——每秒 126 比特，被选送给我们的主意识（见图 2.4）。这意味着我们并不像我们认为的那样冷静和理智，因为在很多方面我们都受控于潜意识。正是我们的潜意识和我们对这个世界持有的观念，使我们对信息进行过滤并决定哪些要传递给我们的主意识，哪些要过滤掉。如果我们想改变现实和结果，我们必须改变我们的信念，这样另一套信息才会开始传递给我们。

毫无疑问，信念是一个非常强大的系统。一个积极的、有责任感的信念系统会让我们走得更远，一旦我们有了这个系统，就没有什么能挡住我们前进的道路了。教育界对此已经进行了一些研究，让教师和几组学生相信他们比班里其余人更优秀（当然事实并非如此），研究结果一致证明，那些认为自己更优秀的学生，他们的自信心和成绩都得到了提升。我们的信念的好坏会影响我们的行动，行动反过来又会影响我们是否会成功，以及以什么样的速度取得成功，或是远离成功。

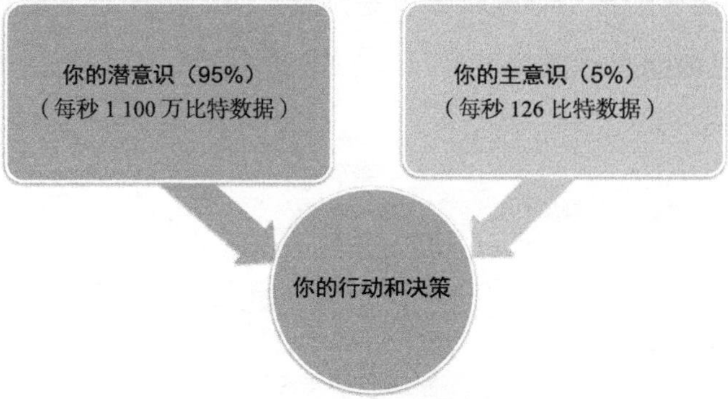

图 2.4　影响行动与决策的因素

要想判断你的信念和态度是否对你有益，最简单的方法就是看看你是否创造了结果。结果的好坏往往会揭示你潜在信念是否有问题。你之前列出的那些挑战和障碍就是这些结果的证据，因为这些来自你根深蒂固的信念。例如，你可能在理性上知道怎样才能变得更果断，但是不能果断行事，因为你认为果断等同于咄咄逼人，而这是不好的。你无法变得更果断，除非你改变潜在的信念，即认为果断和咄咄逼人不是一回事。

对我们没用的观念就好像花园里的野草。它们不停地生长，如果你不除掉它们，它们就会迅速长高，遮住花朵。你的工作就是要定期除草，然后用你想要的种子代替野草。要除掉你的不良观念有很多种不同的方法，其中之一就是基于证据的思维方式。基于证据的思维方式根植于你的一个观念，即做任何事情都有一个特定的方式，这种方式已经证明对他人是有效的，因此采取同样的行动对你也会有效。一个好的例子就是模仿他人，那些人已经达到了你想达到的目标，不管这个目标是有形的还是无形的。在基于证据思考的情形下，不良的观念将无处藏身，因为成功基于理性和分析而非假设和情绪。

关于基于证据的思维方式还有另一个例子，即人们认为他们成为项目领导者的能力取决于他们所掌握的技能，这些技能是可以通过一定的时间，在适当的支持和练习下获得的。因此他们知道，如果付出适当的时间和努力的话，他们绝对能成为一个成功且高效的项目领导者。这是一种强化的思维方式，因为它可以让个人完全控制结果。他们知道仅凭自己的行为就可以决定结果。

有一种思维方式较为死板而且非常有害，那就是人们太过相信权威人物说的话，如老板或父母，不会对他们说的话提出质疑，也不相信事情是因人而异的。他们认为那些成功者与自己不同，他们个人永远不会成功。他们认为成功的领导者掌握了更多技能，经验更丰富，年龄更合适，也更自信。他们把这些特点看作特殊的优点，来解释为什么他们永远不能像那些成功者一样优秀。

积极心态

为了消除那些限制你发展的习惯和观念，你从里到外都得改变。你必须控制你的内心世界和思想，这样你才能用有效的方式影响你的外部世界。换句话说，你需要确保你的注意力与态度尽可能地正向，这样你才能够加强对结果的控制力。正如安东尼·罗宾所言，你关注什么，你重视什么，你如何对待它们，最终决定了你的命运（见图 2.5）。你会变成什么样的人，并不取决于现在和过去发生在你身上的事情。关键是要养成积极的心态，要知道怎样对情况做出反应、怎样采取行动、怎样达成目标，既不犹豫不决，也不自我怀疑。

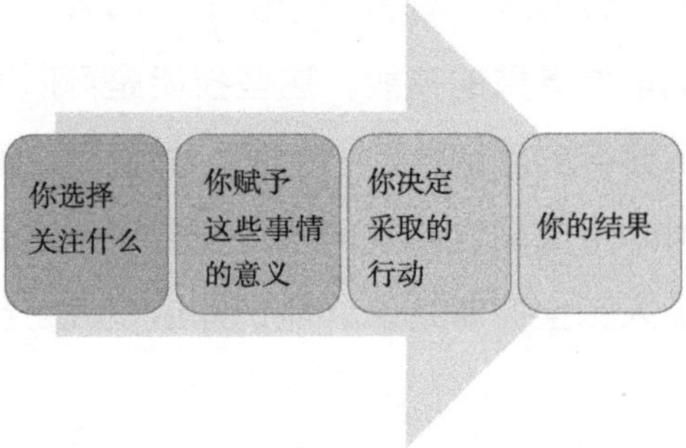

图 2.5　你对事情的关注及赋予的意义决定你的行为和结果

有些人错误地认为积极的心态就是否定和忽视消极的东西，对它们视而不见。积极心态不应该和乐观主义混为一谈。一个积极的、强有力的心态意味着我们可以清晰地看到事情的本来面目，既有积极的一面，也有消极的一面。但是我们不会对消极的一面反应过激，任其控制和吓倒我们，我们会寻求一种平衡。我们认真评估形式与机会，确定以一种什么样的建设性的方式，推动事情的进展。让我们看看这些强有力的思维是什么样子的吧！

↘ 我相信我自己

作为一名项目领导力教练，遇到一些项目经理，他们感觉自己不够优秀。他们害怕被“发现”能力不足而被解雇。在很多情况下，这些项目经理对自己的判断有失公允，有一些偏差，这或许是因为过去的一些事情，或者是因为我们每个人都会有的一些消极偏见。对自己不优秀的情感认知并非源自能力不足，而是与缺乏足够的自我价值认同有关。

为了成为一名领导者，一名被人认同的领导者，你首先必须相信自己。如果你没有一种强烈的认同自己的情感，你不可能赢得他人的信任，具有影响力和激励他人。你必须有一种强烈的愿望，值得为你的梦想而努力，同时，你还必须坚信，只要你付出努力，采取必要的行动，你能像其他人一样取得成功。正是这种毋庸置疑的对自己的坚定信念，以及一切要靠自己努力的意愿，才能点燃你的激情，激励你的行动。对自己的这种信念不是狂妄，不是要把自己凌驾于团队之上，不是破坏团队合作，其本质是你要感受到对自己的爱与同情心，在内心深处感受到你值得成为一名领导者。你身体中的每个细胞，都要感受到价值感，当你清晨离开家的时候，你可以感受到你的身体有一种强烈的冲动。

↘ 我选择我的回应方式

最具有责任感的信念之一是要知道，是你在掌控一切——不管是无意的还是有意的，以及你总有选择的机会。你选择自己的信念，你选择你想关注的，你选择做出什么样的决定和要采取的行动。这是一个非常强大的、成熟的信念体系，因为它意味着你为自己的行为负全责，一切与他人无关。本质上，这是关于如何选择回应的，而不是被动的反应。这二者之间区别微妙，但区分很重要。

反应（Reacting）是一种无意识的过程，是由于情绪受到刺激，而做出的一种即时反应。这种情况是可能发生的，例如，如果一名团队成员不能按时完成工作，你会感到生气；当你的客户向你提出一项新的变更请求时，你会感到有压力。

回应（Responding）是一个有意识的过程，回应的时候你会关注自己的感受，然后选择下一步如何行动。你不会向团队成员显现自己的愤怒情绪，你会思考，然后选择最合适的回应方式，而不是每次都一样，做出一种自动的情绪反应。例如，你可以这样选择，向团队成员解释你的感受，以及工作不能按时完成会对项目产生什么样的影响。然后你与他们一起工作，确保事情不会再次发生。反过来说，如果你的工作很忙，竞争压力很大，环境被动消极，你要么把这一切视为压力，必须做出相应的反应，要么重新定义你的工作方式，基于你的理解，选择一种对自己和团队最好的行动。

作为一名高情商的领导者，你必须对自己的情绪负责，对情绪所产生的相关影响负责。当你能够管理自己的心理冲动，并有意识地选择你的回应的时候，你不仅为他人树立了一个行为榜样，还为你的团队创建了一个安全的环境，让大家能够自由地沟通和表达他们的观点。

↘ 我相信我的行动将会有好的结果

拥有积极的、强有力的心态的一部分就是要相信，只要你尽心尽力，行动总会有结果，不需要过多地担忧问题可能解决不了或者失败。实际上，过度关注你想要的东西有可能让你分心，因为吸引你的是你关注的事情。这跟我们提到过的潜意识与理性之间的过滤器有关。决定你的现实的是你的信念。如果你认为你会失败，你就会失败。你唯一应该关注的是如何采取积极行动，如何领导你的项目前行，保持专注，相信最终正确的事情会发生。花时间去担心你无法控制的事情就是在浪费精力。通过积极主动的方式、聚焦正确的战略，相信成功只是迟早的事情。

↘ 不论在什么情况下都能看到机会

成功的要诀之一，就是确保你不会因为遇到的事情或障碍而气馁和烦恼。我们都会遇到问题，但是成功者和他人的区别在于怎样处理意料之外的事情。正如阿尔伯·特班杜拉（Albert Bandura）所言："非常自信的人会把困难的任务看作机会和难得的挑战，而不是要避开的危险。"当意料之外的事发生时，确定你不会视其为不作为或放弃的借口。相反，我们要扪心自问，尽管发生了这样的事情，但是怎样才能继续前进，结果会带来什么样的新机会。你的工作是关注机会和前进的方向，而不是困难本身。

让我们来看一个例子。我们假设，你的公司不得不裁员，你失去了工作，而这一切都是出乎意料的。你会做出什么反应？你会关注什么，你会赋予这件事情什么意义？你又会采取什么措施？你会恐慌，然后对自己说这很可怕？我是个失败者？他们怎么能这样做？都是他们的错？或者你会告诉自己，这是他们的损失？我换家公司会更好？这是个尝试新事物的机会？你会被这个突发事件搞垮，还是会关注它带来的机会，并找到最好的前进方向？问题在于尽管你不能控制外部事件，但你可以控制自己的反应。要做到这一点，你可以在心里做这样的练习。

↘ 没有失败这回事，只有成长和学习的机会

拥有强有力的心态，我们就不会让失败的恐惧挡住去路。如果你因为害怕自己不够优秀而害怕进步，害怕表现出领导的样子，或者害怕别人嘲笑你，那么你就走不了太远。你需要改变对失败的看法，将其变为有益的东西，要允许自己去感受害怕，然后去赶走它。失败给你提供了学习和成长的机会，只要你吸取教训就会取得切实进步。此外，所能发生的最糟糕的事情是什么？难道遇到挫折然后吸取教训不比从来没尝试过要好吗？当转变你的思维方式，变得无视失败时，你就能赶走大量的负能量和担忧。你释放了自己，去追求真正重要的东西，你的进步及项目的成功实施。

当我决定成为企业家和独立的项目领导培训师时，我心中充满恐惧。我为别人工作了 17 年，从来没有经营过自己的企业。我够优秀吗？人们会愿意和我共事吗？我能挣到钱吗？我用了好几个月的时间来和我的恐惧达成协议，不让它控制我。我尽最大努力筹备我的新事业，最终我不得不满怀信心，相信只要去做那些已经证明对企业成功有价值的事，我也会成功。然后我对现状进行了重组，开始构建一套新的信念。我开始观察和研究周围那些伟大的企业家，不再关注失败。实际上，我开始把自己的事业看作一个实验，我会从中学到东西，不论是以什么方式，即使有一天我会重新去给别人打工。

↘ 对需要做的事情一定要全力以赴

我们可能都遇到过各种有梦想的人，他们不停地谈论自己的宏大计划，但是很少去实施。积极的心态就是要专注，一定要全力以赴，要坚持采取行

动，为实现梦想而努力（见图 2.6）。不要怀疑，不要拖延。成为一名项目领导者，不论做什么都能创造价值，这不是一两天就能做到的事情。你要花很长的时间去学习，你要全力以赴，去做、去学习、去改进你的方法。当然，有时你会看不到整体目标，但是你的驱动力、决心和积极的心态会很快让你回到正确的轨道上来。最终，让你不断前行的是你的勇气。

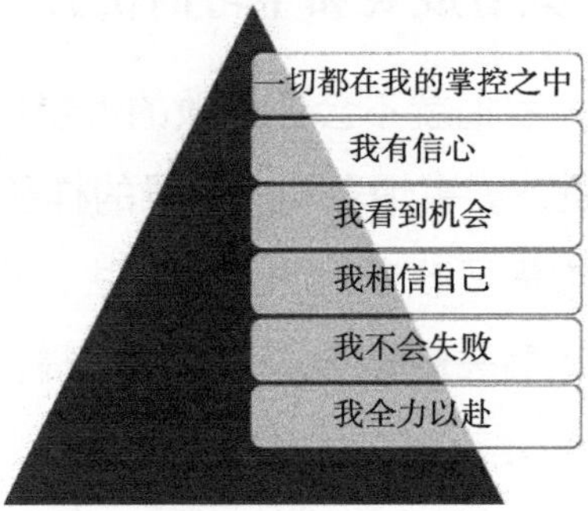

图 2.6　积极的、有责任感的心态特征

有意思的是，心理学教授安吉拉·李·达克沃斯（Angela Lee Duckworth）已经证明，毅力是成功的最重要指标，不论你在什么行业或从事什么工作。她解释说，毅力是对于长期目标的坚持、激情和恒心，毅力是对未来的坚守，日复一日，月复一月，年复一年，毅力是努力为实现未来而工作。

所有的成功者都是依靠自己的决心来达成目标的。托马斯·爱迪生失败了 999 次才发明了电灯泡。KFC 的创始人桑德斯上校走了四个州，配方被拒绝了几百次，最终才被接受。关键在于意愿，要敢于接受挫折和错误，并从中吸取经验，重新开始。

练习　积极的心态

1. 你具有什么样的积极心态的特征？
2. 你需要哪些特征才能开始践行新行为？

3. 假设你提高标准，决心让自己每件事都做得很优秀，将会怎样？

4. 你怎样发挥自己的优势，确保成为一名成功的项目领导者？

改变根深蒂固的心态需要花些时间，而且只有你能做到认真内省，自我观察，明白自己想法和行为的根源时才能做到。要着手去做，你可以在晚上或周末拿出一点时间来审视自己的状况。哪些情况让你有压力，哪些让你很放松，你对这些情况做出了什么反应?

如果发生了让你感觉有压力或不自在的事情，重要的是要探究其深层原因，而不要停留在表面。要审视自己的恐惧和局限性，诚实面对那些控制你或让你害怕的东西，这不容易做到。要成为真正高效的项目领导者，这非常有必要。人们总是不遗余力地逃避让人恐惧或不愉快的事情，对于他们想要的东西可不是这样。想要逃避痛苦和不适是人的本性，一旦你明白了这一点，你就可以开始与其合作并且掌握控制权。

理解自己的深层动机

我们已经花了一些时间来探讨你面临的挑战和你所秉持的信念。现在我们要去提高你的积极性，这样你就可以更快地转型，并保持对项目领导者的热情。要做到这一点，我们要挖掘你内在的动机要素，搞清楚你为什么要成为项目领导者，你想要什么。你可能因为想解决面临的挑战而去积极改变。但是为什么你非得做一名项目领导者呢? 是什么激励你实现野心呢? 驱使你不断前进的是金钱还是认可? 你是不是想通过你领导和执行的项目为社会做出贡献? 因为你想在专业领域获得职业上的发展? 还是想建立一支高效的团队? 到底是什么驱使你前进? 你非做不可的理由是什么?

很多人做事不考虑原因。他们沿着一条道路前进，但从不问自己路的尽头有什么，为什么他们需要这些东西。如果你不明白为什么需要某样东西，你就不会一直满怀激情地去追求。另外，一旦你得到了，可能不会像你想象中那样满足你，然后你会去追求别的东西。要进步，要感到你的成就是值得的，那么关键在于知道自己想要什么及为什么要。

我想让你花一些时间想象一下做一名项目领导者是什么感觉，你的哪些欲望可能得到满足。想象一下你两年后的样子。两年后，作为一名项目领导者，你会变成什么样，会做什么，会拥有什么你今天没有的东西？你的那些受人称道的优势和素质会怎样得到更好的发挥？如果你不断进步，当你为顾客创造更多价值，成为别人追随的榜样时，你会有多满足？

人类的六大需求

如果你不习惯思考自己需要什么，为什么需要，以及你的核心需要是什么，这没有关系，本书绝不是打着项目管理的名义来教你心理学知识。但是为了帮助促进真正长期的个人转型，向内做一些自我内省非常重要，让自己明白到底想要什么。为了让你多了解一些影响你的个人需求的思想和智慧，让我们看看个人发展专家安东尼·罗宾（Anthony Robbins）和克洛伊·曼德尼斯（Chloe Madanes）讲授的关于人类的六大需求。这六大需求不仅会帮助你更好地了解自己，也会帮助你更好地了解你的下属。

罗宾和曼德尼斯声称，人有六大需求需要得到满足，这是人的行为的动机。每个人都有这六大需求，但是不同的人对其重要程度的排序各不相同。无论哪些需求占优势，都会决定我们的选择和行动，因为它们是有所成就的深层动力。尽管这六大需求贯穿我们的一生，但是它们的相对重要性可能随情况不同而改变，也会随着时间的改变而改变。这六大需求分别是确定性、多样性、重要性、人际关系、成长和贡献（见图 2.7）。

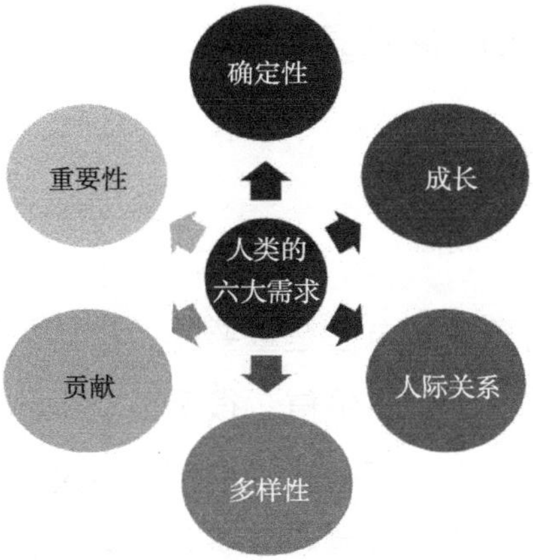

图 2.7　人类的六大需求

↘ 1. 确定性

我们生活中都需要确定性、安全感、稳定性和可预测性。我们想在工作中、家中及和他人的关系中感受到安全，我们想保证基本的需要能得到满足。有些人通过努力控制生活的方方面面来实现对确定性的需要，包括实施的项目和手下的员工。他们想尽可能地掌控一切，希望事情按照他们的计划发展，员工达到预期要求，能在约定的截止日期前完成任务。当我们缺乏确定性时，我们常常会恐慌和紧张。如果事情太确定，我们会感到无聊，从而失去动力。

↘ 2. 多样性

人类的另一个需求与第一个正好相反，是对多样性和不确定性的需要。我们在需要确定性的同时，也会渴望变化、激情和新的刺激。多样性让我们感到有活力，有兴奋感。很多项目经理进行管理改革，就是因为这能带来变化。从本质而言，项目是暂时性的，大部分时候不确定性是可以忍受的，因为我们知道项目的完成时间，知道之后会发生什么事情。但是，不确定性太多会给我们带来恐惧，而不足又会令人厌烦。因此前两个需求就是一个馅饼的两面。如果你对确定性的需要是 70%，那对多样性的需要就是 30%。多样性需求高的人往往给人的印象是爱冒风险，喜欢冲突和危机挑战，由此展现自己的活力。

↘ 3. 重要性

实际上，我们都需要感觉自己是重要的、独特的和与众不同的。我们想要我们的生活和工作有意义、有价值、很重要。想象一下做一个不被需要、没有人在乎的项目会有多么不舒服。我们可以通过多种方式实现我们对于重要性和意义的需求。一种途径就是取得更高成就或管理很多人，因为这让我们感到自己很重要，很特别和被需要。这也可能表现为过度的竞争导向和业绩导向。另一种满足这一需要的途径比较卑鄙，那就是打压别人提升自己，让自己感觉比别人好。我们还可以通过奇装异服和特殊爱好来表现我们的与众不同。

↘ 4. 人际关系

每个人都在努力和周围的人建立一定程度的联系，想成为大家庭的一员。我们想被关心，想和志趣相投的人建立一种亲密感或同盟军，如朋友、家人、同事、俱乐部成员或网络社区。对人际关系的需要就是要融入团体，想与团体中其他人一样，因此这个需求与追求意义的需求正好相反。如果我们的人际关系做到 100%的完美，我们作为一个团队、一个项目或一种文化的一部分，那么我们很可能侵害我们对意义和独特性的需要，反之亦然。很多项目经理感受到了这一冲突，因为他们想成为团队的一部分，但又需要让自己与众不同，让自己作为团队的领导脱颖而出。

↘ 5. 成长

作为人，我们都有成长和发展我们的个人和职业生涯的需要。很多人的目标是要晋升到某个职位，达成某个经济目标或过上某种独特的生活。当他们达到目标后，就会停滞不前，闷闷不乐，因为他们不再成长。他们已经上升到了一个高度，虽然没有还需要进一步学习和发展的明显理由，但在他们的内心深处有这样的渴望。人在取得进步时最开心。我们都需要奋斗目标，这可以让我们在情感、精神、生理、经济及智力方面获得成长和发展。

↘ 6. 贡献

人类的第六大需求是渴望与众不同，要为社会大众做贡献。这是一种超越自我的需求，期望通过一种有意义的方式去帮助、服务和支持他人。作为人，我们希望贡献自己的价值，不管是通过团体、家庭、社会，还是我们所做的项目工作。有些项目非常有价值，可以让这个世界变得更适合人类居住，或者至少能对别的人或事产生影响。当我们埋头处理细节时，我们不可能总是看到这一点。只有少数人能注意到这个方面，有所贡献其实是满足人的最基本的需要。

按照罗宾和曼德尼斯的观点，通过最后两个需要，我们可以获得持久的满足感和成就感：①持续成长的需要；②超越自身做出贡献的需要。仅仅通过确定性、多样性和重要性让需求得到满足看来还不够。对确定性高度依赖的问题在于不管我们多么想控制我们周围的事物，我们永远不会获得百分百的确定性，因为我们生活的世界是不断变化的。对于重要性这个问题，不管我们怎么看，总会看到一些人，他们比我们更重要。如果我们的需求是追求重要性，我们最终就会更多地关注个人的名气与声望，而不是为客户提供价值。

要想从工作中获得持续的满意度和持久的动力，最好的策略就是要认识到你的工作是你的目的的一部分，你的需求是可以通过你所做的工作而得到满足的。真正的领导者不会把工作当作一种负担，他们了解工作的意义，把工作当作实现个人成长和为社会做出价值贡献的手段。

对于确定性和重要性的需要阻止我前进

当我回顾之前的职业生涯，想到我当时是怎样生活和工作时，我能够清楚地看到驱动我前进的力量——对于确定性和重要性的需要。对于确定性的需要让我去追求更“安全”的局面，让我能以某种方式控制局面。有很多时候，我感到我特别想强迫自己、挑战自己去尝试全然不同的新事物，让自己走出舒适区，但结果是我没有这样去做。此外，对重要性的需要总是让我在很多场合喜欢拿自己和别人去比较。当然在我看来，我从来没有合格过，我总是看上去不如别人。对于重要性的高要求还会导致其他缺点。因为对于“输”的恐惧太强烈了，我发现自己不再愿意去接受挑战或新事物，除非我知道我能成功。失败不是我的选项。在我看来，任何形式的失败都会让我马上失去我的工作、我的名声和我的自尊，甚至可能更糟。

那么，是什么让我发生改变了呢？第一件事情就是我意识到问题全因为我自己所致，是我自己的想法和行动让我不能真正地对公司、团队、家人、朋友和这个世界产生影响力。我最终认识到原地踏步的痛苦已经超过了我对改变的恐惧。这就叫作已经达到了痛苦的临界值。

今天，我非常清楚自己需要什么，也知道怎样去满足这些需求。对我而言最重要的两大需求就是贡献和友爱的关系。我每天起床时都问自己这样的问题：“我今天能为周边的人做一些什么贡献？客户？家庭？团队？”与自己的核心价值观保持一致，这样的生活让我做出了前所未有的贡献。

——凯文·奇科蒂，认证职业教练，企业主，
人性密码研究公司（Human Factor Formula Inc）

被陈旧观念影响的客户

我曾和一位客户合作，他是美国一家大公司的部门领导（我们可以叫他山姆）。当时他在提升团队的敬业度和让团队接受他的领导这两个方面都遇到了问题。在接受了我们两个月的训练后，我去他们公司实地回访，当时我们在门厅遇到了他的老板。他的老板说：“嘿，山姆，我想告诉你，今天上午的会议上你表现得真是太棒了。高层领导团队对你的发言印象深刻，我很高兴看到你把团队带得非常好。”当我观察山姆如何接受这一反馈时，我注意到他几乎面无表情，好像领导对他的表扬，就像没有发生一样。

当我们走进他的办公室后，我马上把刚才观察到的当成了话题。我问他老板表扬他时他感觉如何。在问了几个问题之后，我意识到他过去的经历让他持有很多的旧观念。我们花了一些时间挑战他的那些旧观念，尤其是聚焦于关于重要性方面。我们发现的原因是：山姆之前一直是足球运动员，甚至还在读大学时他就是一名足球运动员了。对他而言，有一个根深蒂固的观念，反馈永远是关于你做错了什么而不是做对了什么。他对于重要性的需求认知是他永远都还不够好（注意你的需要可能以积极的方式得到满足，也可能以消极的方式得到满足）。因此，山姆过去一直没有接到什么正面反馈，结果就是他也不愿对团队给出任何正面反馈。

我们开始扭转他的旧模式。我让他把重心放在主动去留意他自己及团队什么时候做对事情，然后一定要用正面反馈来感谢那些员工（从内部来看是为了自己，从外部来看是为了团队）。现在他的领导风格已经彻底改变。他现在在自己和他人身上总是寻找积极的东西，认可团队成员的贡献，最后他跟团队的关系变得融洽了，信任增多了，他和团队的绩效表现也得到提升。

——凯文 · 奇科蒂，认证职业教练，企业主，

人性密码研究公司（Human Factor Formula Inc）

练习　人类的六大需求

审视一下人类的六大需求，确定哪些是你最看重的，你怎样去满足这些需求。你越了解自己受到哪些需求的驱使，就越容易改变自己，让你受益，帮助你实现理想。

1. 六大需求中你最看重哪几个？

2. 你通过哪些方式（好的和不好的）满足和平衡这些相互冲突的需求？

3. 在何种程度上，你对确定性的需求让你去控制项目中的人员、信息和决策？在何种程度上，由于你不喜欢不确定性，阻止你去尝试新的事情？

4. 每天你对不确定性的需求怎样得到满足？有没有可能你会被吸引去“救火”和冲突中，因为这会让你感到兴奋？

5. 在重要性的需求方面，它们怎样影响你的工作？你是否视其为赢得认可和尊重的方式？你是否有时在对话中高高在上或轻视别人？或者可能别人也会这样对你？

6. 在何种程度上你寻求通过工作来满足你对于人际关系的需要？对你来说被看作团队领导和被团队接受是否重要？

7. 你怎样利用你的职业来满足你的成长需要，以及为社会大众做出贡献？

8. 成为项目领导者会在哪些方面帮助你更好地满足自己的需要？

当我在个人层面上探讨人类的六大需求时，我开始明白它们是如何激发我的激情的，为什么我喜欢做项目、做教练、演讲和写书。这些事情完美地满足了我对确定性、多样性、重要性、人际关系、成长及贡献的需要。但是事情并非总是如此。有一段时间我作为项目经理工作得非常辛苦，虽然给客户带去巨大利益，但我自己感觉不到满足。那时我开始研究和学习教练方法，开始将其纳入我的日常工作。突然间我找到了一种方式可以和他人进行深层次的沟通，也可以让我成长并且能够为一项有价值的事业做出贡献——成就

他人的发展。这是一个充满魔力的领悟。此外，我开始就项目管理和领导进行演讲和写作，这让我感到我所做的事情是真正有益和值得做的。

人们往往认为，为了在工作中更满足，他们需要彻底改变自己的生活，放弃自己的工作，全身心地投入自己的业余爱好中去。在通常情况下，通过做出更多、更大的贡献，放大我们所做工作的目的和意义，会让我们在工作中变得更有动力、更有激情。作为一名项目经理，你可以开始多利用你的优势，或者找一个角色可以让你利用你的项目管理技能来实施一个真正有价值的项目，来找到动力和激情。你还可以花一些时间去做志愿项目，例如管理一个宠物项目或其他你真心喜欢的项目，还可以选择开始指导年轻同事，加入网络社区或者为他们授课。方法有很多，它们既能激发和满足个人的需求和欲望，也能激发和满足项目团队和组织的需求和欲望。

要想获得持久的工作满意度和持续的动力，最好的策略是承认你的工作是你的目标的一部分，要想方设法地让你的工作能够满足你的需求。如果你想从项目经理转变为项目领导，你的动机需要足够强烈，才能推动和促进你的转型。实际上，如果体现不出强烈的目的感和动机感，是不可能成为项目领导的。真正的领导不仅仅是做一份工作。他们工作是有意义的，可以满足他们的需求，包括成长和贡献的需要。

我最近指导过一位项目经理，他对工作感到厌烦，郁郁寡欢。他说他的工作没有弹性和发展机会，他只在上面用了 60%的能力。他想升到一个更高的职位，也知道要想达到目的，就必须换一份新工作。尽管理性上知道自己需要进步，他却没有那样去做。他非常重视安全感和经理对他的支持。他知道换个工作也能得到这些甚至更多，但仍不愿意换工作。这位项目经理左右为难，因为他既需要确定性、需要成长，也需要多样性和不确定性。在我和他就恐惧问题做过一次深谈后，他才意识到他太过关注确定性和稳定性，让它们控制了自己。我们上完教练课之后的那个星期，他决定采取行动，去找一份与他的志向水平更匹配的工作。

你对确定性的需要是不是正在阻碍你的发展，是不是让你对项目和团队实施过度控制？意识到这些驱动你的内在需求——想办法以更具建设性的方式去满足这些需要——是你成为项目领导者的道路上很重要的一步。我们将在项目领导力七大核心要素的第一个要素中探讨，伟大的领导者对自己的价值观和理念都有深层了解，并根据这些价值观和理念实施领导。领导不是去模仿他人或遵循一套具体的规则，而是要找到自己的道路，在为客户服务和带领团队的同时做真实的自己。

如何践行新行为

如何学以致用

- 开始每天观察自己的信念和想法，认识和反思那些限制你发展的思维模式，逐渐开始用更有责任感的、更积极的观念去代替它们。
- 开始养成认真思考和有责任感的思维习惯。支持自己，练习不管在什么情形下都能看到机会。阅读励志书籍，与积极的人为伴。
- 想象一下你在两年、三年或五年后的样子。你想成为什么样的项目领导者，什么激励你达到这个目标？看到它，感觉它，闻到它，让它具体化，做一个能体现你的愿景的梦想板或一张激情海报。
- 思考人类六大需求中哪些对你影响最大，当你向项目领导者迈进时，这些需求会怎样得以实现。对你在工作中如何更好地实现成长和贡献需要的途径进行评估。

- 想获得更多资源可以登 www.powerofprojectleadership.com，这个网站会让你受到鼓舞，会帮你培养积极的心态。网站上有书籍、播客、YouTube 视频和 TED 其他演讲的链接，来看看吧！

小测验：你是否掌握了本章的知识要点

- 你明白哪些观念会限制你的发展，你正在积极努力地用更为积极的观念来代替这些陈旧观念。
- 你理解什么情况会引发你的过度反应及为什么。相反，你不会做出默认的自动反应，而是根据情况，选择最有效的回应方式。
- 你知道能够激励你的最大、最深层次的激励因素是什么，你正在寻找各种新方法，帮助你在工作中获得更多的成长、做出更多的贡献。
- 你很清楚，成为项目领导者会有哪些收获，你会在哪些方面得到满足。
- 大多数情况下你都有一个积极的心态，你相信自己，你正全力以赴，推动自己能从一名项目经理转型为一名项目领导者。

第 3 章

项目领导力的七大核心要素

你现在开始对项目领导力有了一个较全面的认识，项目领导力可以帮助你为客户创造更多的价值，同时能更好地满足你个人的内在需求与动机。现在，让我们深入地研究这七大核心要素，为你提供一些具体的思想与策略，帮助你一步一步地成长为一名项目领导者。项目领导力的七大核心要素：

- 做真实的自我。
- 用愿景领导。
- 改善与创新。
- 赋能团队。
- 与项目相关方建立信任关系。
- 使用强有力的技术工具。
- 聚焦工作重点。

虽然这七大核心要素涵盖了项目领导力的方方面面，但这并不意味着你必须掌握其中的每个细节，才能成为一名项目领导者。项目领导力七大核心要素并不是一个领导力的检查清单，其目的是激发和鼓励你，给你一些有价值的建议，帮助你了解项目领导力到底是什么。领导力并非盲目地照搬照抄一套特定的规则，或者跟随一个导师，也不是不加鉴别地执行书中的全部建议。这本书是要求你内、外相结合，把外在世界的概念和方法与你内在世界的概念和方法有机地统一起来。因此，在阅读领导力的七大核心要素时，要保持一个开放的头脑，根据个人的实际情况和内心的期望，采纳对你有实际意义的态度、行为和策略。在七大核心要素的每节的结尾处，你会发现有一个地方，让你填写学习收获与行动计划。我鼓励你对每个核心要素，至少写下三条学习收获和三项你要实施的行动计划。在第 4 章，我们还会回顾你的学习收获，然后决定你最需要改进的地方，以及需要采取的一些相关行动。

核心要素 1

做真实的自我

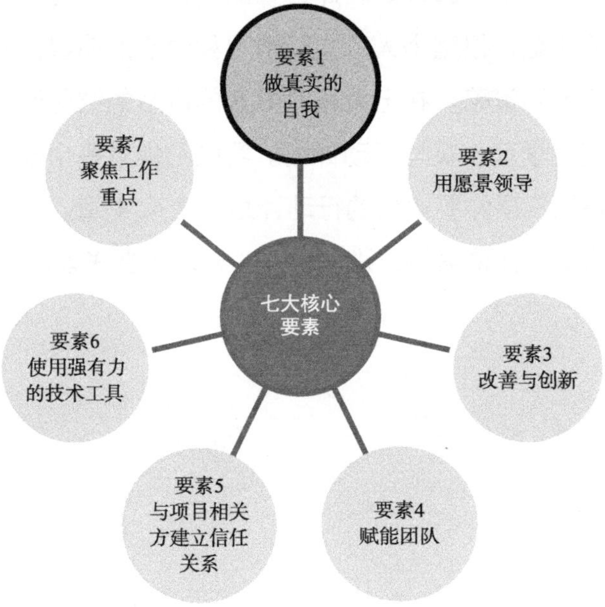

你将从这个要素中学到：

- 项目领导者要做真实的自我，具有强烈的使命感并严格按照个人的价值观去领导，这到底意味着什么？
- 如何变得更有自信并学会相信自己的直觉？
- 你的核心价值观是什么？领导的意义和目的是什么？

真诚领导者永远坚守自己的核心价值观

项目领导力有七大核心要素，其中第一个是做真实的自我，成为真诚的领导者。这是七大核心要素中最基本的一个，是领导力的核心。如果在你的领导力发展计划中没有包括成为真诚的领导者这一条，那你可能在工作中变得很有技巧，但是永远不会成为一个真正激励人心和令人信赖的领导者。领导力的基础源自你是一个怎样的人，它因人而异，无法从模仿他人或盲目跟随特定规则中取得。做一个真诚的领导者意味着真正了解自己是谁、相信什么并去做自己希望成为的那个人。无论在任何情况下，如果你知道自己的立场，那么做对的事并领导他人就变得容易了。那时，你也就有潜力成为最好的自己了。

真诚的项目领导者是那些言行一致，愿意坚守自己核心价值观的人。当被逼到自己信仰边缘时，他们很少妥协，除非有充分的理由。他们有强烈的使命感并理解自己的动机。这是一种通过反思、观察、反馈和长期的实践发展出来的洞察力。这种洞察力给予他们力量，并指导他们做出正确的决定。如果你不明白自己管理和领导的目的是什么，也不知道自己“为什么这么做”，你很容易受到影响；不只是被外部的事件和其他人的意见左右，甚至会被自己的情绪和冲动影响。当面临压力时，你会觉得很难做到言行一致，可能下意识地就做出了不正确的决定。

对于真诚的真正考验不是你说自己会做什么，而是实际上你会怎么做。尤其在压力下，这点特别重要。因为当事情对你不利时，你真实的价值观就会浮现。如果在这种情况下，你没有言行一致，不能坚守自己的价值观，别人对你的信任就会被打破而且不容易恢复。真正的真诚意味着，你的行动反映自己的核心价值观，同时你的目的与这些价值观相一致。也就是说，你所想、所感与自己所说、所做相一致（见图 3.1.1）。

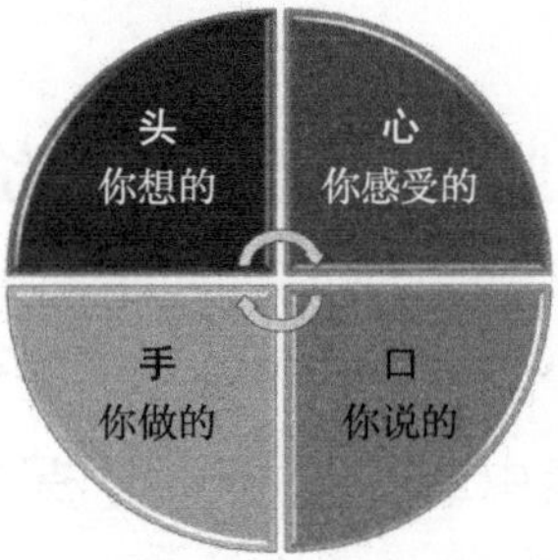

图 3.1.1　你所想、所感与自己所说所做相一致

当你能用自己的内在指引系统告诉自己什么是正确的、什么是错误的，并且能坦然接纳自己时，对你来说，会很容易地在行为上保持言行的一致性并做出最佳的决定，即使它们可能并不受欢迎。凭直觉你会知道什么时候介入、什么时候不介入、什么时候接受、什么时候拒绝。你会有信心为自己和项目团队据理力争，保护团队免受不必要的干扰。更重要的是，你会渴望坚守客户的长期愿景（即使客户自己都偏离了）并以合理的成本和可持续的方式去实现项目成果和利润。当你有勇气依靠自己的内在指引系统时，你就能更好地为客户服务并增强自己的人际关系，因为你的行为是一致的。人们会尊重你并愿意追随你，因为你是诚实的、有力量的和可靠的。

真诚的项目领导者渴望为客户服务，帮助其他人创造非凡，而不是为自己争取权力、金钱或声誉。他们清楚地知道客户真正的需要是什么，所以他们尽最大的努力，凭借自己的判断力帮助客户实现目标。我们可以说项目领导者是“给予者”，他们致力于激发团队，为客户的最终愿景做出更大的贡献。他们会以身作则，因为他们认识到领导是一种特权，也是一种责任，绝不能被滥用或利用。从这个意义上来说，他们是谦逊的。他们想继续学习和成长，因为他们知道成为一个领导者等于踏上一条没有尽头的旅程。与之相反，就是“索取者”，他们试图从周围环境中尽可能地索取。“索取者”总认为自己最重要，总是把重点放在努力服务好自己上。这些人经常把环境、同事和下属视为自己获取权力、金钱和认可的手段。

项目领导者的目标不是以牺牲他人为代价来服务自己的。相反，他们不会被满足自我需要的价值观所操纵，他们的驱动力主要来自自我超越的价值观，与成长、贡献和人际关系相关。他们的满足感来源于一项能够超越自身的伟大事业；来源于自己不断地学习成长和激励他人学习成长；来源于知道自己在做正确的事情。因此，他们不参与、不从事不诚实的政治，因为那些会破坏信任和合作，破坏他们的核心价值观。他们用真诚和诚实的方式对待工作，努力保持透明和公开。当工作顺利时，他们向外看，把功劳归功于他人；当工作不顺利时，他们去照镜子，向内看，从自己身上找责任。

永远从公司的大利益出发

我见过太多的管理者，他们努力地呵护自己的“鸟巢”，谋取私利，让自己的团队变大，自己的预算增多。这些也通常会让他们变得自私和自负。我有一个运作良好的小团队。我的预算资金虽不多，但我谨慎地管理我所拥有的项目。我努力工作、分享新的知识、帮助培养新员工，尝试让公司获益。我不会支持任何“自私”的行为。团队都看到了这一点，这让大家也理解公司支持什么。这就是我对大家提出的一个简单的忠告，做任何事，都要从公司的大利益出发。

——戴夫·索耶，英国政府的一名项目经理

真诚领导力的发展有两个方向

真诚领导力不是我们想象中那样，是一个用于分析和计划的理论模型。真诚领导力与个人的独特经历有关，它有两个发展方向：一个是向内探索；另一个是向外探索。

第一个发展方向是沿着你的个性和自我向内探索，找到真实的自我。这是一场终身的旅行，需要坚强的毅力与坚持的决心。在这场向内探索的旅行中，你的理性大脑开始提出问题，你为什么要向内探索，以及你期待什么结果。你的真诚之旅很难量化，把一切规定得清清楚楚。你的个人的经历让你向内而不是向外不断寻找自己的指南针。通过分析自己的行为、价值观和想要的生活是什么，可以帮助你找到你的指南针。一些专业工具，如个性分析、冥想、反馈、教练、视觉图像和反思等，也可以为你提供帮助。

第二个发展方向是向外探索，展现你真实生活中的一面。当你与团队、客户和相关方打交道时，你展现出多少真实的自我。你会改变自己真正适应环境，还是有一点僵硬，完全从自我出发，有一点自我防卫？把向内、向外两个维度结合在一起，可以让你亲身体验一下，什么叫作真诚。

当找到那个正确的平衡点时，你会感到自我的强大和无比的踏实。你会感觉到你在一个正确的地方，做着正确的事情，而且有着正当的理由。这时会产生一种强烈的情感，让你感觉到内、外的协调和一致性。

——舒尔曼，项目领导力学院联合创始人

听从你的直觉

真诚的关键在于，你的心和头脑同时知道自己的立场，即你支持什么、代表什么；你会对什么妥协、对什么不会妥协，以及对什么要坚守。作为项目经理或变革发起人，为了应对令人尴尬而且具有挑战性的要求，你会时常感到压力。这种情况并不少见。这些压力，加上你想取悦他人的需要，会使你偏离真实的自我、偏离项目或客户的最佳利益。当偏离航线太远的时候，你的内在指南针将告诉你出现问题了。这时，如果你认真对待这一点，你就能够做出更正。在需要时，对抗这些持续不断的压力并最终采取纠正措施，需要性格的力量、勇气和决心。

当项目领导者感受到压力时，他们会站出来公开地承认它。他们不会假装一切都是完美的或声称自己知道所有的答案，即使大家期待他们这样做。他们知道事情的复杂度很高，所以承认自己不可能知道或控制每件事。他们不会在重压下依靠个人力量做出结论，这种结论的质量可能很差，而是利用团队和其他成员的力量一起做决策。项目领导中真正的天才是那些能激励他人成长和贡献的人。激励他人不仅建立了信任和合作；同时，由于能兼顾不同的观点并从多角度看问题，他们把自己的不足转化成了优势。向别人寻求帮助不是软弱或缺乏自我意识的表现。相反，它代表了勇气，以及尽可能地在决定前获得更多信息的渴望。有能力和意愿去吸引、依靠优秀的人才不仅是激励他人的最佳方法，而且是项目领导者保持健康和避免过度压力的主要方法之一。

不过，在决策时，项目领导者不仅向别人征求意见，他们还会做更多的事情。他们听从自己的直觉。最终，项目领导者要做出决定，要选择和推荐一个方案给客户或项目发起人。通常，需要快速决策的情形并不少见，时间不允许每个选项都被深入研究。我们工作在一个快速变化的环境中，不得不在匆忙中就做出决定。没有任何事情是固定的和确定的，害怕走错方向本身是可怕的。这里面的诀窍是接受不确定性，不确定性无处不在，我们时不时地会犯错误。我们必须接受不确定性，而不是抵抗它，如果我们能更好地听从自己的直觉，事情就会变得更容易一些。

项目领导者时常会有一些预感，觉得众多提议中某个是可行的或者某些事情不大对劲。想想你生活中所做的最重要的决定，如买房子、换工作或结婚。在这些情景下，未知的状态阻碍了你吗？你会只依靠事实和逻辑来做决定吗？不会的！你的直觉或你的内心肯定参与了其中的一部分决定。项目领导者不只基于逻辑或提供给他们的信息来做决定。他们确实会看事实并咨询别人，一旦获取了数据，他们会结合自己其他感官的判断来做出决策。最后的结论也可能是接纳团队的建议，或者授权某个人去做决定。即使如此，在这个过程中，他们也会咨询自己的内部指引系统。

我们的直觉起着重要的作用，承认这点很关键。同时，我们要不断地去磨炼自己的直觉。我们越打磨它，就越能相信它，并能开始依赖它。这样就可以培养我们的觉察能力，让内心产生的直觉进入我们的头脑。有时，这很简单，只需要问一下（对此，我的直觉告诉我什么？我的直觉是什么？），其他时候，我们需要特别关闭自己的理性思维，远离干扰，在一个安静的环境中去反思（见图 3.1.2）。遗憾的是，在日益快节奏的项目环境中，几乎已经看不到反思和倾听的行为了。作为领导者，如果我们无法培养决策能力的直觉部分，而仅仅依靠事实，我们就无法成为最好的自己。

图 3.1.2　在决策过程中，运用直觉和内在指引系统

优秀的领导拥有良好的直觉，并相信自己的直觉

解读数据、挑战数据的能力是区分项目领导与项目经理的一个指标。项目经理注重细节并能把一件件事情叠加到一起；但项目领导者能从细节中抽离出来，倾听自己的直觉，然后找到事物的联系。这两者有巨大的差异。如果你没有能力退后一步去利用你的直觉，而只依

赖细节，你会成为一个项目经理。比如，进行预算审核时，你必须从细节中脱离出来，问问自己：是感觉良好，还是有些不对劲？同样，学会信任团队也一样。你必须用直觉去考量他们所说的话是否合理。

优秀的领导者拥有良好的直觉，并相信自己的直觉。他们跟随自己的信仰，这使得他们更容易成功。做出选择，然后带领大家一起行动，听起来如此简单的一件事，却很不容易。项目经理和项目领导者之间的主要区别之一是，领导者可以制定一个明确的战略，然后带动大家一起执行这个战略。除非你不断磨炼自己的直觉，而且准备好去冒风险，否则，这很难实现。这一切都需要内在信仰的指引、要敢于冒险、要自信、要能跨出舒适区并不害怕犯错误。在这个过程中，你的直觉一直与你相伴。它是强大的，是我们许多行为背后的驱动力。大多数时候，你的直觉绝对是正确的。

人们需要磨炼和倾听自己的直觉，对此，我深信不疑。在日常工作中，项目经理可以通过观察哪些事情进行得顺利、哪些不顺利，并用自己的直觉去感受。你可以默默地问自己：我当初的感受如何？认为什么是错误的，什么是正确的？你第一次做一件事情的时候感觉如何？十个人中的九个人，都会发现自己的感觉很奇怪。这种感觉正是人们需要充分利用的。

——朱莉娅·斯特兰，标准银行的首席信息官

理解自己的价值观

成为一个真诚的项目领导者可能需要几个月甚至数年的时间，去进行自我反思、自我观察和自我培养。但是向内看自己、培养良好的自我觉察是必

需的，因为这会帮助你首先领导自己，然后领导他人。

畅销书作家，《真诚领导力》（*Authentic Leadership*）和《真北》（*True North*）的作者比尔·乔治（Bill George）写道：

> 在研究失败的领导时，我意识到他们的失败来自无法领导自己。在访谈中我们看到，最难于领导的人永远是自己。当你有能力领导自己去超越挑战和困难时，你会发现，领导他人变得相对简单。要想领导自己，就要开始去理解自己的人生故事、自己独一无二的才干、所面临的挑战及经历的严峻考验。同时，还要理解自己渴望带领他人、为世界做出贡献的这股激情到底是从哪里来的。在采访125位真诚领导者的过程中，我们了解到这些人从自己的人生故事中感受到一种召唤，一种内心深处的召唤，让他们去做领导。当了解了自己的人生故事，体验着生活的挑战时，你就能够找到自己为什么要站出来去做领导的激情；然后，找到自己去领导的目的是什么。我觉得这就是对一个人自身领导力的召唤。

比尔·乔治也写道：真诚领导力绝不应该成为一种借口，粗鲁、不敏感、拒绝变化，以及领导力风格与环境不适应。那些喜欢自恋、喜欢冲动或说聚焦于自我的领导者，他们错误地理解了什么是真诚。比尔·乔治提醒我们，真诚的领导者是真实的、对他人的需求是敏感的，并且能够让他们的行为与他们所处的环境相匹配。比尔·乔治把真诚的领导者定义为“极度诚实正直，致力于打造基业长青的组织……他们具有很强的目的性，忠实于自己的价值观，有勇气让公司满足所有相关方的需求，并且认知到服务社会的重要性”。

练习　发现自己的核心价值观

让我们花一点时间来发现你的内在指引系统和核心价值观。在学习第2章时，你可能已经对此有些感觉了。在这个练习中，我们将仔细看看与职业相关的价值观。请准备好笔和纸，回答下列问题：

- 你作为一名项目经理，在工作中，什么对你最重要？
- 你想成为一名优秀的领导者，这对你来说意味着什么？杰出的领导人都会做什么？
- 你在工作中什么时候感到最满足？
- 你想要在工作中感到快乐，感到正在为有价值的事业做出贡献，必须具备什么条件？
- 你通常在什么情况下会感到沮丧或生气？
- 你在当前的工作或项目中，最想改变的是什么？

从前面的问题答案中，能得出你最重要的价值观吗？在哪种情况下，会觉得自己的价值观被损害了？可以做些什么呢？你的个人使命与项目的使命在多大程度上是一致的？

做真诚的自己也意味着你个人的价值观和信念与项目的追求是一致的。如果有冲突，你怎么可能坚守自己的核心价值观呢？比如，如果你发现正在运行的项目要提供一个不道德的产品，或者分包商使用不道德的、不可持续的方法，但如果你没有提出自己的担忧，你就不可能做真诚的自己。你不仅在违背自己的价值观，也很难充分参与到这个项目中去服务好客户。

当你的价值观和信念与组织的或项目的完全一致时，就没有什么可以阻拦你或分散你的注意力了。一方面是项目和组织的使命，另一方面是你个人的使命，这两者之间将会产生强大的协同作用。这种协同作用会让你充满能量和成就感。个人需要与项目需要越协同，越能产生强大的作用，你就越有机会去做最好的自己，并最终为客户服务（见图 3.1.3）。

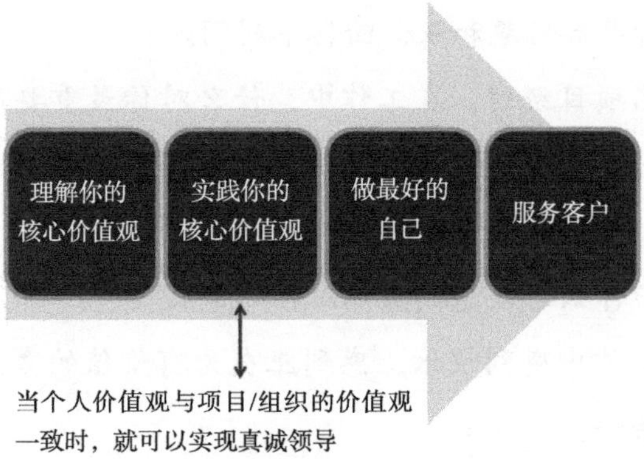

图 3.1.3　真诚领导力在于理解自己的价值观，实践自己的价值观

个人使命和项目使命是否一致、你是否依照自己的价值观进行领导，你自己的内心是有答案的。如果没有，你会感觉到，因为你不能全身心地为客户服务，也不能得到你想要的结果。这个项目的某些方面可能让你感到不对劲、感觉不安，或者你自己感到有些不适和苦恼。这可能是由心理学家所谓的“认知失调”状态引起的，即由你的态度（你的想法和感觉）和你的行为（你说的和做的）不一致所引起。这种不一致意味着你在摇摆不定、在怀疑你的内在指引系统，很容易受到别人的意见或外部事件和请求的影响。毕竟，引导项目团队穿越险滩，知道什么时候应该果断前行、什么时候需要迂回行进，都需要巨大的勇气、洞察力和耐力。

以下是一些具有挑战性的情形，可以考验你的真诚度：

- 在定义项目范围、了解客户真正需求之前，高层管理者对你施加压力，希望启动项目并承诺项目完成的时间表。
- 由于某种原因，掌握内部资源的经理或部门主管坚持让某些人加入这个项目；很显然，这些人并不是合适的人选，从长远来看，也不会给项目带来好处。
- 某些团队成员犯了错误。项目发起人要求你把这些人从项目中开除出去。
- 产品测试中发现了一个严重的错误，客户坚持要求你亲自处理，但你知道团队有能力解决这个问题。

- 某个团队成员承诺按时完成一份重要工作，但他不但没有遵守时间上的承诺，而且完成的质量也很差。他没有认真对待这些问题，只是说，任务比预期要复杂得多。
- 从详细的分析可以看出，商定的解决方案无法满足客户的战略愿景，而另一种备选方案从长期来讲，将产生更好的结果。当你建议重新审视项目时，却被自己的直属经理驳回。他们似乎只关注原有的解决方案所能带来的短期收益。

下一次，当发现自己处于这些情况时，如果你能坚守自己的价值观，那你会做什么？说什么？你能否冷静地找到双方都能接受的解决方案，而不屈服于压力、不去取悦他人？你能停下来，退后一步，让对方了解他们的要求和行动会给项目带来什么不利的影响吗？你能引导他们，让他们看到你所看到的，而不是一味地说教或者盲目地接受吗？

项目经理的职责是展现正确的做事方法，把团队的重点放在寻找一种最有效的方法，为客户的最终目标服务上。这种项目的领导者是我们需要的榜样。当我们能够做到言行一致和真诚的自己时，也最有可能表现出我们的领导潜力。

勇气

> 做出正确的决定需要勇气，特别是当需要你去纠正或暂停某项投资时，更是如此。通常，取悦相关方的诱惑会取代理性决策。从测试和学习中产生的数据或见解，有助于产品领导者做正确的决定，并在公司内获得支持。
>
> ——贝努瓦·乔林，Expedia 公司全球供应商体验负责人

做好准备，叫停项目

如果用户并不清楚自己想要什么，或者决定不是由负责人做出的，应该准备停止项目！阻止某个项目很难，但它会迫使人们思考。

——朱莉娅·斯特兰，标准银行的首席信息官

领导力的目标

格雷戈里·贝特森（Gregory Bateson）在人类学方面的研究工作，激发了罗伯特·迪尔茨（Robert Dilts），并且创建了一个强大的模型，称为逻辑层次模型。这个模型给我们提供了从不同的层次来看待一个人的方式——就像洋葱的圆环一样，这有助于我们理解哪里不协调，以及如何更好地创造一致性。一个完整的人是一个自我感觉良好、没有内心冲突的人。他们的逻辑层次具有一致性，是相互支持的，所以没有内在的不和谐。贝特森的模型将你在本书里已经接触过的许多概念联系在一起，如目的、价值观、信仰和行为。模型中有五层，你可以在图 3.1.4 中看到它们。根据该模型，在各层之间协调一致的最有效的方法是从内到外地进行改变。

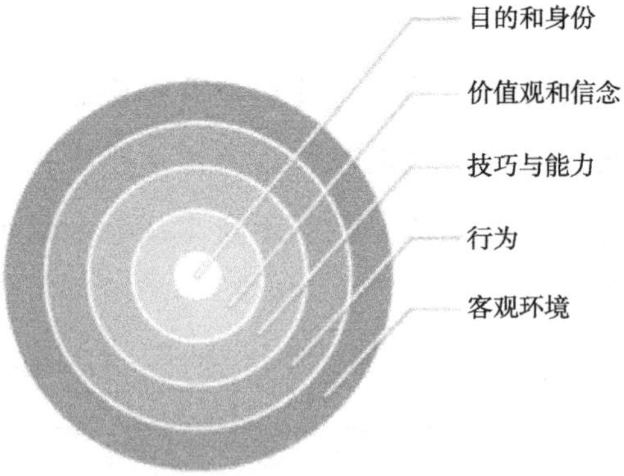

图 3.1.4　一个完美的人在所有五个层级之间保持着一致性

↘ 目的和身份

最深层的逻辑层次与你的核心身份和你的使命有关。当你找到自己的人生目的和自己是谁的时候，你就会发现你的动力来源，以及你的领导力目标。如果你的目的足够强大，围绕它的所有逻辑层次最终都会协调一致。这是因为处于中心的逻辑层次具有改变一个人的最大的潜能。每个真诚的领导者都深知自己的人生目的是什么，它绝不是一种巧合。没有目的，所有的一切都会失去平衡。

↘ 价值观和信仰

模型中的第二层描述了行为背后的原因，以及你戴着什么样的一个滤镜感知这个世界。我们在第 2 章花了相当多的时间查验你的信念和心态，我们发现它们可以让你更接近或远离你的项目领导者目标。改变你的价值观和信念，让它们全力支持你的最有效的方法是有一个明确的目的。当你知道自己是谁，你的使命是什么时，你的价值观和信仰就会自动调整。

↘ 技巧与能力

技巧与能力位于第三层，与你如何工作有关。你的技巧与能力涉及你将如何实现你的目标，以及如何改变你的行为。在接下来的章节中，我会给你许多提示、工具和策略，帮助你提高你作为项目经理和项目领导者的能力。然而，如果我们不改变你的信仰体系和身份，你就不可能应用它们。

↘ 行为

行为所在的这一层描述了你的行为，以及你在工作环境中如何行事的方式。这些都是我们可以观察到的行为，例如，你如何与你的团队和项目相关方互动。你说些什么，你如何授权，你在危机中如何反应？本书的很大一部分讨论的是一名项目领导者需要具备什么样的行为习惯。但是正如你已经猜到的，如果你也改变其他的逻辑层次，如你的价值观和信仰，你就可以更轻松地改变你的行为。

↘ 客观环境

最后一个逻辑层次是客观环境。这层描述了行为发生时的一些外部条件，即项目环境、位置、设施、工具、流程和人力资源等。如果你觉得职业生活中所有这些层次之间还不一致、不协调，你首先得确定需要调整的层次，然后在更靠近洋葱模型中心的层次上寻求改变。正如爱因斯坦所说，你不能以现有的认知水平，解决一个当下所面临的问题。

比如，你想改变自己的一种行为，你想更好地说出你的看法和观点。在这种情况下，你可以通过参加个人表现力和影响力方面的课程，来提高你的能力。你也可以检查你的价值观和信念体系，用一些更有力量的价值观和信念代替那些陈旧的价值观和信仰。例如，如果你认为自己天生胆小，不是外向的领导者，你可以用一个新的信念来代替："我的观点很重要，它能够帮助大家把项目做得更好。"

然而，最强大的转变是进入整个模型的中心，找到你的目的和身份。你是谁？你这样做是为了谁？你的目的是什么？当你发现你的目的是要发出强有力的声音，让自己成为一个能够通过项目服务于世界的有价值的人时，你发现你的行为一定会发生改变。你会感觉自己更强大、更有动力，并且能更轻松地表达自己。当所有逻辑层次完全一致时，在项目环境中将会体现出你的行为，在你的行为中将会体现出你的价值观，而你的技能和能力将反映你的身份和你对生活的热情。然后，你将成为一名真正的、真诚的领导者。

构建自尊

当你能自在地做真实的自己时，当你找到了领导力的目标时，这也意味着你可以站出来领导了。这就是说你已经找到了自己独特的声音并为之骄傲。许多人会感到融入人群中、跟从其他人比站出来做领导更自在。跟从他人时，不必承担全部责任，也不太可能受到批评。项目领导者不会这样思考和行动。项目领导者很高兴能在项目上引领方向、施加自己的独特影响。他们对自己的行为承担全部责任，并接受这样做可能引发的风险。害怕失败是一回事，阻止他们站出来捍卫自己认为正确的事则是另一回事。对他们来说更大的风险是不做自己而尝试去成为别人。项目领导者要么全身心地投入做真实的自己，要么什么也不做，这无意中为人们树立起了良好的榜样。为了获得认可而模仿别人或出于害怕被批评而去左右逢源，不是项目经理喜欢做的事情。

我记得自己职业生涯中的一些案例，我能够勇敢地站出来，坚持我认为正确的东西。在一个超过 18 个月的项目中，我的团队被二次告知要把某些产品集成到我们的交易系统中，其背后唯一的原因就是内部客户要中途取消项目，因为他们认为项目的商业可行性不足。我很快认识到这对团队是有很大打击的，因为内部客户这样做是基于短期的市场机会，而非长期的战略考量。当他们第三次让我们做的时候，我拒接了，没有让团队参与其中。对于一个项目经理来说，要站出来直面高管并且指出他们的方法是错误的，并不是一件容易的事情，但是我感到我必须这样做。我没有说这样做是容易的，或者是让人感觉舒服的，但是它并没有像人们想象中那样糟糕。我没有丢掉工作，我也没有被不公正地对待。事实上，我的客户最后理解了所发生的事情，并且还赞赏了我的行为。

如果对自己有较高的要求，那么就要勇敢地接受自己，愉快地站出来，去做一名独一无二的领导者。总有比你更有才干、知识更渊博、更成功的人，但是没关系，你有自己的天赋、你有独特的优势和弱点，努力去学习做更好的自己就行了。当学会接纳自己时，向世界展示你的真实自我也更容易。这可以帮助你更诚实地看待自己能带来的价值。当自己的原则被他人践踏时，也更容易去提出挑战。

树立自信心的一个好方法是练习对自我的欣赏与肯定，觉察你擅长的领域与做得好的地方（见图 3.1.5）。在笔记本上写下你的优势和取得的成就，找到新的领域和自己的强项，每天练习欣赏和肯定它们。成功完成某个任务和活动后，把自己想象成心目中的自信和真诚的领导者，然后，给自己请功。抵制只关注自己不足方面的诱惑，努力看到每件事情中的积极因素。

图 3.1.5　构建自信心的策略

构建自信要花一定的时间，但如果重点明确，有足够的支持和意愿，改变对自己的感觉可能比想象中要快。可以阅读励志书籍；与导师和教练一起提升能力，弥补自信心方面的缺失。要给自己不断充电，更加积极主动，不断学习和增强自己的能力。

另一种增强自信心的方法是在那些你非常自信的场合提醒自己觉察：在身体的哪部分能感受到这种自信？现在就练习一下。第一，想一个你真正感到自信的时刻。闭上眼睛，回想这一时刻。你在哪里？做什么？和谁在一起？把关注点放在那一时刻身体的感觉上。身体的哪部分感到有自信的感觉？在胃部、胸部、手臂还是脸？具体一点儿，回忆身体的感受。真正进入这种感受并尝试放大它，直到确切地知道当充满自信时，你身体的反应和感觉。

当处于自我怀疑的情况下，越容易触碰到自己身体的这种自信状态，你就越容易去利用它。人的精神状态与身体状态紧密相连。所以，当需要鼓动大家支持、增加自信，更好地站出来捍卫你的信念时，首先让自己进入一个自信的身体状态。对于大多数人来说，这意味着我们挺胸、扩背、向上看。当你想成为一个真实且强有力的项目领导者时，不要让自己处于蜷缩脊背、向下看的身体姿态。

你也可以通过训练来加强你的自我认知（点燃你内在的激情），每天都训练自己，不断明确自己的目的与身份。在每天早晨离开家里的时候，你可以搞一个小小的仪式，静静地坐一会儿，做一次冥想，或者读一段名言，让你更好地感知自己的存在。选择一种适合你的练习方式，让你感觉到放松和自信。每天早晨花几分钟的时间做这样的练习，能够让你一整天都充满活力。

为了增强自我认知，非常重要的一点是你要放弃你大脑中的一些固有程式，如过度批评和喜欢做判断。对待自己的思想，要像对待你所爱的人一样；要学会宽容，要看到各自不同的观点。为什么不现在就开始试一试？想象最近的一个场景，你对自己产生了怀疑，或者你对自己产生了苛责。也许这件事发生在一次项目管理会议上，或者是处理一个特别有挑战性的客户问题，或者是处理一名团队成员的问题。把自己重新带回到那个场景，想一想你当时的感受，以及为什么你会有那样的感受。那是一种理性的、合乎情理的感觉，还是你的什么偏见影响了你的情绪？

现在重新构建那个场景，采取一个不同的观点去看待这件事情。从相反的角度，想一想这个问题。在什么情况下，你的行为反应是正常的？在什么情况下，你扮演的是一个真实的自己？在这种情景下，你的行为、态度和举止是什么？在什么情况下，你获得了学习和成长？现在想象一下，你正通过你的一个好朋友看你自己。感受一下你的朋友是如何展现同情心的，以及他是如何对你表示关心的。同样，你可以开始对自己和善一点，不要责怪自己。通过这样的一个不同的视角，你将会看到你已经在能力所及的条件下，做到最好了。

定期做冥想练习是另一种方法，能够让你加强自我认知，对自己不再那么挑剔。其背后的原因，是当你冥想的时候，你开始觉察自己的思想，并学会什么是断舍离。因此，当你对自己有一种批判的思想情绪的时候，如“我不行!”，或者当你感到焦虑的时候，冥想练习会帮助你释放那种思想。你可以让思想通过你的大脑，但不让其产生过多的负面影响。你只是观察这些思想。不断做冥想练习，可以对你的思想和自我认知产生深远的影响。你一定还会拥有各种思想与情绪，但是你不再被它们所控制，被它们所俘虏。

最后一点意见，如何提升自我认识，要意识到许多项目经理都工作在自己的舒适区。相反，不要把挑战当作一件吓人的事情，我们需要把挑战视为一件有意义的事情，因为挑战意味着学习和成长。如果我们对自己所扮演的角色感到 100%舒适，那么我们就不会成长。没有人能够完全控制一个项目，这是可以接受的。作为项目经理，我们的工作就是要提升项目的价值，提升我们的内在能量，因此，要拥抱不确定性。再进一步，亲爱的项目经理们，请继续做好你正在做的工作吧，同时，也不要害怕承认，你不是对所有的事情都有答案。

你不必像他们一样

我是一个部门经理，有六七个项目经理向我汇报工作，但我并不认为自己有可能被提升到总经理的位置。在我工作的这家大型公司（接近 100 000 名员工），只有一位女性总经理，而她在人力资源部。在我工作的 IT 部门（3 600 名雇员），从来没有女性总经理。后来，我参加了一个培训。课上，老师让我们闭上眼睛，想象自己实现了职业梦想。我很难把自己想象成一个总经理。当老师问我为什么想象不出来时，我说：“因为所有的总经理都是男性。”听了我的回答，她问：“是什么让你认为，如果你是一个总经理的话，你必须像他们一样？”她的话像一束光照亮了我。我意识到：“哦，我不必像他们一样！我可以做我想做的。”

对我来说，这是真诚领导者的核心。只需要做你自己。你是一个真实的人，没有其他任何人和你一样；你是独一无二的。有时候，坚持做真实的自己可能让人有一点害怕，你需要找到自己的勇气。事实上，你是拥有勇气的，但你需要不断练习。退后一步，观察正在发生的事情，用自己的智慧去整合所学的东西。不要只是模仿你看到和听到的，而要让它们成为你自己的。向外看，从大局出发；然后向内看，用你所有的感官和直觉从中找到意义。这就是如何建立真诚的方法。有意识地做正确的事，有足够的勇气说出真相。用能展示自己真诚的方式引导自己，这将鼓励其他人也成为真诚的人。我们都知道，反省自己不是一件容易的事情。所以，需要找到一个可以支持你的导师，他具备你想拥有的特质，你可以从他身上学习。你也可以跟随几个导师一起工作和学习。

——艾琳·斯特赖德，斯特赖德公司总裁、共同创始人

诚实做自己

重要的是，你要学会了解自己是谁、什么时候处于最好的状态。卓越的领导者就是要做真实的自己。在自己状态最好的时候，你所表现出来的就是杰出的领导力！然而，让人苦恼的是，我们中的大多数人都害怕失败，这意味着我们只瞄准容易达到的目标，永远也不去尝试让自己成为伟大的领导者。在我自己的团队中，我经常看到这种现象。坦白地说，这真让我震惊。这些人持有数百万英镑的预算，但对于失败过于紧张，以至于不敢尝试任何与项目管理标准模式不同的事情。

——山姆·弗莱明，英国天然气公司项目交付负责人

练习　克服障碍，做真实的自我

让我们看看有哪些障碍可能阻止你按照自己的核心价值观和信念行事，妨碍你展现真实的自我：

- 与你共事的一些管理者十分强硬，他们的风格是“不按我的方式就别做了”。你发现接受他们的方式、服从他们的规则好像更容易一些，即使他们的做法与你的正好相反。
- 直到现在你从未思考过自己的内在指引系统和价值观。你倾向于当问题发生时，再去处理。
- 你觉得自己没有足够的经验（无论是项目管理还是客户与行业），不能做出正确的判断。结果，你更倾向于寻求其他人的指导和决策。
- 你讲究礼貌和尊重他人。当别人不诚实时，你觉得自己难以开口去维护自己的权力。结果，当感到自己的权力被践踏时，你会痛苦地以沉默应对。
- 你在工作或产品中发现了不道德的行为。你感觉个人的目标，以及成长与贡献的需求，都不能在当前的项目中得到满足。
- 你所处的公司文化有很多不诚实和暗箱操作的现象。你从某种程度上接受了这种工作方式，因为它似乎是让你在职业生涯中取得进步的唯一方法。

以上哪些场景是你似曾相识的？如果有的话，它们是如何对你产生影响的？你说话或做事是出于习惯，还是因为你真的相信？怎样开始去修炼自己的“真诚”品质？如何在做每件事情的时候都能跟随自己的头脑、内心和直觉？你有勇气这样去做吗？

如何践行新行为

在这个核心要素中，我们讨论了真诚意味着什么，以及它与诚实、正直和自信心的关系。真诚的人了解自己是谁、做自己；他们听从自己的直觉、站出来捍卫自己所相信的。在自己所想、所感、所说和所做之间，真诚的人会保持一致。当个人目标与项目或组织的目标相匹配时，这种一致性更容易实现。

如何学以致用

- 定期花时间检查你的行为，特别是在压力大的情况下，注意你的表现。你言行一致吗？你的承诺和行动反映了自己内心的想法和感受吗？如果不是，开始去了解不一致的原因，以及将来处理类似的情况时，如何采取不同的方法。
- 花时间建立自己的核心价值观和信念系统，澄清自己作为领导的使命是什么。项目中哪方面对你最重要？你如何加强这方面的工作？
- 分析你是否在利用当前的项目为自己追求权力、金钱或名声？还是全心投入为客户服务中，并为团队赋能，让大家一起为超越自身的崇高目标而努力？
- 积极努力提高自我价值，欣赏、认可自己独特的才能。探索自己要成为怎样的领导者；锻炼自己，让自己勇敢地站出来，带领团队向前。

小测验：你是否掌握了本节的知识要点

- 你欣赏自己的核心价值观和信念，并定期花时间去进行自我反思和个人发展。
- 你的所感、所想、所说和所做是一致的；当觉察到不一致时，你会重新审视当前的情况，并做出更正。
- 你做事一直寻求正直诚实，做正确的事情。
- 你了解自己的优势、自己的终极目标及领导的目的。你积极寻找个人目标和项目目标高度一致的工作机会。
- 你知道自己拥有独特的领导风格，它能让你很好地服务客户，并激发自己周围的人。你愿意站出来去领导团队，充分发挥自己的才干。事实上，你认为，向团队和世界奉献最好的自己是你的责任。

你的学习收获与行动计划

请写出至少三点你从本节中学到的新知识，同时写下你会采取的三项行动，把自己学到的应用到日常工作中。

____

____

核心要素 2

用愿景领导

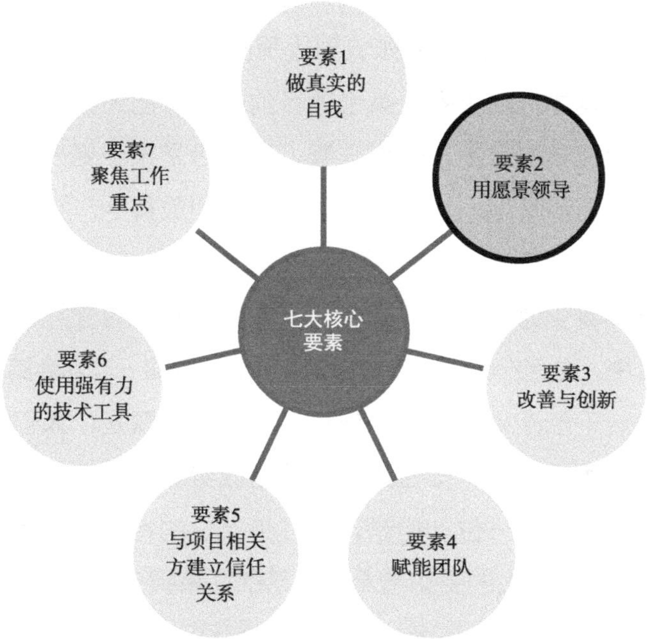

你将从这个要素中学到：

- 什么是用愿景领导？为什么它能帮助项目经理做出更好的决策，激励团队并为客户带来更多价值？
- 如何与客户合作，一起共同承担责任，以实现项目的终极愿景和目标？
- 项目的战术要素和战略要素有哪些不同？应该关注哪些？
- 为什么有些人抗拒变革？如何克服变革阻力？

拥有一个清晰愿景的重要性

第二大核心要素用愿景领导，是项目领导力的另一块基石。用愿景领导涉及的是制定方向和明晰最终目标，决定着项目的产出成果。愿景阐述客户和项目发起人的战略目标，让团队聚焦努力方向并为计划提供依据。它表达了客户希望去哪里，但不会涉及如何到达那里的行动步骤。团队要进行计划，制定交付成果的具体行动步骤。某个项目的愿景可能还会受到其他一系列项目的影响。这种现象很常见，这意味着，该项目是某个更大的工程项目的一部分。愿景一定要清晰地表达出来，要有激励和鼓舞的作用，并要与公司的战略保持一致。

根据《哈佛商业评论》的调查表明，是否具有前瞻性并让大家积极参与到共享的愿景中，是区分领导者和非领导者的特质之一。《哈佛商业评论》在世界范围内对成千上万人做了一个调查。调查的问题是：人们最期待、最欣赏的领导者的特质是什么？排在第一位的是诚实。在非领导者（好同事）的调查中，诚实也排在第一位。但是，排在第二位的特质“前瞻性”只与领导者的角色相关。只有27%的受访者希望自己的同事拥有这个特质，而72%的受访者希望领导者拥有它。受访者越资深，这个比例就越高，达到88%。在领导者和非领导者的调查中，没有其他特质显示出这么巨大的差别（见图3.2.1）。

具有前瞻性并激励团队分享共同的愿景，是项目经理领导力的重要特质。正如史蒂芬·柯维（Steven Covey）在自己的畅销书《高效能人士的七个习惯》（*The 7 Habits of Highly Effective People*）中所写，项目领导者富有远见，能够以终为始。领导者与客户合作，积极协助确定项目的愿景、产出、成果和业务收益，而不仅仅被动地接受公司高层或客户的指令（见图3.2.2）。他们塑造愿景、挑战愿景，对客户的理解可能比客户自身还要深刻。在愿景层面和客户保持密切的合作，能够确保实际产出和项目战略目标相一致。这意味着项目领导者要积极参与客户的活动，给客户交付他们真正需要的产品，而不是他们想要的产品，让团队分享和了解这样的愿景，能够更好地调动团队成员的积极性。

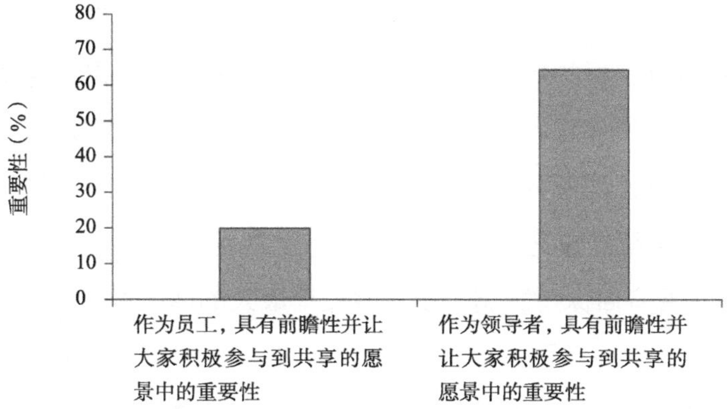

图 3.2.1　前瞻性特质的重要性（员工与领导者对比）

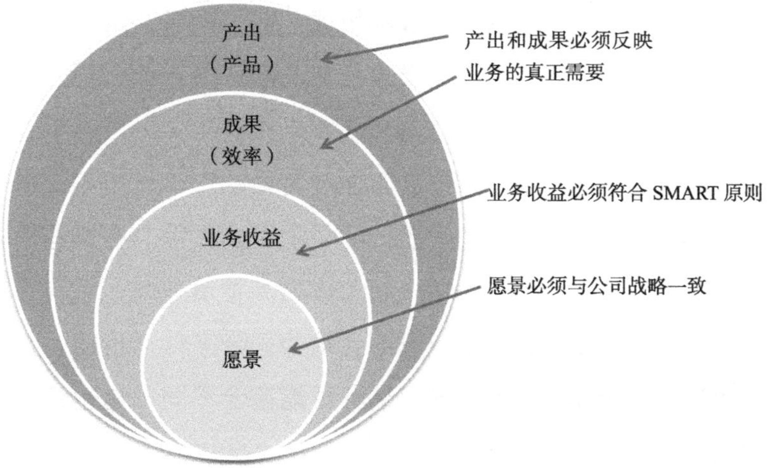

图 3.2.2　项目领导者关心产出和成果，同时关注业务收益和愿景

对于项目经理熟悉的传统运作方式来说，这可能是一个全新的思维方式。从传统意义来说，项目经理负责交付产出或产品，并不负责高高在上的愿景。通常，用户详细提出具体要什么，然后项目经理负责去实现。对全局观的通盘考量会留给客户或项目发起人，或者更接近业务和决策过程的人去做。项

目领导者不会这么想也不会这么做。通过进行全局性的思考，充分结合客户的意见和想法，项目领导者知道自己有机会帮助改善项目、提高项目的成功率，以及增加项目的附加价值。

许多项目经理错过了这些令人兴奋的机会，没能真正地影响和帮助增加项目的价值。在项目目标的制定阶段，他们被排除在外。结果，导致该项目最终的实际产出与客户真正的需要不符。项目未能满足客户的期待，可能存在这些原因：没有充分理解客户的需求；没有把这些需求包含在项目的规划中；或者项目计划没有经过充分思考，不符合企业战略。根据 PMI 的研究，尽管对组织来说，各方面保持协调一致才能发挥最大的增值潜力，但 60%的项目规划与组织战略目标不一致。因此，尽管项目交付时基本符合项目规范要求，但最终产品没有使用或者项目没有产生其应有的附加价值的情况并不罕见。

在项目管理中，人们假定客户或项目发起人知道自己需要什么，并且已经深入分析了目前面临的挑战和机遇。遗憾的是，事实并非总是如此。客户或企业负责人比项目组更知道自己每天的日常运作，但是，他们对于一个新的产品或服务将如何满足自身当前及未来需求这方面并不在行，也无法预测一个重大的改变可能带来什么正面及负面的影响，更不知道对此应该做一些什么。最终，这些可能的问题导致了项目的失败。在某些情况下，项目经理可能非常幸运，因为与他们一起工作的高管清楚地了解自己的需要。这些高管完全了解项目在短、中、长期会给公司带来什么价值，也知道项目会如何支持企业的战略。其他时候，情况可能完全不同，这也给项目经理留出许多机会去弥补其中的差距。

与客户建立伙伴关系

遗憾的是，当项目的具体产出与业务的真正需要缺乏一致性时，客户、项目团队及合作伙伴之间会开始互相指责，这种现象很常见。项目组责怪客户提供的项目需求有问题，客户抱怨项目组或交付团队提供的产品有问题。成功交付需要真正的伙伴关系，双方共同担责。各个层级都需要合作，甚至在供应商和客户之间也应签订严格的合同。如果双方完全合作，这就意味着供应商（或项目组）是客户的业务伙伴而不是分包商。这是一个心态的转变，即项目团队共享职责，共同负责实现战略结果和更大的愿景。项目经理的最终目的是创建一个包括客户和供应商的合作团队并让团队拥有共享的目标。

在一些情形下，项目经理并不需要用愿景领导，他们扮演的是承包商的角色，基于上面传递下来的合同文档交付项目成果。他们成为一名追随者，并认为项目的愿景是由其他人负责的。他们对达成愿景不承担责任，没有决策的权力，也不能用伟大的愿景激励团队，因为他们自己都不相信，让自己全身心地投入。当然，他们可以在合同文档的约束下做好项目计划，按规定提交项目成果，但是这样做，并不能很好地降低项目风险，确保项目战略目标的达成。

许多项目经理感到，与客户和高层相关方相比，自己低人一等，而这种自卑感会反映在与这些人的关系中，使他们不敢去领导（见图 3.2.3）。如果相信客户的意见比自己的更有价值，就很难基于平等的原则构建伙伴关系。与客户构建真正的伙伴关系，意味着彼此之间绝对的公开透明、相互信任、相互尊重；超越知识或资历，双方是平等的。关于建立牢固的信任关系这一点，我们会在核心要素 5（与项目相关方建立信任关系）中深入地研究。

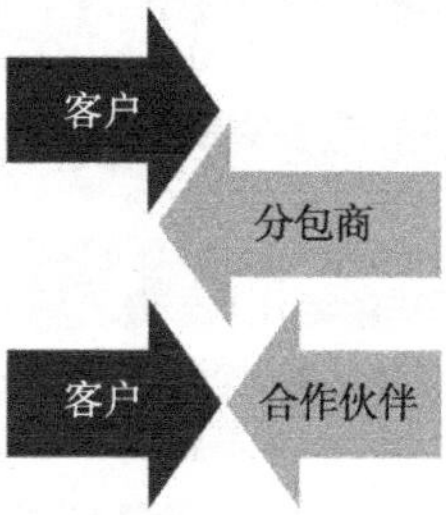

图 3.2.3　你与客户是真正的伙伴关系吗？你抱着平等的心态，

还是认为自己和团队低人一等，只是一个分包商？

作为项目领导者，不仅自身需要与客户构建伙伴关系，还要让整个交付团队都参与进来。项目领导者要发挥积极作用，为团队成员创造空间，让团队直接与客户接触交流。如果团队中的每个人都能直接参与，大家关于客户的知识和能力都会得到增强，就有可能为客户提供更多的附加值。团队成员都需要得到机会去理解项目的战略目标，这反过来又增强了大家的认同感和责任感。这些是大家为项目做出贡献的动力来源。许多团队理智上理解项目的目标，但在感情上缺乏投入的原因是：团队对项目的目标只有大概的理解，并不知道最终产品一旦实现将对用户产生什么影响，也不清楚客户的业务会得到什么收益。

与客户构建伙伴关系是一个互动的相互激励的过程，也是知识共享的过程。它的目的是促进客户认同项目工作，有利于共同担责并创建一种团队意识，让项目经理领导起来更加轻松，并最终为客户创造价值（见图 3.2.4）。除了构建伙伴关系，我们还能想到其他方法，能有效地帮助我们做出决定并激励人们做出贡献吗？如果不能与客户或项目发起人构建伙伴关系，我们就无法提出最佳的、创新的想法，也无法判断走哪条路是正确的。构建这种合作伙伴关系需要项目领导者具有强大的业务能力，并有足够的勇气面对客户。

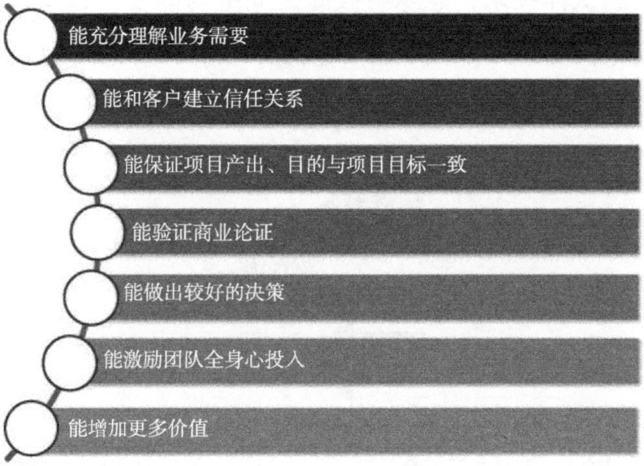

图 3.2.4　用愿景领导的好处

与客户构建合作伙伴关系的最佳方法，就是要搞清楚客户的项目目标和期待的项目收益，透彻理解客户在短、中、长期内要实现什么，以及为什么要实施这个项目。项目经理还需要了解客户的战略驱动要素、项目的业务背景，以及这个项目对公司战略会起到什么促进作用。以下的这些问题可以帮助你开始与客户建立伙伴关系：

- 你最终想要实现的目标是什么?
- 通过这个项目，你想解决哪些问题或处理哪些制约发展的因素?
- 从短、中、长期来看，这个项目会如何帮助你们?
- 谁是最终受益者，该项目的结果会如何影响他们?
- 这个项目的成果会让公司或部门的运作方式有什么不同?
- 为什么这些目标至关重要? 它们将如何让企业在财务上受益?
- 其他哪些项目也需要进行，才能完成这个项目的目标?
- 其他哪些领域的业务将受到影响（正面的或负面的）?
- 哪些因素可能影响项目的愿景? 哪些因素会使项目目标发生改变?
- 我们如何衡量项目的成功和最终收益?
- 我们要衡量多长时间内的收益?
- 这个项目依赖其他哪些关键因素?

询问这些问题能帮项目经理明确项目要达到什么目标，以及为什么这些目标是重要的。这样，项目经理就能明白团队最终应该聚焦在哪里。此外，也可以问问自己，你是否愿意把自己的钱投到这个项目上? 这个问题的答案能够表明该项目是否真正具有经济意义，是否一个好项目（见图 3.2.5）。如果回答是否定的，应该向高层管理者汇报，并质疑项目的可行性。

图 3.2.5　这个问题的答案能够表明该项目是否有经济意义

遗憾的是，即使基础薄弱，很多项目也常常获得批准。如果与客户合作一起去分析该项目的业务驱动因素，项目经理就会有信心判断项目的可行性。如果该项目真的没有意义，可以如实告知。诚实和正直是项目领导者应具有的关键价值观。项目经理的职责是为客户服务、为客户的利益着想。这意味着不仅要负责交付项目的成果，而且要确保这些成果的长期效益。

练习　克服障碍，用愿景领导

让我们来分析一下可能出现的障碍：

- 觉得自己没有足够的商业头脑，无法围绕愿景进行讨论。
- 对与客户直接接触、询问最终收益的做法感到陌生，也超出了自己的舒适区。不确定自己是否有足够的自信和勇气去面对客户。
- 项目有明确的角色和职责，提供项目需求是客户的职责，提供业务合理性分析是项目发起人的职责；项目经理的角色是按他们的要求实施交付，而不是去质疑他们。
- 无法直接接触客户，因为大部分沟通都由更高级别的经理进行。你只负责某个特定的工作流程。在与客户沟通这方面，感觉被排除在外。
- 老板没有让你花时间了解项目总体愿景。公司通常认为，这不在项目经理“要做的事”之列。一般情况下，这项工作由高层管理者去做。
- 如果需要共同担责去实现最终的商业利益，那万一项目失败了会怎样？负责具体的项目，让人感到更舒适、更安全；对最终商业利益共同担责感到有一些焦虑。
- 日常工作都忙不过来，没有时间顾及大局和愿景。

思考一下，为什么不能完全做到用愿景领导？以上哪些障碍阻止了你？是否有些障碍只是自己的想象，而非真实存在的？是否你在用它们作为借口，因为站出来领导的想法让人感到不舒服？是否一些不必要的顾虑限制了你，让你觉得自己不够好、不够资深或不够聪明，无法进行这方面的对话？

要想克服这些障碍，你能做些什么呢？比如，是否能找到更多机会与客户接触、了解客户的业务情况？是否能开始用一种不同的方式与客户合作？其实，大家都希望项目经理站出来，为实现总体目标承担自己的责任。你可以碌碌无为，你可以扮演一名小角色，但这对任何人都无益。要诚实地对待自己，找到在哪些方面自己选择的是退缩。承认是第一步；接下来，就可以给自己搭建成长的安全阶梯，帮助自己逐步实现用愿景领导。

验证和质询项目的商业价值

如果项目没有明显的商业价值，我就不会去做这个项目。我会问自己是否可以去考察和验证该项目的商业价值，是否能让人信服。如果不能，我们就不会启动项目。我会向高层管理者汇报，告诉他们也许需要重新考虑项目。一般来说，这些项目最后会交到那些不问问题的项目经理手中。我花了数年时间建立了良好的声誉，但凡我所负责的项目都会带来可靠的收益。我不想冒险同意进行一个绝对愚蠢的项目。我们必须选择去做那些有价值的事情。

——戴夫·索耶，英国政府的一名项目经理

关注动机、愿景和项目目标

作为项目和团队的代表，项目领导需要关心的大问题是，大家真正想要达成的结果是什么。这不仅关系到项目的可交付结果，而且关系到项目的过程是否得到保障。这既需要考虑项目的整体结果，也需要考虑项目的各过程的交付情况。项目领导者了解项目的意义、动机、愿景和目标，也知道项目团队是每个项目的核心和灵魂。因此，确保项目团队对动机、愿景和项目目标（Motivation, Vision, and Project objective，MVP）达成共识非常重要，因为这个共识将是团队合作的坚实基础。动机涉及项目的意义；愿景描述了现有问题解决后的理想状态，会给项目指出方向；项目目标进一步澄清和描述了愿景，明确了达成愿景的关键里程碑。

在我的经验中，大多数项目团队可能知道项目的目标，但往往缺乏对项目目标总体意义的理解：目标是如何产生的？更重要的是，为什么要有这些目标？但是，不应该让工作就此停止。作为项目领导者，下一步应该做的是，询问每个团队成员，他们个人的 MVP 是什么。什么激励他们做这个项目？他们心目中的个人目标和强烈的渴望是什么？给每个团队成员时间去反思，然后要求每个人分享自己的 MVP。这需要开放和信任。开放和信任是卓越领导力的两个组成部分。作为领导者，需要走出去主动与团队接触，创造环境让大家愿意分享。如果感到 MVP 的问题很难回答，可以问：什么让你快乐？为什么？在这个项目中，你想体验什么感受？想被怎样对待？对于别人追求个人快乐的做法，你想怎样配合？毕竟，做好工作的唯一办法就是爱你所做的，做你所爱的。

个人 MVP 是项目 MVP 的补充。然而，不能就到此为止。接下来，第三个层面是团队和社区的 MVP。可以询问大家，团队的 MVP 应该是什么？它如何与项目的 MVP 匹配？如何顾及并包容个人的 MVP？在项目管理中，我发现这些 MVP 的练习是最有价值的投资。领导者理解这三个维度的重要性，他们知道成功的项目不仅是关于项目本身的，也关系到每个人和这群人组成的团队或社区。这三个层次 MVP 重合的地方就是团队对于项目的动力与方向、个体及团队、愿景与目标的共识。这些共识可以让项目产生令人惊奇的成果。这也是确保项目成功的强大基础。

——托马斯·朱利，《成功项目的领导原则》作者

拥有商业思维的重要性

能够深刻理解项目背后的业务驱动力，是所有项目领导者的共同特点。具体来说，项目领导者理解客户运作的商业环境，也了解这个行业。他们知道客户面临的特定问题，以及项目的成果对解决这些问题有何帮助。这些深刻的理解是通过项目经验、理论学习、观察或协助客户的日常业务等不同方式得来的。这表明，项目领导者对自己的行业充满激情并热衷于学习。

有些人认为，即使没有商业头脑，也能成为好的项目经理。在这种情况下，项目经理的角色会受局限，只能按照给定的规范对项目管理流程和规划进行维护。项目领导者的核心价值在于利用相同或更少的资源为客户提供更多的收益，而如果没有对业务的深入了解，这是不可能实现的。这并不是说项目领导者必须具备行业分析师的技能，或者应该亲自对需求进行详尽的收集。恰恰相反，项目经理的主要作用是组建一支由资深团队成员构成的优秀团队；然后，鼓励团队自主运作并激励团队追求卓越。他们绝不会去做微观管理的事情，更不会去妨碍大家。

提升商业思维的最好方法是邀请客户一起参加研讨会，让客户详细地介绍自己的商业模式、面临的挑战及希望从该项目中获得什么（见图 3.2.6）。团队所有关键成员都应该参加这种研讨会。如果团队成员被排除在主要会议之外，大家会感到非常受打击，所以项目经理应尽可能地让大家都参与。相反，最不应该做的事情就是把团队划分出不同的等级。在早期，如果觉得邀请太多的人和客户见面不合适，那么至少应确保召开后续的汇报会议，把信息与大家详细沟通、分享。项目经理的工作不是掌控信息，而是确保信息自由地流向那些需要它的人，也包括远程团队。

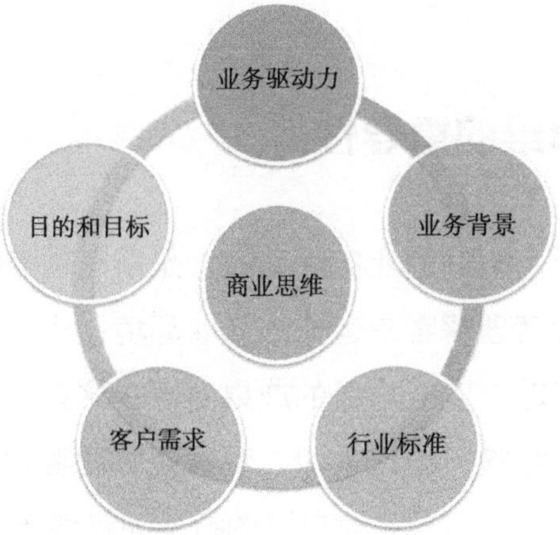

图 3.2.6　具有商业思维意味着了解业务驱动力、业务背景、
行业标准、客户需求、客户要达到的目的和目标

还要记住的是，团队成员会被一种强烈的欲望所驱使，要为项目和项目的愿景做出贡献，而且野心很大，就像你一样。因此，一定要让团队感知到项目的目的与意义，即使项目的目的与意义并不崇高。对于任何一个项目，一定要说清楚它的意义，例如，一个 IT 项目，它可能是作为现代化战略的一部分，为客户提供更好的服务，或者，为终端用户生产成本更低和更安全的消费品。

如果你想激发你的团队，一定要在家花时间练习你的愿景演说。在练习时，要设想你正在向着一群人发表演讲，他们正考虑是否加入你的项目。你的演讲有 2~3 分钟的时间，你要告诉他们为什么他们应该加入。要用几分钟的时间向他们传递出清晰的信息：项目是什么，他们能得到的好处是什么，你将如何帮助他们为项目做出有价值的贡献。要以个性化的方式吸引团队成员，并聚焦价值，告诉他们在项目的过程中将会学到什么。

我曾经在无数的工作坊中引用这个练习，很高兴地看到人们勇敢地站起来，发表激励人心的演讲，越来越能激励人。最初，项目经理演讲都聚焦于项目相关的事实、数字、规模和复杂性。这些东西并不总能激励人。当他们开始谈论项目的独特性，以及项目如何让公众受益，或者让人生活更好的时候，听众一下子就被抓住了。正是在这个时刻，我们激励了人心，让人感觉到了项目背后的目的、意义及愿景。

另一件要记住的事情是，如果你能用视觉化的方式沟通愿景，你就能更好地激发你的团队。你一定已经注意到，这本书的每节都有不少的图。之所以这样做，是因为许多人都是视觉的学习者，他们喜欢看图学习，而不喜欢全部都是文字。当你试图传递项目的愿景和目的的时候，一定要想方设法地使用一些图片和图表，特别是当你要呈现大量数据的时候。

不要只是简单地去问，而要用心去感受客户的现实环境

花时间与客户在一起，了解客户的当务之急；了解他们生活中有什么困扰、期待、渴望，以及对客户来说什么是最重要的。不要只是简单地去问，而要用心去感受客户面临的挑战。用一天时间从客户角度看问题，与客户如影随形，感受客户的感受。客户往往喜欢这样的项目经理，这也会让项目经理取得更大的成功。同时，项目经理需要持续地关注如何为客户带来附加价值。如果项目经理不但能理解顾客的需求，而且是这一领域的专家，那么，在其他人眼中，项目经理会更有威望。这也有助于项目经理变得更加自信并敢于提出不同意见。可以说，项目经理的影响力更多地取决于能否被别人视为某一领域的专家。

——贝努瓦·乔林，Expedia 公司全球供应商体验负责人

理解项目成果如何帮助企业

让每个人拥有大局观，知道为什么要做某事。了解项目的最终成果是什么，以及它对企业的意义是非常重要的。让团队成员与业务部门的相关人员或相关方保持经常的沟通是个不错的主意，这样可以把

项目任务与客户将来的实际应用联系起来。当人们知道自己手上正在进行的工作会对客户的现实世界产生影响时，人们的投入程度会有很大不同。

——朱莉娅·斯特兰，标准银行首席信息官

了解业务

优秀的项目经理将商业思维运用到项目中，会更关注结果而不是过程。这些人的思考和行动具有战略性，他们了解企业、市场、竞争，以及项目如何适应各方面的要求。项目经理知道该项目如何给企业带来价值，项目的成功正是基于这样的价值，而不取决于成本、进度和项目范围。大家正在慢慢地认识到项目不是独立的，而是企业业务不可分割的一部分。只有当项目能为企业带来价值时，项目才是成功的。项目经理必须承担为企业创造商业价值的责任并且必须以这种方式去管理项目。可悲的是，实现这个目标的最大阻力来自项目经理本身。

——哈伦·布里奇，BOT 国际项目经理

衡量项目成功的战略要素

用愿景领导需要项目经理持续地审视项目的战略价值和长期收益，同时要关注短期收益。通常在项目周期中，项目价值的衡量标准被称作“铁三角”，即项目交付受时间、成本和质量这三重要素所限制。从项目规划及确保项目按标准成功交付的角度来看，三要素有助于大家理解成功的项目需要在时间、成本和质量之间保持平衡。

但三要素代表的是项目成功的狭隘观念，因为它只关注了项目管理的战术层面。它的问题是："质量"的概念可能太过于狭隘，只关注了该项目的有形产出的质量，而没有关注项目的长期利益。想想许多失败的项目，是否需要更多地考虑项目的战略价值，以及该项目真正能够带来什么竞争优势和潜力？莱文森（Meridith Levinson）认为，项目经理需要更多地关注商业价值，必须了解自己的主要角色是为企业创造价值，而不只是按时、按预算去完成项目。

挪威科技大学的教授克纳特·弗雷德里克·桑塞特博士（Dr. Knut Fredrik Samset）说，成功的标志是在战略意义上产生效益。他认为，时间、成本和质量的三重限制是战术成功要素，而可持续性、相关性、影响力和有效性是战略成功要素。在《信息不充分时的必要选择：重大项目的前端决策》（*Making Essential Choice with Scant Information: Front-end Decision Making in Major Project*）一书中，克纳特写道：

> 从更广的角度看，项目的成功与否对企业的既定目标会产生重大影响。更进一步，项目不应该产生任何负面的影响，项目的目标应该与社会的需求和企业的战略重点保持一致，同时确保项目预期的长期收益是可以实现的……从本质上说，要满足五个要求或成功要素：效率、有效性、相关性、影响力和可持续性。对许多规划者和决策者来说，这些都是难以实现的要求，远远超越了通常会涉及的问题。项目当前的效率高，只能表明项目直接产出的成功。有很多这样的例子：项目在效率这项打分很高，但随后在效果和使用性方面被证明是灾难性的；也有许多效率不合格的项目，但无论是从短期还是长期来看，都被证明最终是非常成功的。
>
> 以上成功要素的区别就在于项目成功的标准是战术层面的还是战略层面的。从战术上讲，通常成功的标准是满足短期业绩指标，如按预算和时间交付双方商定的产出。这些是项目管理的基本问题。但是，战略绩效是否让人满意，需要从更广泛和更长期的角度去考量，包括是否有可持续的影响、是否能在项目的整个生命周期都保

持相关和有效。从本质上讲，这是能否选择最可行的项目理念，正确判断项目本身是否有意义、是否具有商业合理性的问题。

与客户一起商定项目最终的成功要素时，要考虑时间、成本和质量三个战术维度；也要考虑战略维度，包括对有效性、相关性及可持续性的影响（见图 3.2.7）。“铁三角”要素帮助项目经理以规定的要求和约束条件交付项目产出，而战略方面的成功要素有助于确定项目的长期可行性。不过，要注意，这个战略三角只提供了一套需要在短期、中期和长期去考虑的更进一步的成功要素，但没有显示这些要素之间的相互关系。

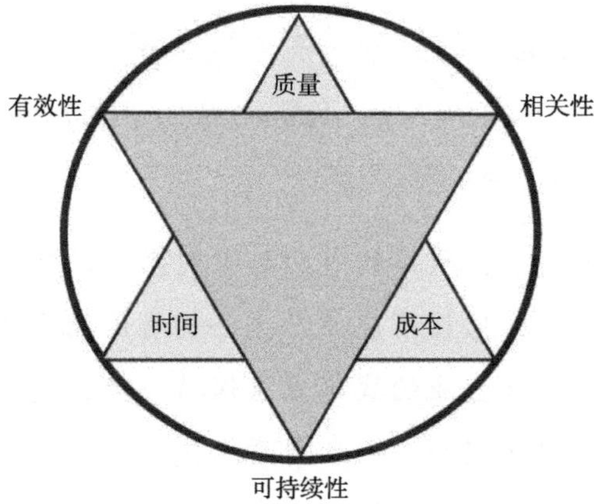

图 3.2.7　衡量成功要同时考虑项目的战术三要素与战略三要素

考虑项目的长期可行性时，要清楚是在什么时间范围内进行衡量的，因为衡量 10 年后和 3 年后的项目效果，结果可能是非常不同的。同时必须知道该项目的目标及由此而得出的成功要素，这些也许因为市场环境或企业战略的改变而发生变化。项目经理的职责是与项目发起人和客户一起去调整项目的衡量标准，并确保这些标准能够在项目的执行过程中得到遵守。

需要提醒的是，项目的成功可以用有形和无形的方式进行衡量。例如，如果一个产品是按照项目规范开发的，但由于某些原因用户不喜欢它，则此产品不会被视为成功的产品，因为用户不喜欢它，认为与自己的工作无关，最终也不会使用它。

史蒂夫·皮克特（Steve Pikett）说，根据他的经验，项目经理很少知道如何处理由于用户不喜欢交付的产品或服务而产生的情绪化反应。他提到，如果用户从根本上不喜欢他们看到的产品，那么重新对照那些有形的衡量要素是于事无补的。为了成功地交付产品，必须有勇气和洞察力，深入地探寻用户对被开发产品的感受；必须聆听用户话语背后的含义，勇敢地询问用户是否愿意使用该产品。史蒂夫也解释说，如果可以先开发一个解决方案的原型并与最终用户紧密合作，就会比较容易地去了解用户的感受。这说明，通过专注于用户体验，可以让产品更具实用性。

永远关注收益

许多项目只专注于提供技术，而不从整体上考虑变革带来的文化上或流程上的影响。这些项目几乎从未实现预定的收益，或者因为没有客户需要而最终被淘汰。我知道一个投资相当高的（近 1 亿欧元）项目，由于没有强大的需求，同时，这个团队也没有准备好把项目引入组织，导致项目成果没有被真正地投入应用。

我很幸运能回避这类事情，因为我问一些富有挑战性的问题。这往往意味着当那些有问题的项目来寻找项目经理时，会避开我。我并不是消极的，我只会非常诚实地讨论问题，让对方知道也许该计划还需要多考虑一些其他因素。我总会推荐大家去使用收益图，通过它来判断项目是否与组织的战略目标一致。如果你看不到该项目能带来什么收益，可能就要好好思考一下项目是否值得做了。

——戴夫·索耶，英国政府的一名项目经理

要有长远的眼光，持续增加价值

项目领导者给项目团队带来长远的视角，从企业的角度看问题，可以帮助团队持续做出正确的决定。这种长期的思维方式意味着项目领导者会去预想未来，而不只是负责把一个项目交付完毕。项目领导者会考虑产品的运行情况，即当产品完全运转时是否存在问题。同时要考虑随着时间的推移，在市场、竞争、投资者、行业及生态、社会和经济环境的持续影响下，该产品的性能和表现会如何。

举例来说，如果项目涉及一种新型咖啡机，你会只根据生产过程来计划机器的交付吗？你会思考它的可持续性吗？你是否想过咖啡机的用户们将会使用超过数百亿个不可回收的咖啡包，而这些咖啡包将来或者会填满垃圾场，或者会与客户的可持续发展目标背道而驰，这是项目经理想要的吗？项目领导者应该用长期的、全局的思维方式思考问题，包括项目产品的使用（电力和材料的消耗）、废弃物（如咖啡包）和再利用（回收）等方面。

项目经理和团队如果想持续做出正确的决定，必须优先考虑这些产品的长期使用情况。在长期状态下，产品的消耗会怎样？它的社会、经济和生态影响是什么？应该鼓励项目经理实现公司声明的企业社会责任目标并在项目启动、规划、执行、监控和收尾时，履行这些责任。

——瑞奇·马尔茨曼，《绿色项目管理》合著者，

此书获得克莱兰德奖（Cleland Award-winning）

项目领导者要具有企业家精神

项目领导者会主动采取行动，好像项目是自己的。他们挑战假设，考虑其在市场上的可持续性，并从各相关方及公司各职能部门的角度去审视项目。项目领导者考虑的不只是三重限制要素，更包括长期盈利能力及对业务指标的影响；还有，每元钱是否都花在了该花的地方，就好像对待自己的事情一样。

——罗伯特·凯利，凯利项目解决方案合伙人

来自人的方面的变革阻力

确保每个人对于项目要达成的目标有共同的理解，让目标鼓舞和激励大家，这是一种艺术，只有最优秀的领导者才能做得到。优秀领导者鼓励团队参与，指导大家适应角色并向大家提供尽可能多的信息，甚至包括项目的背景。他们分享项目令人兴奋的愿景及这个愿景意味着什么，并将其融入大家所做的每件事中。项目领导者抓住每个机会谈论愿景并把它应用到日常决策和问题解决中。

项目领导者并不仅仅谈论愿景，他们还要做更多的事情。他们知道项目及其成果会对人产生影响，所以能及时调整自己互动和沟通的方式。项目领导者努力吸引人才，关心团队成员的顾虑，并愿意去面对这些问题；同时，他们会让大家了解项目能给每个人或团体带来什么。项目领导者不会只关注任务、活动和项目目标，他们还会关注更深层次的问题，从人的心理方面去关心大家。项目领导者知道，多数人因为不确定自己将受到什么影响，会有意识或无意识地抵制变革，所以领导者会非常谨慎小心地去面对人们的担忧，

让大家感到安全，从而消除阻力。

对变革的抵制是一个有趣的现象，往往被认为是项目和变革方案无法取得成果的首要原因。从本质上讲，抵制变革是一个表象，当有人看起来不愿意接受或协助组织变革时，这些人就会被贴上这个标签。通常，人们抵制的不是变革本身。因为觉得自己会失去一些价值（如地位、归属或能力）或担心自己无法适应新的方式，所以人们才会抵制变革。因为现状是自己的安全港，所以就想牢牢抓住现状。我们知道自己拥有什么，却不知道自己将会得到什么。这是人类行为的重要组成部分。

想象一个情景，人们的情绪反应如何，例如，一个常见的公司搬家的情景。刚开始，当宣布这一消息的时候，人们普遍的反应是激动，且情绪是正向的，特别是新搬的办公楼更现代、更明亮、办公地点更好。如果有人发现上下班的交通距离更长，会发生什么？如果有人需要放弃个人的私人办公空间，搬到开放的办公区域，从而可能影响他们的工作，让人容易分心，又会发生什么？基于结构的复杂性，这类项目的复杂性得分可能相当低。如果我们考虑社会-政治方面，由于涉及众多的相关方，以及他们的情绪反应，这个项目的复杂性得分可能一下子变得很高。现在你理解了，为什么在管理这类项目时，以及在应对变革阻力的时候，情商有多么重要。

在应对变革的阻力时，要充分理解情绪的重要性。情绪是一个很个性化的问题。里贝尔·布朗（Rebel Brown）指出，如果想让人们改变自己，从一直做事的方法中解脱出来，并用不同方式进行思考，那么最简单和最容易的方式就是让他们的现状变得不安全。她写道："我们必须向人们指出，保持现状一定会面临挑战和风险，而且现状是保不住的。"除非停滞的痛苦超过变化的痛苦，否则改变不会发生。她还指出，这并不是说要去吓唬人们或者让大家害怕。因为通过权威让大家害怕或强迫人们违背意愿的做法是克服不了变革阻力的，而且还会产生负面影响。

在我的职业生涯中，我记得有一次对一个IT项目的情绪反应就非常不好。

我工作的公司有两套不同的订单处理系统，分别基于不同的产品线，公司决定要把两套系统整合为一套系统，即合二为一。这个决定没有与员工正式沟通，但是谣言传开了。谣言让大家人心惶惶，因为两套系统是由两个具有不同技能的团队负责的。没有人真正理解变革背后的原因，大家都有很多不理解的问题，例如，什么时候系统会迁移？变革会产生什么影响？剩余的团队怎么办？他们将会被重新培训并提供其他的工作，还是他们将成为多余的人，被公司裁减？

经验不足的项目经理可能对变革中的情绪方面的问题认识不到位，他们不知道倾听每个人情绪的重要性，也不知道如何确保他们的情感需求。项目领导者会从全局出发，不会忽视人的情感一面。他们知道当人们感到不确定时，人们渴望得到明确的信息和领导者的理解。所以项目领导者会确保并同遭受影响的每个人进行对话。在大型项目中，领导者甚至可以在组织中构建一个变革领导团队协助对话，帮助注入一种积极的情绪，让人们更好地理解新产品、新程序或新服务。

在研究为什么人们拒绝改变时，诺德·威利斯（Rod Willis）发现，在大多数情况下，领导者和经理们不具备对人的心理情绪的基本理解，无法有效地应对抵制变革的典型症状。他的结论指出，大多数管理者只关注人的能力，而不关注更深层次的关于人的情绪方面的问题。这些人只从技能方面考虑问题，即某人能做什么，不能做什么；而不会去考虑人们想不想做，为什么会去做，即人们的自身感受问题。

威利斯发现，大部分抵制变革的症状（或原因）来自人们未被满足的价值观、信念、身份感和个人使命方面的需求。人们不会把自己的情感因素，如疑惑、害怕或不信任存放在家里。他们带着这些因素去上班，而这些因素可能被视为变革阻力。威利斯的结论指出，项目经理能否处理员工更深层面的心理方面的问题与其能否带来成功的改变之间，具有很强的相关性。当管理者和领导们关注建立信任、消除疑虑和恐惧时，阻力就会消失。

这与我们在核心要素 1 中探讨过的逻辑层次有关。逻辑层次系统告诉我们，如果你想改变他人的行为（例如，一个人反对办公室搬家），你必须回到洋葱模型的中心，跟他们探讨在未来他们所需要的素质与能力，或者告诉他们变革将会给他们带来什么好处。你也可以了解他们的内心想法。对于搬家，他们的想法是什么？或者谈论素质能力，他们的担忧到底是什么？你如何帮助他们转换思想？逻辑层次这个工具可以帮助你克服变革的阻力，理解人们的感受，界定变革对人们的技能、价值观、理念和意义方面所产生的影响。

克服变革阻力需要了解人们的心理情绪并找到拒绝变革的根本原因。这是一个过程，需要花费时间。埃迪·奥本（Eddie Obeng）教授的研究表明，当我们走得太快时，变革的阻力就会出现。他说，很自然的补救措施就是慢一点。他还建议，要允许人们成为故事的一部分，尽可能地提出更多的问题，因为问题是让大家打开心扉，产生共同责任感的最佳方法。

有一些方法可以帮助人们积极地参与到变革之中，吸引他们的注意力。例如，下面的一些措施：

- 做调查，向团队寻求观点和意见。
- 建立讨论论坛，收集意见来源，让更多的人参与讨论。
- 给人们授权，让受到变革影响的人参与到一部分的变革流程中。
- 安排员工代表，邀请他们参与高管决策会议。
- 举行变革培训工作坊，让大家理解变革的问题、方式、方法与流程。

这些方法的魅力在于，通过会议、对话和实际工作吸引员工参与到变革之中。由此变革不再是一个单向的活动，员工只是被简单地告之应该做什么。现在，人们感到他们的意见很重要。他们的意见被倾听，他们成为变革的积极参与者，并且具有真正的影响力。

如果能有效沟通变革措施的影响，消除人们潜在的恐惧和不确定性，那么项目最终便能较容易成功一些。项目经理如果明白如何做好这一点，不仅会得到人们的认同，也会构建一个忠诚且士气高昂的团队。项目经理要强调变革的积极方面，全力帮助项目团队成员和客户消除他们的困惑之处。项目领导者要倾听人们的期望和需要，理解什么对大家最重要（见图 3.2.8）。如果试图用一刀切的做法强迫大家，即使最终提供了大家需要的东西，大家也不会开心。

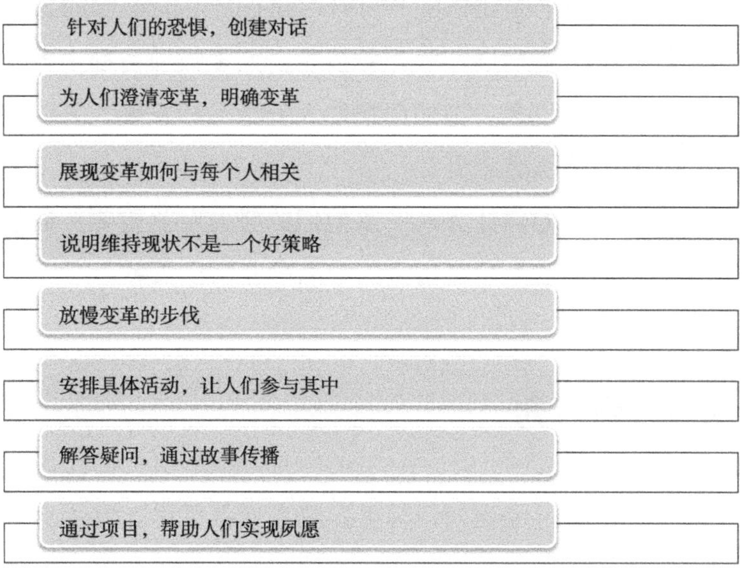

图 3.2.8　克服变革阻力的策略

当项目经理踏上深度聆听、激励团队全身心投入项目工作的旅程时，要认真想一想我们在第 2 章中讨论过的关于人类的六大需求：从短期和长期来说，项目的结果将对项目相关方、项目团队成员和项目的最终用户产生什么样的影响？

- 确定性。变革举措充满了不确定性和疑点，这让人紧张。你如何在整个项目中添加一些安全性和稳定性？对未来你能做出什么保证，让前景更加积极和可信？
- 多样性。在谈论变革时，你如何激发人们的兴奋感和刺激感？如果人们担心结果有太多的模糊性，你如何帮助大家把风险变成机会？你如何告诉大家，他们得到的将比放弃的更多？

- 重要性。每个人都需要感到自己是特别的。该项目及其成果会如何帮助人们获得新技能、提高自己的地位，并使他们在将来更受欢迎、更有吸引力？
- 人际关系。你如何用项目的愿景把大家团结在共同的目标周围？你如何让大家感到自己是团体的一部分，是在与志同道合的人一起工作？
- 成长。我们都需要发展和学习新技能，大多数项目都有各种各样的大量的学习和成长机会。你如何帮助人们学习和发展，并以此创造人们对项目和未来的积极感受？
- 贡献。最后，你如何让大家了解他们的努力至关重要？通过支持项目及其目标，人们在为超越自身的崇高事业做出贡献。

如何践行新行为

这一节涉及的是项目经理如何与客户建立伙伴关系，共同实现项目的最终目标。我们谈到了兼顾项目战略及战术成功要素的重要性，以及如何通过放慢速度、公开透明、倾听人们的恐惧和担忧来克服变革阻力。

如何学以致用

- 你是否在实践用愿景领导？可以进一步做一些什么？你与客户建立了完全的伙伴关系吗？你们在为实现最终商业目标而共同承担责任吗？你是否有意识地把团队团结在一个共同的愿景周围？你是否在倾听人们的担忧并努力使未来变得更积极、更吸引人？
- 尽可能地安排时间与客户或终端用户在一起，了解他们的业务运作情况，了解他们认为什么最重要。与客户一起制定他们的愿景和目标，并在整个过程中让团队参与进来。

- 阅读行业刊物，组织知识分享会，鼓励团队去了解客户。
- 与项目发起人一起创建关于项目的综合商业论证，把所有的成本和收益量化，使目标变得可衡量。明确展示项目产出、结果和业务目标之间的联系。
- 与客户一起达成共识，不仅明确项目的战术成功标准（时间、成本和质量），同时明确项目的战略成功标准（有效性、相关性和可持续性）。
- 学会讲述一个激励人心的、令人信服的项目故事，一个与人相关的、能激励人的故事，由此点燃人们的激情，让大家为了一个共同的目标奋斗。
- 做好项目宣讲，让团队成员、项目相关方和各种用户了解他们将从项目中获得什么收益。
- 找出那些对变革有不安全感的人，倾听他们的心声、希望与梦想，让他们亲身参与项目的工作。仔细想一想，你如何满足他们的各种需求，如确定性、多样性、重要性、人际关系、成长与贡献。

小测验：你是否掌握了本节的知识要点

- 你与客户之间公开透明，彼此之间具有较高信任度。你们团结得像一个团队一样，愿意为实现项目的长期收益而共同承担责任。
- 项目的成功标准同时包括战术和战略两个方面。你和客户都在对这些要素进行跟踪。
- 项目的战略目标协调一致。团队成员对业务背景有着深刻的理解。大家能够一起做决定，并能与客户直接沟通。

- 你清楚项目及其结果会如何影响各个相关方、团队成员和用户群。你已经成功地向他们沟通了项目会带来的收益，也消除了他们的顾虑。对于未来，人们感到兴奋。总体来说，体验是正向的。

你的学习收获与行动计划

写出至少三点你从本节中学到的新知识，同时写下你会采取的三项行动，把自己学到的应用到日常工作中。

____

____

核心要素 3

改善与创新

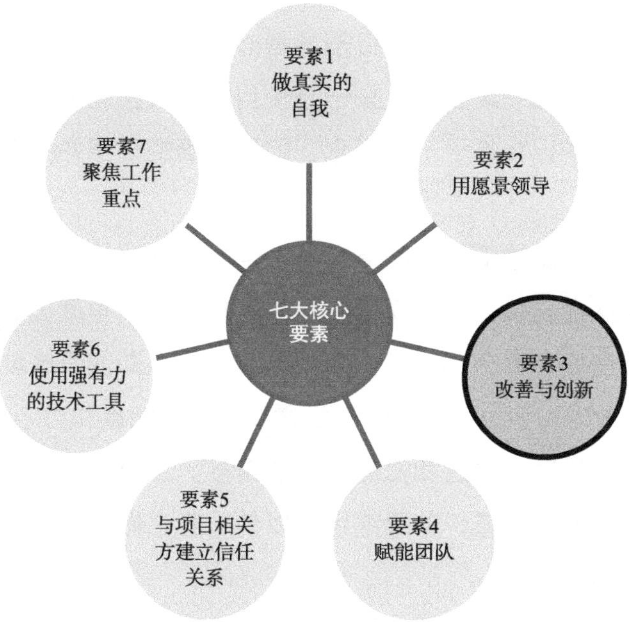

你将从这个要素中学到：

- 为什么必须先找到勇气和能量，才能进行改善与创新？
- 哪些方法可以帮助你挑战现状？如何激励团队不断找到新的工作方法？
- 为什么冒险和对失败的恐惧是创新的主要障碍？对此，可以做些什么？
- 你能提出哪些具体问题来激发创新思维？

保持现状不是最佳选择

项目经理都知道进行一个项目有多么艰苦，有多么容易被卷入细节之中。能够时时留意项目是否还处于正轨，就已经很困难了。想要了解何时深入探究细节，何时从细节中抽离出来，从大局着眼，更是一门艺术。建立完善的机制，让团队具有全局观，是项目领导者必须要做的事情。项目领导者不能只微观地管理项目细节或者用过去一直使用的方法实施项目，而要建立一套全新的标准。这些标准基于一个理念，即做正确的事情并持续用最有效的方法实施项目。

项目领导者要能够不陷于细节事务，全面评估项目的进展情况，打个比方，这就好像从直升机上进行观察一样。他们从不同角度去研究项目，评估哪个部分进展良好、哪个部分工作有问题。另外，即使有些地方相对运作良好，他们也会考虑如何改善。这个过程需要勇气、能量和对未来清醒的判断，因为维持现状比质疑、改进和提高要容易得多。项目领导者对这条最容易走的路不感兴趣。他们知道，如果继续做以前一直在做的事情，那么结果比过去好不到哪儿去。

为了实现自己的想法，项目领导者甘冒风险，他们会走到自己的舒适区之外。他们会全力以赴地把项目做到极致。对于自己相信的东西，他们从不惧怕付出代价。尽管自己的观点和提议可能被挑战，他们也不会感到失望。对项目领导者来说，维持现状不是一种可接受的选择，反对之声不能使他们畏惧或迟疑。是什么让他们这样坚持？那是一种要为客户提供最大价值的持续承诺，以及一种信念的支撑——停止不前就等于后退。他们比任何人都清楚，仅保证出勤率，做到按时交付项目是远远不够的。他们追求卓越，用新标准要求自己，不满足只是把工作做好。在节约资金、提升人员潜力，并为客户提供可持续的优质服务方面，如果想做到杰出，并成为企业的竞争优势，就必须不断地寻找新的、更好的方法。质疑项目的每个部分都非常必要：人员、技术、流程、知识和建议，以及项目的投入和产出，是否有机会更好地利用资源，等等。这是服务客户最好的方法（见图 3.3.1）。另外，把事情做好、共同找到最好的方法本身会让人很有成就感。

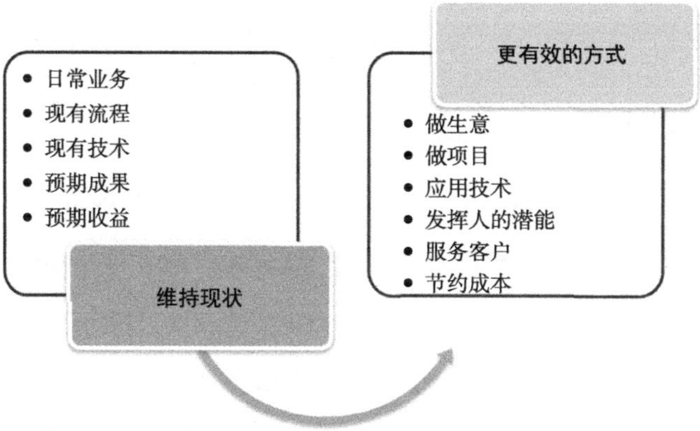

图 3.3.1　挑战现状，找到更有效的方法服务客户

挑战假设

我曾经在某产品制造公司负责一个项目，开发一项独立于产品的服务。基本上，我们希望客户可以在不购买产品本身的情况下，也能单独购买这项服务。当我们发布项目时，所有地区总监都认为我们做不到。我们只能把产品和服务绑定销售。那时，我刚刚加入公司，而告诉我做不到的都是公司高层管理者。于是，我准备按他们的建议设置我的项目范围。最后我还是决定走出去向财务部的人了解一下为什么。在召集财务、税务、法务和其他几个部门的负责人开了几次会议之后，我们了解到这项服务能够在 30～40 个国家中独立销售。对项目经理来说，深入探究假设是如此重要，不能陷入“我们一直是这样做的”思维方式之中。如果我简单地按照他们最初的建议去决定，那我

们只能在比现在要少一半的国家中发布这项软件服务，这样会导致公司在这个领域失去竞争力。

——罗伯特·凯利，凯利项目解决方案合伙人

我意识到，在自己的领域能否成为专家，取决于自己到底是真要还是假要

2011 年，我在某岗位已经做了一年多。在这个公司，当个好员工就意味着遵守规定、不质疑权威。后来，我参加了一个 PMI 培训。老师的状态与我截然相反。他充满活力和激情；更重要的是，他拥有挑战现状的自信。在那一刻，我意识到自己其实能够做出更大的贡献，能起到比自己在工作中展现出来的要大得多的作用。在自己的领域内能否成为专家，其实取决于我为自己的目标付出了多少努力；还有，我有多想成为一个专家。从那天起，我开始把项目的重点转到“人”的上面。结果，我也开始对自己所做的事情充满激情。当感觉不对时，我会开始改善和创新，不再继续接受现状。

——哈拉·萨利赫，项目总监和敏捷教练

什么制约着创新

如果挑战现状对于成功如此重要，那么为什么这么多项目经理都没能做到？有什么制约了创新、阻碍了大家这样做？你有没有花精力从日常活动中抽离出来，评估哪些地方能做得更好？你愿意站出来捍卫自己认为对的事情吗？你愿意在整个过程中让团队参与其中，挑战团队让大家一起共同寻找答

案吗？你有足够的知识和兴趣这样做吗？

许多项目经理人可能说自己手头的事情太多了，只是维持项目进度都已经让他们忙得焦头烂额，更不要说花时间改善和创新了。另外，他们会感到自己缺乏对项目或客户业务的足够了解，所以没有能力提出有意义的改善建议；或者认为这样做不会带来什么好处，就放弃了。总之，每个人都想正常下班，如果需要牺牲自己的下班时间去做一些其实并没有人要求的事，那么动力很快就会消失殆尽。

在这些因素背后，我们发现了能解释我们为什么缺乏创新的其他原因，这些原因与我们的思维和行为方式有关。正如在第 2 章中看到的，每个人都要去满足自己对意义的追求；需要感到自己的重要性、感到自己与众不同，具有独特的价值；同时，我们也不希望自己太突出，因为我们还要满足与人建立良好关系的需要，需要作为群体的一部分被接纳。当我们提出新的、有时甚至是不走寻常路的做事方法，并以此去引领团队方向时，我们就从群体中脱离出来。这就是说，我们要冒风险站出来表明我们的立场："这是我的团队和我本人相信的。它和别人的不同，但是让我们尝试一下吧。"

这就存在一个风险：那些对现有工作方式太具有批判性的人会被看成对部门或公司缺乏忠诚，是怀疑论者。作为领导者敢于站出来，不等于我们选择了一条容易的或最安全的道路。它意味着我们正在做正确的事情。虽然确实存在既优雅又非挑战性的工作方法，通过合作取得他人支持，但是不能回避的是，这种恐惧会一直存在：我们害怕如果想法失败了，彻底搞砸了，那工作就可能保不住了。

优秀的领导者明白这一点。他们甘愿冒自己名誉受损的风险去倡导那些新的思想和方案，即使这些方案最后没有取得成功。畅销书作者及市场专家塞思·戈丁（Seth Godin）这样说："委曲求全去适应是短期战略，最终你得不到什么；敢于与众不同是长期战略，它需要胆量，但能取得成果。如果你对自己的产品足够上心，愿意为它接受批评，那么你已经尽了自己所能。虽然讲了以上这些，项目领导的目标可不是为了不同而不同。与众不同的目的是支持那些能为客户带来真正价值的新思想。”（见图 3.3.2）

图 3.3.2　创新与保持现状的收益比较

在很多情形下，追逐边际效益对大家来说更容易，只需对流程、工具和技术做出微小的和渐进式的调整，与激进的变革正好相反。取得边际效益不需要太多的冒险。它是优化项目的最快、最安全的方法之一，项目管理中当然有它的位置。它是我们改善工具、微调流程、激励员工的一种有效方法。这种方法是把项目中所有相关部分用图形化的方式表达出来，然后探寻哪里可以改善。但是，《试错力》一书的作者蒂姆·哈福德指出，从边际效益上，我们只能得到这么多了。质的飞跃和突破不会从优化和改进中产生，它们只能产生于创新、实验和冒险。冒险既然是等式的一部分，就意味着失败和犯错不可避免，我们应该对此做好准备。问题恰恰隐藏于此。许多公司之所以对于风险的容忍度很低，相当重要的原因是降低成本及快速取得成果的压力。结果导致，我们发现自己处于进退两难的境地：我们希望以最少的投入换取更多的产出；但是为了得到更多，我们需要创新。除非边际收益已经让我们满足了，否则，我们不得不做好准备去冒一些险（见图 3.3.3）。

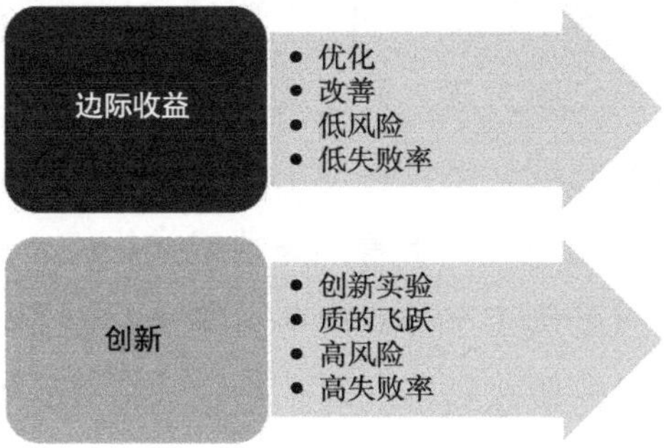

图 3.3.3　边际收益与创新

作家、演讲家和教育领域顾问肯·罗宾逊爵士（Sir Ken Robinson）认为，绝大部分组织是为执行而非创新设计的，所以它们注定要去防止错误的发生。他还说，绝大部分成年人都害怕犯错误。如果没有准备好犯错误的话，我们永远不会产生任何原创的东西。另外，塞思·戈丁认为，因为在生命中的大部分时间里被植入了服从和跟随的基因，我们的创造力和创新思维被扼杀了。在他的“教育改革宣言”中，塞思·戈丁提出，学校系统的发明是为了生产“顺从的工厂工人”，支持工业革命时代的商业发展。学校教给我们的是顺从和适应，而不是与众不同，不是站出来领导。

在《哈佛商业评论》“小心谨慎、不冒风险比你想象中更危险”一文中，作者比尔·泰勒（Bill Taylor）写道，许多大公司迟迟做不出创新式的改变有各种各样的原因。其中许多原因和一个简单的事实有关，即它们根本没有紧迫感的压力，不需要做出必要的改变，感觉大胆尝试新事物或向一个全新方向迈进的风险可能看起来太高了。这些公司意识不到维持现状、不做改变会给自己带来风险。它们需要清楚如果自己再不做出改变，那些最糟糕的状况就会发生在自己的身上。泰勒写道：“事实上，领导者的首要任务是认识和克服自负带来的危害。他们要说服公司上上下下各级员工，真正的风险在于不敢去冒风险。只有一件事是大家应该恐惧的，那就是对变革的恐惧。”

作为项目领导者，我们要尽自己所能去影响和提醒公司：尝试和失败是可以被接受的；事实上，有时甚至是必需的。否则，对于客户的问题，我们如何发现创新的解决方案（见图 3.3.4）？尝试和试错是最有效的问题解决方式，也是唯一可持续的创新方法。许多领导者和经理们却期待项目能按事先讲好的预算和时间表来完成，这使得他们选择最安全的方案以确保快速取得成功和结果。不过，我们不能由于害怕失败或被拒绝，就自动放弃高风险的备选方案。我们应该鼓励员工至少对这些方案进行辩论，允许尝试制作一个原型、一个实验品或进行概念验证。我们应该客观地考察所有的情况，然后评估可能的收益是否会大于风险。当我们预见了最坏的情况，并知道团队如何处理时，我们通常会发现，实际情况比我们一开始想象的要可控得多。如果我们真的愿意，并且准备好愿意站出来承担相关的风险，那么我们就能够创造出激励人心的商业论证，虽说新方案冒有较高的风险，但是从长期来看，尝试新的概念，将会带来长远的收益。

图 3.3.4　创新的阻碍因素

你的冒险商数是多少？（见图 3.3.5）你允许自己和团队为了更具创造力而实验、尝试并犯错误吗？还是你觉得严格按照其他经理给你设定的参数标准行事更让你踏实一些？你是一个谨慎型的人吗？你已经准备好为了坚持原创而宁愿犯错吗？你会用什么更好的方法去管理项目中创新性的、有风险的部分？比如，对于一个独立的项目，你能给出一套清晰的衡量标准吗？

你的冒险商数是多少?	你允许自己和团队实验、尝试吗?
	你鼓励冒风险吗?
	你准备好犯错了吗? 你接受自己可能是“错”的一方吗?
	你提醒了其他人尝试和失败是可以被接受的吗?
	你有多谨慎?
	你考虑过如何更好地管理风险吗?

图 3.3.5　评测你的冒险商数

正如蒂姆·哈福德指出的，这其中的关键是：高效的失败。我们可以从失败中学习，只要失败真正推动我们向前，离最终目标更近，我们就可以接纳它。问题是我们能够多快地从失败中学习、调整、适应。当事情搞砸了，我们经常对自己生气，而不是高效地利用失败去调整我们的做法；相反，我们会把自己的头脑关闭，然后进入崩溃模式，接下来犯更多错误、做出更糟糕的决定。这里的诀窍是：通过向失败学习，我们今后可以聪明地失败。尽管处于不确定中，但我们应该鼓励团队继续向前，从本该让人沮丧和害怕的失败中创造出有利的局面。如果能发现这个失败在哪些方面会对你和团队有益，就可以防止团队进入崩溃模式。可以总结一下，从新知识、智慧、经验和改善的角度来说，你获得了什么？然后，看一看下一次可以做点什么去取得更好的结果。不断重复犯相同的错误是愚蠢的，这是应该避免的。

降低项目早期的风险

尽管对客户的问题有良好的评估，但许多产品的最初假设仍然存在问题。只要在早期能够关注和确认这些假设，就不会造成什么大麻烦，在这方面需要管理层允许并且鼓励快速试错。一个有效的做法是，清晰地定义关键的绩效衡量标准，这样便能帮助验证假设的有效性，同时在任何真正的资源投入之前，要对每个假设进行测试和验证。测试得到的数据应该可以预示产品投资决策，并且帮助团队调整决策方案。有时，调整方向或停止投资都是必要的。但是，为了取悦相关方的想法而压倒理性决策的情况太常见了。在这种情况下，项目领导者必须有勇气去做正确的事情。从尝试—学习（Test-and-Learn）（比如，快速试错模式、高仿真演示或原型试验）中得到的数据是我们的有力武器，能够帮助我们做出正确的决策。不断尝试是一种非常好的方法，能帮助我们消除对权威意见的依赖，能够降低各方面的风险，让产品更具竞争力。

——贝努瓦·乔林，Expedia公司全球供应商体验负责人

项目领导者要持续学习，不断改进和提高

项目领导不应只想着以前的“时间、成本和质量”，应该思考如何持续改善，帮助团队如何做得更好。我自己经常阅读，获取各种新信息来弥补差距。我非常关注用最佳方法做事。我见过一些项目经理，这些人似乎认为只要一直做事就足够了；但是，能力=学习×体验。你应该一直处于学习状态！不断追踪领先的最佳实践，不断动手体验。小规模地尝试新的思想，看看这些主意是否可行。如果不行，要问为什么？问问自己和其他人，这是不是应该做的事情呢？或者，其实你可以比现在做得更好？不断思考、回顾、向自己提问，接纳你会被批评的现实，这是不可避免的。

一旦开始新的项目，我就会提醒团队要有新的突破，同时我们可能不会第一次就做对。我们制订计划，然后随着进程改变计划；如果环境改变了，我们可以学到关于项目环境的新知识，同时了解自己做得如何。我期待团队犯错误，因为团队需要探索和实验的空间。随着时间的推移，我会加强管理。到了项目后期，团队的运转会像一台润

滑得很好的机器一样，但是团队需要经历最初的学习曲线才能到达理想的终点。

——戴夫·索耶，英国政府的一名项目经理

创新需要打破常规

实际上，并不是每个人都会成为领导者。领导者需要谦卑、真诚并愿意放弃掌控。有些人永远不愿意放弃控制权。如果对结果停止控制，就意味着项目可能失败，而失败反过来会对领导者造成影响。做一名领导者不是为了享受荣耀的，而应该能够在不顺利和失败的时候判断行为的合理性。如果相信自己的团队，你就能成功地为自己的团队辩护。如果你必须了解每件事情的详细结果，那么你也许可以成为一个相当不错的管理者（对于那些需要很多指导的人来说），但是，你不会成为一个领导者。对于有些行业来说，管理技能可能比领导力更重要，因为这些行业要求必须时时严格遵守规定。软件行业的创新者在这种环境中是不可能有发展的。创新需要打破所有的常规，从不同的、有时甚至怪异的视角去设计开发产品。

——科琳·加顿，《技术项目管理基础》的作者

克服创新的障碍

练习 克服阻碍，不断优化和创新

要想成为创新者和思想领袖，让我们来看看一些可能存在的障碍：

- 觉得自己没有足够的知识去挑战现状（业务能力、项目管理流程、技

术、团队成员等）。

- 项目正经历一个艰难的阶段，有一大堆问题，你根本没有精力从细节中跳出来去思考创新。
- 你知道全局观很重要，却不知为什么从来没有这样做。
- 团队没有经验，需要很多指导。你觉得团队成员没有足够的成熟度，产生不了那些有价值的思想。
- 你有许多创新思想并且希望创造变革，但是你所处的整个大环境比较保守，反对冒险。你期待有质的飞跃，但要得到其他人的支持很困难。

思考一下，有什么特殊的原因阻碍了不断改善和创新？仔细看一看哪些是阻挡你前进的路障，你应该怎么做？要诚实地问自己，然后决定你到底要做什么。有多少是由于缺乏能力或知识导致的？有多少其实是因为没有把创新当成优先要去做的事情？对此，你能做些什么？愿意做些什么？

记住，不能选择去接受现状。虽然挑战现状不是一件容易的事情，但这是创造世界的唯一方式。世界在飞速发展，项目也需要跟上它的脚步。每天都会出现新的方法、工具和技术。如何更好地利用它们是项目经理和团队共同的责任。

这里，你要做出的一个关键的思维模式转变就是不要让这些障碍阻挡你前进的步伐。总有这样那样的理由让我们不去行动，而打破僵局的诀窍是提出下面这个问题，即“如何做”。我们如何能更好地服务客户？我们如何能向前推进，证明这个想法有价值？我们如何能更好地创新并接受随之而来的风险？我们如何向其他行业学习，让自己变得更有创造力？人们一旦开始考虑如何去做，思维就会被打开，变得更加足智多谋。

但是，只转变思维还不能促使大家对现状提出挑战。项目经理和团队还必须拥有足够的业务能力和对目前局面的理解。项目得到改善之前，必须看清目前运作的方式。需要观察、倾听并从当前的业务状态中学习，包括客户的需求和期望。客户每天都要应用哪些业务流程？客户的产品和服务有哪些？项目团队使用哪些技术和流程？这些方方面面的问题代表了项目的现状。它提示我们客户目前如何做生意、如何进行管理。如果保持思想开放，耳朵时时留意一线的声音，就能了解到底发生了什么，哪里存在问题，哪里可能有改进的机会。

一旦看清问题以后，我们还需要构建一幅同样清晰的图画，清楚地看到应该如何改变现状。这意味着能看到比现状更好的未来。项目领导必须有能力想象未来的情景并被它激励：如果应用了更简单的流程、更新的技术；如果与客户建立了更好的关系；如果能够帮客户改进做生意的方式，那么未来的景象将会是怎样的？如果我们能够满足连客户自己都还不知道的需要，那未来又会是怎样的？总体来说，快速、简捷、以合理的价格为客户带来增值服务是项目经理最终要达成的目标。

多元化思想促进创新

在不断改善和创新过程中，项目领导者会运用优秀的人际沟通能力，鼓励员工全身心投入，并让每个人看到自己可以从中收获什么。他们邀请员工面对挑战，向大家提出深刻的问题，同时全力支持新的工作方法和思考方式。通过挑战、提问和倾听，尽可能地运用团队的力量进行创新。他们渴望向别人学习，绝不会抱有幻想，认为自己知道所有答案。项目领导者知道创造性的思想来源于看待事物的不同方式，所以，他们更多地去扮演辅助者和推动者的角色，而不会把自己塑造成掌握所有答案的万事通。

莉兹·怀斯曼（Liz Wiseman）在她的《成为乘法领导者：如何帮助员工成就卓越》（*Multipliers*）一书中提出了“乘法领导者”（Multiplier）和“除法领导者”（Diminisher）的不同之处。她这样定义“乘法领导者”：“乘法领导者”用自己的智慧放大周围人的聪明才智（见图 3.3.6）。书中描述了什么是项目领导力。她写道：

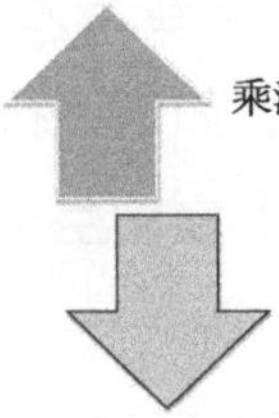

图 3.3.6　项目领导者是"乘法领导者"，不是"除法领导者"

"乘法领导者"让人们自由地去想、去说、去为理想而行动。在他们创建的环境中，人们尽最大的努力去工作，互相激发出最有创造性的思想。他们思考的核心围绕着"为什么"这个问题，对于所有可能性都深思熟虑，并渴望向周围的人学习。所有对现状的挑战都始于求知欲和好奇心，能够问出这样的问题：我很好奇要是我们能做那些不可能的事情会怎样？"乘法领导者"如何能让人们加入挑战现状的行列呢？他们的做法：向其他人转移思考的责任。具体做法：开始对现状提出挑战时，领导们担负着思考的担子。然后，领导们通过提出深刻的、难以回答的问题，邀请其他人加入对未知的探索之中。这样，思考的担子就转移到其他人身上了。在这个转移过程中，"乘法领导者"为周围的人开启了智慧，激发出了大家身上的能量。

与"乘法领导者"相对的是"除法领导者"，"除法领导者"的态度和行为是需要去改正的（见图 3.3.7）。莉兹·怀斯曼写道：

"除法领导者"告知别人应该做什么，并去检查大家是否做了。就像典型的万事通一样，告诉别人他们知道什么、指导别人工作，然后检查大家是否做对了。"除法领导者"把自己看成意见领袖，随时准备分享自己的知识；但是，他们的分享方式更像兜售自己的想法，而不是向大家学习，所以很难激发大家的参与……他们提问的目的是表达自己的观点，而并不想去了解别人的见解或者促进集体的学习……“除法领导者”自始至终在掌控，在指导他人工作，连细节也不放过。他们是辩手，而不是讨论发起者。

除法领导者	乘法领导者
相信自己无所不能，是房间里最聪明并拥有最伟大创意的人	采用教练和教导的方式，释放团队的能量，让团队学会思考
设定方向，并提供自己的模板案例	挖掘机会，让人们去努力奋斗
不给人们思考的空间，也不会激发人们如何思考	创造一个安全的环境，让团队贡献他们的智慧
决策以权力为中心，经常是自己独自一人，让组织失去作用	鼓励严肃的争论，让团队对解决方案负责
通过人为方式驱动结果	让人们对结果负责，为成功而努力
工作环境气氛紧张，压抑人们的思考	创建一个良好的环境，让人们进行深度的思考

图 3.3.7　乘法领导者与除法领导者的对比

创新

项目领导者的角色不一定要提出做事情的新方法，而是要给大家提供工具和环境，让团队能提出新思想、新方法，要起到推动和赋能的作用。当团队中有人提出了很棒的想法时，可以邀请他参与评估这个想法与节约成本有什么联系，会如何影响产品发布的时间和改善团队的工作。随机提出一个想法并不够，提出者必须能够把想法应用到项目的主要实践中，让想法落地。

——朱莉娅·斯特兰，标准银行首席信息官

把不同背景的人聚在一起，激发他们的好奇心是最好的创新方法之一（见图 3.3.8）。多元化催生创新，所以可以邀请团队以外的，甚至不同行业的人员加入团队中，然后把大家搭配起来工作。这些人有着不同的背景，其背景与要讨论的主题并不相关。大家不同的背景会带来全新的视角，对问题的探讨也会带来全然不同的可能性。

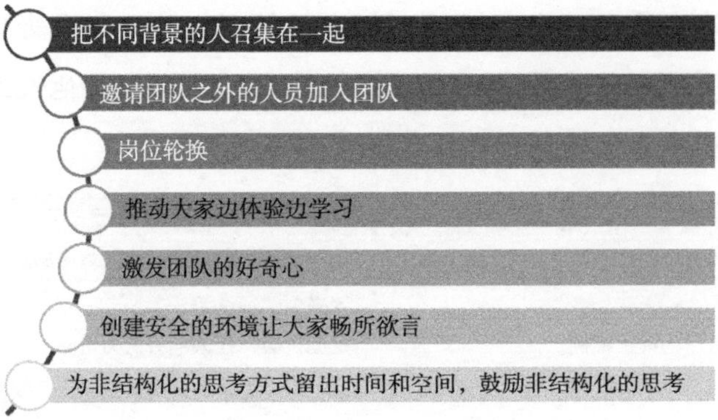

图 3.3.8　激发创新的策略

另外，岗位轮换能让人们接触新的做事方法，可以激发新思想。只有当人们看过不同的工作方法以后，才可能出现真正的改进、质疑和挑战现状的行为。正如毕加索所说："好的艺术家模仿，伟大的艺术家从不模仿，却总是信手拈来，自成一体！"所以，项目领导者会鼓励岗位轮换和流动，给大家提供机会和空间分享知识，让人们进行跨项目的交流。不只去听别人分享经验，而是要自己边亲身体验边学习。液体计划（Liquid Planner）公司首席执行官莉兹·皮尔斯（Liz Pearce）说："推动跨团队的透明化，让大家彼此了解每个人在做什么，可以减少重复冗余带来的高成本，帮助探索和发现创新思想，以及促进跨部门之间的合作。"

跨团队、跨行业和跨项目学习的做法也适用于项目经理的角色。越接触不同项目、环境和客户，项目经理就越知道什么可行、什么不可行。项目经理如果负责的是一个要花几年才能完成的项目，那么他基本上见识不到什么项目周期，也就无法从这个项目中学习项目周期的知识。为了弥补这个缺陷，项目经理可以花时间亲自参与其他项目组的工作，进行跨团队的知识分享；同时可以邀请外部的讲师和导师来协助自己用全新的方法思考问题。邀请外部观察者也可以帮助项目经理更好地了解市场，并与外部相关方和客户保持联系。

许多经理对自己的团队掌控得非常严格，他们认为，如果探索的领域稍稍偏离正轨就是浪费时间。但是，项目领导者并不这么看。领导者们了解学习和创新的价值，知道探索除了能带来新的想法，还能给团队带来激励作用。他们有意识地激发团队的好奇心，鼓励大家从其他团队、行业和业务部门里寻找灵感。团队领导者的目标是为团队成员创建一个安全的环境，让大家充分表达，消除可能导致大家怀疑和退缩的障碍。正如里贝尔·布朗在《有影响力的领导者》（*The Influential Leader*）一书中所写的：

> 当潜意识告诉我们周围环境没有威胁时，我们的意识才能与自己的创新能力相连接。有影响力的领导者必须让潜意识中的思维模式安静下来，才能产生创新成果。这意味着要消除压力、压迫感及可能威胁团队的负面因素。如果组织真的需要创新，我们就要成为创新领导者，为团队创建积极正向的环境。也就是说，领导者需要培育出适宜的土壤，让团队成员产生生产力和创造力。

创建非结构化的思考空间和时间，能给团队提供自主权，有利于大家自由思考，对催生创新思想至关重要。丹尼尔·平克（Daniel Pink）发现许多这样的例子：如果工程师们被告知，在接下来的 24 小时内，他们可以待在自己想待的地方，做自己想做的事情；而且在这 24 小时中，没有日程表也没有强制要参加的会议；唯一的规定是，在 24 小时结束时，要进行结果展示。也就是说，工程师们得到了完全的自主权。通常，24 小时后，结果都是令人惊异的。生产力、员工投入度和满意度都上升了，并会产生一系列全新的建议和解决方案。据丹尼尔·平克讲，这样的结果并不让人感到意外，因为许多调查都表明：自主、专注和意义感是构建创新工作方法的基石。在下一个品质“赋能团队”中，我们将会详细探讨自主决定这个模式。

提问的力量

项目领导者如何拥有大局观，如何找到一种更好的项目运作方式，最好的方法之一就是定期回顾和总结，不断向自己和团队提出问题。当你提出问题，挑战传统思维的时候，你会敞开心扉，邀请大家一起进行探索。这时，你就成为一名勇敢的领导者，勇于探索新的做事方式，承认自己并不知道所有问题的答案，还会鼓励他人分享他们的观点和意见。站在全局的高度提出问题，就像从“直升机”上往下看，这样能帮助你理解人们为什么以这样或那样的方式行动；提问能够让你学到如何去利用每个人的优势，发现最大的机会和风险是什么，并且帮助团队如何更聪明地运营项目。大局观还会让你注意到之前没有觉察到的关联和机会。

其实，提问能力是领导力的基本要素之一，对确保项目取得进展至关重要。思想家伏尔泰指出，我们对一个人的判断应该基于“他提出的问题而不是他给出的答案”。爱因斯坦痴迷于问问题，或者更准确地说，问出正确的问题。彼得·德鲁克也谈道：“不是错误的答案导致了严重的问题。真正的危险在于问错了问题。”这是一个有意思的观察。举例来说，在日常工作中，有多少公司和项目组就是由于问了一个错误的问题，而浪费了大把的时间和金钱！从某种程度上说，当这么多项目最后都以失败告终时，我们是否可以得出结论：一开始，我们就问错了问题？

蒂姆·布朗（IDEO 公司总裁及首席执行官）也强调了提问的重要性。他说：“在工作中，人们很容易被眼前的难题缠住而陷入被动回应。不管作为领导者的你多有创造力，也不管你能想出多好的答案，如果把注意力放在错误的问题上，你就根本没有发挥出自己应有的领导力。”

如何问出好的问题呢？第一步要做的是：停下来，留出时间观察、询问现在的自己和团队正在做什么。遗憾的是，我们通常没有预留时间去沉思或者探索自己的一天是如何度过的。我们希望自己用业余时间思考，用工作时间做实际的工作。我们认为应该注重细节，告知大家如何做事，但通常最好的方法其实是给大家留出空间，不要妨碍思考。这样做也能帮我们挽回一些时间进行思考，可以观察正在发生的事情，然后进行提问。

离开你的工位，那是你用惯常思维模式进行思考的地方。你的头脑可能已经被某些思维框架束缚住，比如，按部就班地遵守流程、提供方向并去实施。相反，你可以到思想能够自由流动的地方，比如，开放的空间、舒服的会议室或在楼里走一走。打个比方，就好像进到你的直升机驾驶舱里，你可以飞到自己想去的任何地方。当你站在“直升机”的高度去观察时，你能看清最重要的是什么，阻碍在哪里，可以做些什么去克服这些阻碍。你还会发现自己以为不存在的相关性、机会和解决问题的路径，而那些正确的问题也会自然而然地涌现到你的头脑中。你的任务就是观察和提问，然后倾听别人的反馈。

这个旅程开始时可能显得有点不着调。你可能觉得自己没有做任何重要的事情，没有任何具体的成就。当你能更多地从细节中抽离时，你会开始享受这个过程并会欣赏它的价值。现在，就开始练习吧！你能每周给自己预留 20～30 分钟的思考时间吗？一周中哪段时间对你来说最合适？通常什么时间段不那么忙？什么时候从工位离开会比较容易？

你可以这样开始练习：当你从工位离开时，随身携带一套有深度的问题。首先，你可以向自己提问；然后，向团队提问。别着急找答案，也别强迫任何人。只是去观察、提问，然后倾听。记住，并不只有你一个人可以提供答案。

- 我们期待实现什么？
- 客户和高层都抱怨了什么？我们能做什么？
- 我们做过哪些糟糕的决定？哪些需要被纠正？
- 我们对于这个项目有什么感受、情绪？我们的直觉告诉我们什么？

- 我们有没有详细考察过这个项目之所以能够立项的理性原因？有备选方案吗？
- 有哪些全新的或者不同的情况我们还没有发现？
- 还有哪些事情我们没有做，但如果做了，会显著提高我们的业绩？
- 如何跟上市场和行业的变化？
- 我们可以复制哪些其他团队和行业做得特别好的地方吗？
- 如何充分利用团队的知识和创造力？
- 如何提高团队从经验中学习的能力？
- 如何改善客户关系，提高倾听客户的能力？
- 什么因素会阻碍我们实现最终的项目目标？
- 如何更多地关注产品质量、降低失误？
- 如果把自己的钱压在这个项目上，我们的做法会有什么不同？
- 如果可以让产品更简单、价格更合理，我们的做法会有什么不同？
- 如果可以满足一些连客户自己都不知道的需要，我们的做法应该有什么不同？
- 如果目前这个团队是公司或者整个行业中最棒的，我们的做法会有什么不同？

在思考时段结束后，挑选三个最棒的想法、观察或问题与团队成员深入讨论。把这些探索性的问题抛给大家，激发每个人思考，充分利用每个人的聪明才智。这也表现出项目领导者对大家提议的认可和对团队判断力的信任。因为每个人必须自己去寻找答案，大家的积极性就被调动起来了。时间久了，就会造就一批新的思考者。

莉兹·怀斯曼在描述优秀的领导者时写道："优秀的领导者往往问最难回答的问题，不仅挑战人们去思考，而且挑战大家反复思考。这些问题是那么深刻，基于现有知识或目前位置是不可能找到答案的。"她继续写道："提问把大家带入了发现的旅程。探索和发现的过程激发了好奇心，而智力上的挑战能创造出一种动力。因为没有确切的答案，大家都想知道‘我还可以做点什么’？所以每个人都愿意参与进来。”

让我们谈谈最佳问题的话题吧。谁、什么、何时、何地、如何开头的开放式问题并不是最好的提问。最好的提问能把我们的头脑从现状中抽离出来，让我们进入更开放的创新和创造性思维中。比如，“如果……那会怎样”这个问题，它会让我们的头脑获得自由，能够更关注可能性。举例来说，我们可以这样问：“如果我们能比其他人更好地解决问题，那会怎样？如果站在客户的立场上，那会怎样？如果我们不会失败，那结果将会怎样？”

问这些最佳问题时，应鼓励团队从客户的角度出发去看一看项目和产品。首先，可以给大家做个示范，分享自己的一些想法。但是，当团队熟悉了想法的产生和实施的流程之后，项目经理就可以给团队成员留出空间，让他们自己去领导和承担责任。

要注意的是，在评估新想法时，不要让大家产生负面或被约束的印象。在用批判性思维评估大家的新想法时，项目经理非常容易陷入一种太过理性的思维模式，使大家觉得自己的想法不够好。评估中的问询最终会让大家感受到一种什么样的情感？是关心关怀还是批评责备呢？这两者之间的差别只在毫厘之间。重要的是，在整个过程中，创造安全和激励人心的环境，让人们因为有机会创造不凡而感到兴奋。经理的角色不是管人，而是倾听、鼓励大家分享和思考。可以练习克制自己说话的冲动，比如，开会时，只提出不超过五条的建议，有意识地限制你对会议的贡献。这样做可以帮你过滤自己的思想，只谈必要的，同时寻找正确的时机提出自己的想法（见图3.3.9）。

如果大家开始时犹犹豫豫，没有什么贡献，也不要放弃。持之以恒地去探索答案，并奖励那些拥抱新思想的人。同时要避免一种情形出现，即告诉大家：“既然你发现了这个问题，那你就负责去解决它吧。”因为这种方法会让大家停止发现问题和提出问题。许多人不想再增加自己的工作量，如果让发现问题的人自己去解决这些问题的话，他们可能承受不了。更好的做法：

了解问题发现者有多想参与到解决问题的工作中；并且让他们放心，他们会得到需要的支持。同时，即使这个问题永远找不到解决方案，但由于问了这个好问题，荣誉依然属于他们。

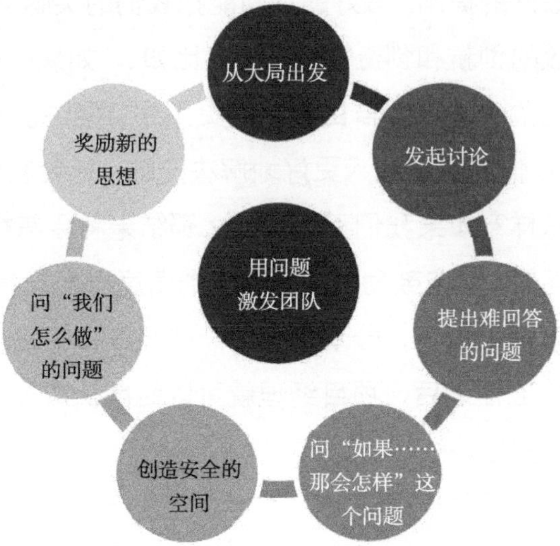

图 3.3.9　用提问给团队赋能的指导法则

如何践行新行为

在这个核心要素中，我们讨论了挑战现状、鼓励团队打破传统思维的重要性。具体做法：引入多元化的观点；问“如果……那会怎样”的问题；创造非结构化思考空间；创建安全环境让人们充分表达自己的思想。我们也探讨了创新的阻碍，了解了许多人在服从的文化中长大，出于对失败的恐惧就不敢向前迈进，不愿意承担风险。

如何学以致用

- 开始挑战自己的冒险商数，接纳勇于尝试是在做正确的事情。为了实现崇高的目标，愿意承担一定的风险，甚至让自己的声誉遭受损失。
- 用正面去平衡负面。想想不去冒险意味着什么，时时觉察不创新有多危险。
- 邀请其他项目和行业的专家，花时间和团队一起，从他们身上学习，让自己得到鼓舞。
- 每星期预留 20～45 分钟，站得高一点，远一点，认真观察这个项目。看看哪些方面顺利，哪些方面不顺利。问问自己："哪些新事物是我们没有看到的？哪些是可以为客户增加价值的事情，但是我们还没有看到？"
- 把思考的责任转交给其他人。创造性地利用项目回顾会议，在会上练习提问，邀请团队成员回答。多问"我们怎么做？"和"如果……那会怎样？"这样的问题。
- 创造非结构化的思考空间和时间；确保人们表达意见和提出建议时会感到安全。
- 查阅励志视频：塞思·戈丁和罗滨逊爵士的 TED 演讲。链接地址：www.powerofprojectleadership。

小测验：你是否掌握了本节的知识要点

- 你能经常从细节中抽离出来，并从全局的角度审视项目。
- 你善于发现和利用机会。为了让新的、更有意义的方法或想法得到批准，你不怕向高层决策者提出议案。

- 你把自己看成变革的催化剂和讨论的发起者，而不是拥有所有答案的万事通。
- 你鼓励岗位轮换和流动性。鼓励与其他团队、行业和部门进行知识分享。
- 通过好奇和探索性的问题，你在团队中培养了一批具有批判性思维的团队成员。新思想不断涌现，团队展现出了一种持续学习、不断提高和创新的文化。

你的学习收获与行动计划

写出至少三点你从本节中学到的新知识，同时写下你会采取的三项行动，把自己学到的应用到日常工作中。

____

____

核心要素 4

赋能团队

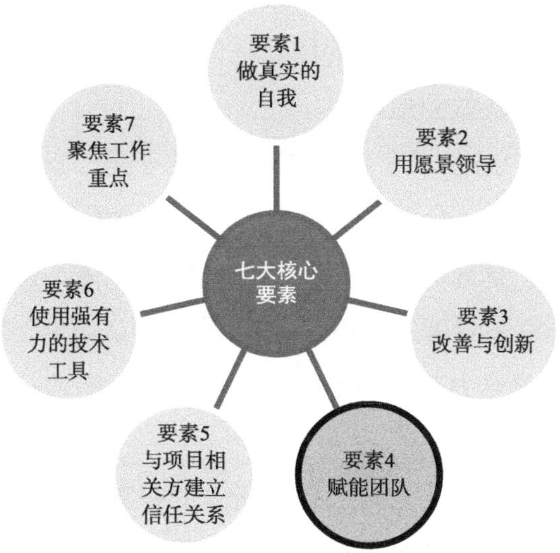

你将从这个要素中学到：

- 高绩效团队的特征，以及你可以做些什么，去创建一个全力投入和富有激情的团队。
- 影响团队绩效的三项关键沟通能力。
- 为何需要支持性的“阴”与挑战性的“阳”去有效领导他人。
- 六种不同的领导力方式及何时应用。
- 如何使用教练方法有效授权团队。
- 保健因素与激励因素的区别，以及为何我们不仅需要钱，还需要钱以外的更高的激励才能全情投入。

伟大领导者创造条件，让他人变得优秀

项目领导者比其他人更清楚地认识到，他们并不具有交付一个项目所需的所有答案和各种知识。环境这样复杂，没有人是万事通，项目领导者也不会假装自己什么都懂。领导力不是要去找一个英雄，让他做所有的决策，并告诉人们应该去做什么。领导力的目标是促进不同层级间的合作，向团队注入正确的文化，让团队做到最好。

彼得·德鲁克曾说过："有效性的第一个秘密是了解跟你共事的人，这样就可以充分用人所长。"《全球项目领导者》的一份报告也提及："伟大的领导者促成团队的成长。这意味着你需要更多地鼓励个体，让他们在条件合适的情况下，多扮演一点领导者的角色。"项目领导者认识到，想要服务好他们的客户，他们需要竭尽全力，帮助团队相互合作，不断地从优秀到卓越，不断地取得成功。

于是项目领导者不再要求自己掌握所有的答案，而是致力于寻找确实了解细节的人才，并使团队成员出色地开展工作。项目领导者激发团队，辅导团队，为团队提供清晰的目标，不让团队走弯路。项目领导者为了项目的目标，为团队提供支持和能量，但他绝不是一个独裁将军，一个人指挥部队，一个人单独做决定。人们不想被管得太严，也不想老是被告知要去做什么。他们希望被赞赏，有决定如何开展工作的自主权，并且由他们尊敬的人来领导。年轻的一代人更是如此。他们习惯于合作化的方式，并且想要知道做一件事情背后的原因是什么。因此，对于一个目标导向与成果导向的领导者来说，意味着他们决定什么需要完成，而不会定义如何去完成它。领导者要授权团队去找到"如何"的方法，有时这需要勇气，因为团队可能有自己的、非传统的工作方式。

《虚拟领导力和商业分析》一书的作者佩妮·普兰说："领导一个团队不仅是发出指令，告诉人们怎样去做。告诉人们要做什么是最不能激励他人的方式，与销售的方式差不多。更为有效的激励他人的方式是顾问和共创（最好）"。对年轻的一代人来说，他们更喜欢顾问与共创这样的方式，因为他们已经习惯于团队合作的方法，并且期望理解事情背后的意义。项目经理要懂得实施目标领导，这意味着项目经理要就做什么与团队达成一致意见，而不是定义如何去做。项目经理授权团队找到"如何做"的方法，这显然需要一些勇气，因为团队可能采用他们自己的一些非传统的方式去解决问题。

除非十分必要，否则项目领导者一定要提醒自己，不要对人实施微观管理，这并非意味着领导者不管团队事务。恰恰相反，项目领导者要不断地观察和监督团队的行为，在需要的时候提供支持和帮助，但领导者绝不会代替团队成员去做团队应该做的事。当出现问题时，领导者不会越俎代庖，这就像在足球比赛中，教练不会跳入球场去踢球一样，因为那根本就不是他们的工作。他们坚守着他们最擅长的事情：提供支持，激发能量，提出问题，认真倾听，以及移除障碍。他们承担的角色是为团队赋能，提供指导和教练，让团队达成最佳的绩效（见图 3.4.1）。在项目初期，领导者可以亲力亲为，但随着团队的成熟，他们应该渐渐退身其后，让团队独立思考和工作。这不仅给团队更多的激励和授权，让团队成员感到被鼓舞，还解放了项目领导者，让其可以关注更重要的问题和未来的大方向。

项目领导者会倾注大量的时间和精力致力于高绩效团队的打造，让团队中的每个人都能茁壮成长，做出最佳的成果。他们有一种"无所不能"的态度，不管地点、环境如何，总能找到方法去激发和激励团队，让团队成长。他们不会让文化、地点成为阻碍因素，也极少会放弃一个经验不够或激情不足的团队。他们坚信，如果采用正确的方法，深刻地理解与关怀每个人，就可以极大地提升团队的绩效。他们在团队上尽心尽力，确保每个人都感觉到被欣赏、被激发和得到发展。当所有团队成员都学会使用自己的天赋，致力于一个令人激动的愿景（愿景赋予人目的和意义）时，他们会进一步被激发，参与感会更强。相应地，他们的绩效会进一步提升，其职业发展和整体工作的满意度也得到改善。

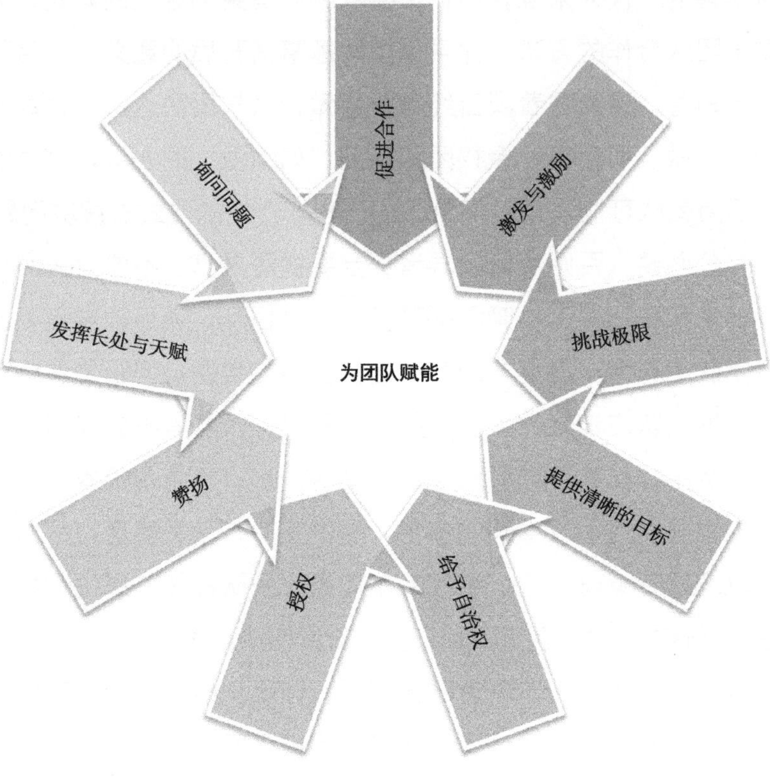

图 3.4.1　为团队赋能的策略选择

项目领导者如何找到激发和驱动每个人的激励因素呢？靠的是观察、询问和倾听。比如，他们会问：对于你的工作，你最喜欢的地方是什么？最不喜欢的地方是什么？对于这个项目，你希望能收获什么？我如何激发你？在哪种情况下，你感觉到激发与激励是最大的？

但是项目领导力不仅是要与人互动，而是要在正确的层面上与人互动。互动的质量和深度至关重要，这取决于我们是否与人有情感联系，以及是否理解他们的价值观和信仰。一个特别有效的练习，能够帮助我们更好地了解人和构建一个高绩效的团队，就是想象所有的团队成员都是志愿者。试一试。想象每个人不是为了工资而工作，而是因为他们找到了深层次的责任和意义而乐于贡献。那会是一种什么样的景象？如果你想创建这样一支“志愿者”团队，你需要做哪些努力？在工作环境下，这个问题有可能非比寻常，但在工作之外，人们会更频繁地贡献自己的时间。我们不妨想一下，在奥林匹克盛事举办期间，有成千上万的人贡献自己的时间，不是因为薪水，而是因为他们找到了意义所在。当你可以回答出，是什么可以让人不为薪水而工作时，你就走在了一条正确的道路上，让自己成为一名真正的项目领导者，而不是一名以任务与流程为导向的项目经理（见图 3.4.2）。

图 3.4.2　理解人们为什么愿意做志愿者将会给你启迪，让你发现真正的激励因素所在

支持他人，让他们成为最好的自己

遗憾的是，大多数的项目管理培训涉及的人际关系技能方面的内容非常少。你无法用电子表格来取代软性技能，但许多项目经理就是这样做的，因为他们实在想不出除此以外还有别的什么办法。这也是微观管理的根源，人们没有时间去学习和发展新技能。如果你总是把任务分配给有经验的团队成员，那些欠缺经验的员工又如何获得需要具备的经验与能力呢？人员管理意味着信任员工，让他们以自己的方式去工作，即使这可能导致他们花的时间比自己亲力亲为的时间要长。领导的职责不是要比其他所有人都做得更好，而是支持他们成为最好的自己。

要想学习如何成为一个好的领导者，首先要学习如何成为一个有人情味的人。你无法通过研究电子表格或读书来学会这一点。你需要信任人，需要一点勇敢而不去控制人，这样你才会成为一个以人为中心的管理者/领导者，你所带领的人才会以他们的方式充分发挥他们的潜能。你需要开始询问问题，并真正倾听他人的回答。不要仅仅倾听你想听到的内容。不要反驳那些你认为不现实或无法接受的事情，不要反驳或争辩其他人告诉你的一些事情，只需要倾听和理解。不是每个人都跟你一样，你的方式也不一定是最佳的。要每天向你所领导的人学习。要去接受那些与你不同的人的方式，他们的方式不一定不如你。你要成为行动的楷模。如果你想你的团队什么样子，你就要自己做出什么样子。以充满尊敬的方式去对待他们，在任何时候，不要说其他部门、客户或管理层的坏话。在你评判他们之前，先将你的脚放入他们的鞋子设身处地地想想。以同样的方式感知、体会这个世界，会让你可以跟他们相联结。如果不能这样做，又该如何去领导他们？只要他们可以在正确的时间、正确的地点完成工作，是否在过程中走了别的路径倒真的没有那么重要。

——科琳·加顿，《技术项目管理基础》的作者

项目领导力是关于团队的

我看过许多项目经理自己做项目计划、风险识别与分析，然后将结果用邮件的方式与团队进行沟通，即使他们要求反馈，实际上也从来都不应用。这是一个很大的错误。项目领导力是关于团队的，而不是个人的成就问题。我个人有这样的一次亲身经历，一天早晨，我被董事会告知项目要削减 20%的成本。我不知道怎样做才好，因此没有自己做决定，而是召集团队在一起，把这个头痛的问题告诉了他们。三天后，我们一起找到了节约成本的方法。这是一个多么伟大的时刻，它增加了团队的士气。这里我们学到的经验是，要让团队参与到工作

> 中。否则的话，团队的参与度与士气都会慢慢消退，项目也会慢慢消亡。
>
> ——迈克尔·弗莱伦，管理顾问及PRINCE2培训师

六种领导力风格

正如我们已经看到的，项目领导者需要了解每个人的独特优势、才能和愿望，以便为团队成员创建一个合适的职位。但是项目领导者不仅仅是利用人们的优势，倾听他人，还要鼓励每个人积极参与到项目的工作中。此外，项目领导者还要确保下属承担责任，并激励他们尽全力做好工作。项目领导者向他们的团队提供他们所能提供的一切支持，最终获得相应的回报。他们花时间教练那些需要学习的人，也会毫不犹豫地提出挑战性的问题，给予及时的反馈，并指出绩效不佳需要改进的问题。他们需要全体团队成员为共同目标做出贡献。

丹尼尔·戈尔曼在《富有成果的领导艺术》(*Leadership That Gets Results*)一文中描述了六种不同的领导力风格（见图3.4.3），为了有效地领导，我们应该熟练运用这六种风格。这六种风格由支持型和挑战型组合成了不同的类型。有些是交易型的领导力，有些是变革型的领导力。一些领导风格需要你从前面领导，另一些则需要你站在团队后面领导。我们大多数人倾向于只依赖一种风格，而不会基于人和环境改变自己的领导风格。问题的关键是如何利用你的情商来判断在什么时候需要使用哪种模式。在一次对话中使用几种风格也不是天方夜谭。

愿景型	• 激发团队，为团队提供愿景 • 说："太棒了，跟我一起来！" • 团队组建之初最适合
教练型	• 授权团队，释放潜能 • 询问："你认为解决方案是什么？" • 团队技能成熟时最适合
民主型	• 采取引导的方式，达成团队共识 • 询问："我们都同意哪种方案？" • 团队达成共识时最适合
亲和型	• 构建信任，创建和谐 • 询问："你的感受是什么？" • 团队有疑虑时最适合
指令型	• 明确方向，要求服从 • 说："按照我的要求去做，否则……" • 危机的时候最适合
榜样型	• 设定标准，示范开展工作的方法 • 说："我知道怎样做，请跟着我做。" • 团队工作标准较低时最适合

图 3.4.3　六种不同的领导力风格

↘ 愿景型

愿景型的领导者是最典型的领导风格之一。这种风格的特征是设定清晰的方向，明确关键的目标，然后领导项目团队走向成功。例如，维珍集团创始人理查德·布兰森爵士就是这样的人。他是一个创造愿景并能激励团队为之做出贡献的领导者的典范。他不会告诉人们如何去实现目标，而是给他们自由，让他们自己找到达成目标的最佳方法。我曾经在伦敦 ExCel 中心听过他的演讲，当时有成千上万的人。他有一些很棒的想法，真的让观众很兴奋。他是一个优秀的演说家。你可能觉得自己没法与布兰森相比，但这不应该阻止你使用这种愿景型的领导风格。当项目开始时，团队需要清晰、明确的方向，了解项目的目的和意义。在整个项目过程中，团队需要不断地被提醒和被激励。如果你想加强你的愿景型领导风格，请回到核心要素 2——用愿景领导。在那一节中，我们谈到了愿景演说，这是一个练习鼓舞人心和实现愿景的好方法。

↘ 教练型

像愿景型的领导风格一样，教练型的领导风格包含了很多鼓励和激励，却没有直接告诉人们应该做什么。与愿景型的领导风格相反，教练型的领导风格是站在一个人的后面来领导和支持他们。这种风格本质上是释放团队的潜力，引导人们自己寻找答案。教练型的领导者善于提出问题，愿意授权团队，从而创造一个充满激情的工作场所。教练型领导在整个项目期间都非常有效，特别是当与你一起工作的人能力很强，他们需要得到鼓励，以便更加积极主动和承担更多责任的时候，就特别需要教练型领导。我们将在本章的后面更加深入地探讨教练型领导风格。

↘ 民主型

在民主型领导风格下，领导者试图通过与团队分享问题来达成共识。他们一起提出和评估替代方案，直到达成一致。在这里，领导者的角色是引导性的，就像会议主持人一样。当需要找到一个方案，双方的认可和接受比结果本身更重要时，这绝对是一种好的选择。例如，当你与团队就项目进度如何进行跟踪，项目将设定哪些会议，以及大家要遵循哪些基本规则进行讨论时，民主型的领导风格最为有效。在这种情况下，扮演一个引导型的角色并且把决策权交给团队，可能是一个明智之举。

↘ 亲和型

亲和型领导风格是一种非常包容和让人容易接受的风格。这些领导人重视和谐和良好的人际关系，而不是有形的结果。他们的重点是在整个团队中建立起相互信任的关系，并提供定期的积极反馈，这对绩效会产生强大的影响。亲和型领导者也善于并鼓励人们公开他们的疑虑和恐惧，让团队专注于实际的目标，而不被个人情绪分散注意力。当团队经历不确定的时期和情绪混乱时，这是一种特别有效的领导风格，例如，在项目的早期阶段，职位、角色和目标可能不清晰，会受到挑战。此外，亲和型的领导风格也是一种很好的方式，帮助人们克服应对变化所产生的恐惧，我们在领导力的核心要素 2 中讨论过这一点。亲和型领导者通过倾听、调解矛盾和解决冲突的技巧，让人们感到有安全感。

↘ 指令型

指令型领导是一种指挥和控制型的领导力风格，在这种风格中，领导者决定需要做什么，并要求下属遵守他的指令。它是最直白的形式，显得有一些不合时宜，因为它经常会被翻译成“照我说的做，别废话!”。你可能认为它是一种过时的风格，但它仍然在许多组织中广泛使用。尽管过度使用这种风格可能产生越来越不利的影响，但在危机情况下及风险很高的时候，这种风格可能非常有效。在这种特别的情况下，严格遵守条例，以便能有效地解决问题最为重要。然而，我们应该小心，不要以环境变化太快为借口来发号施令。告诉人们如何做某事可能在当下更快捷，但正如我们看到的，这样做的后果，可能不会产生我们所希望的中长期的效果。

↘ 榜样型

榜样型领导风格是领导者提供强有力的角色榜样，同时展示出清晰的行为标准。榜样型领导者不同于指令型领导者，他们通过为大家树立一个实际的榜样来展示应该如何做事。这种领导风格通常可以在一些技术专家们的身上看见，一些任务只有他们才知道如何完成。当与一些团队或个人一起工作时，他们的工作质量不高，榜样型的领导风格这时就会非常有效。它对于创造一个高绩效的文化是很有价值的，但是和指令型领导风格一样，如果被过度使用，也会产生负面影响。其背后的原因是，榜样型领导的重点在于领导者如何做事，而不是授权团队成员让他们找到适合自己的解决方案。许多项目经理的默认工作模式就是要完成工作并告诉人们应该做什么。他们期望任务能按时完成，并假设团队成员会做好工作。但是这些项目经理并没有真正理解他们自己的角色，如何帮助项目团队成员满足工作的要求。人总是复杂的，他们既需要支持，也需要挑战，这样才能发挥出最佳水平。走出你的办公桌，与每个人沟通和交流，你会发现人的复杂性，以及应该如何与他们打交道。你与人相处的能力如何？你是否能够运用正确的领导风格？你采用榜样型领导风格与亲和型领导风格，会感觉一样轻松吗？你能够运用你的情商优势，评估每个人的需求、期待和优势吗？

像卓越领导者一样行动

作为项目经理，你要么是在帮助他人，要么是在妨碍他人。如果你妨碍了团队，影响了团队的工作效率，或者他们提出了问题而你没有及时处理，那么你就是一个多余的人，对团队没有什么真正的贡献。我认为自己是保持机器运转的润滑油，有时这意味着我要做一些我不想做的事情，让团队的生活更加轻松和容易。我帮助清除政治障碍，解决订单或项目交付问题，努力让事情顺利进行。人们会关注这种行为，并对此给出好评。我最讨厌的经理之一是像对待奴隶一样对待他的员工。员工讨厌这样的经理，他们也会更努力地让这些经理的生活变得更加困难。相反，你要尽你所能，弄清楚所面临的困难，与大家友好沟通和协商。正如雷金纳德·哈林所说：“勇往直前，帮助他人克服困难。”

——戴夫·索耶，英国政府的一名项目经理

项目领导力的“阴”与“阳”

给予团队全力支持，促进团队成长的同时，还要能激发和挑战团队去努力达成卓越的绩效，这其实是一项艺术，只有那些卓越的项目领导者才能做到。卓越的领导者一方面服务他人，进行充分的“授权”，发挥授权的风格，同时，他们也必须加强使用“命令”的方式，敢于指挥他人。作为上级，他们需要学习和运用授权和命令这两种领导力风格，对绩效不良者进行辅导，实施绩效评估和创建个人发展计划。

让我们看看图 3.4.4，进一步深入探讨项目领导者是如何支持和挑战他们的团队成员的。在横轴上是“阴”，它是领导力的支持因素；在纵轴上是“阳”，它代表领导力的挑战一面。

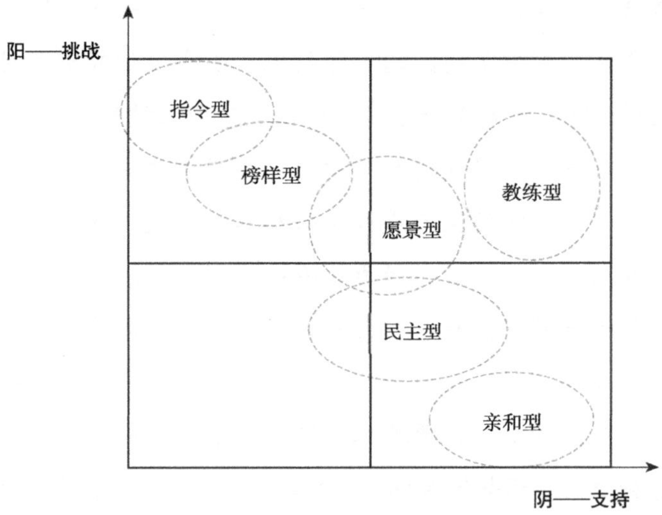

图 3.4.4　项目领导力的“阴”与“阳”

“阴”象征着女性的要素，如倾听、支持、教练与保持稳定等（见图 3.4.5）。这是在建立高绩效团队时至关重要的特征，特别是当人们在团队内还不相信自身能力的时候。项目领导者用这一支持性的“阴”元素来构建团队的信心，发展缺失的技能。他们鼓励合作，并为团队成员提供一个安全的共事环境，让他们自己找到解决方案。支持型的“阴”型领导者对人有一种很深的敬意，总想搞清楚是什么驱动和激发了每个人。他们经常花时间与人进行面对面的沟通，支持他们的成长和发展。他们擅长在团队成员工作任务完成时给予表扬，并经常询问人们需要什么样的帮助。“阴”型领导者在乎和关注的是如何让他人兴旺发达，让其能够发挥领导作用和为团队做出贡献。

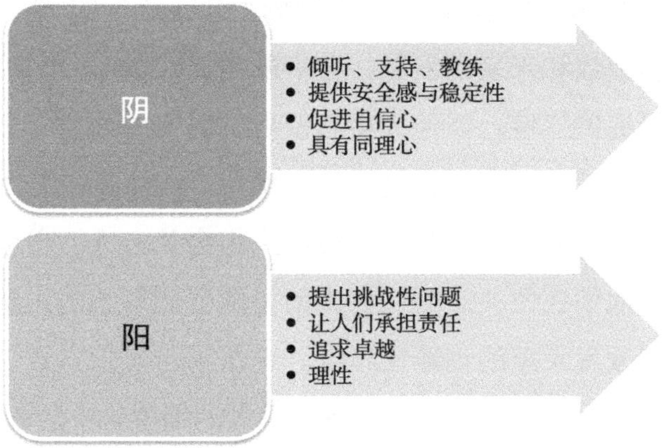

图 3.4.5　“阴”型领导者是支持型的，“阳”型领导者是挑战型的

如果领导者只使用“阴”，如果他们不具备强势的“阳”，会有什么后果？他们就会面临一种风险，即太过于软弱，虽然很友善，很支持人，却得不到结果。项目领导者的使命不是要做好人。他们的使命是服务客户，在过程中培养人才，但是培养人才不能以牺牲客户的需求为代价。为客户创造价值是第一位的，培养人才是第二位的。

“阳”象征着男性的特征，具有挑战性、高要求及讲究事实和数据的特性。领导力的“阳”性一面，表现出的特点是，设定高标准和按要求完成任务。“阳”型领导者有很强的方向感。他们是行动导向的，是关注结果的。他们提出挑战性问题，让人们承担责任，并有可能让人感觉很强势，有一种强迫感。他们坚定而自信，总是推动团队尽一切努力把事情做到最好，凡事都要卓越。

也正是“阳”这一要素，推动着团队不断改进和创新，而“阴”这一要素是管理者退后一步，让团队自己去改进和提高。你也可以说“阴”是基于心的方式，而“阳”是基于“大脑”或说理性的方式。

如果一个管理者有大量的“阳”却只有少量的“阴”，会在周围创建出一种紧张有压力的氛围。他们要求很多，却不给团队安全、自信和需要做事的空间。他们脾气急，如果对结果不满就会接手。如果偶遇绩效糟糕者，他们比较倾向于把对方赶走，而不是花时间去帮助建立技能和提高信心。

就如同在图3.4.6中所呈现的，项目领导力包含高度的“阴”与高度的“阳”。为了维持当下的绩效和未来的发展，我们既需要“阴”，也需要“阳”。项目领导者一方面要提供支持，让他人实施领导，另一方面要不断地提出要求，驱动结果的达成。把二者相结合是一门艺术，一门平衡的艺术。当这两种要素融合在一起，我们发现强硬的项目负责人也会关心人；他们关心客户，关心自己的团队。他们在做决定时，会邀请可能受到影响的人参与，让他们提出问题，鼓励和激发大家的创新性思维。这些项目负责人致力于成功，他们知道，只有同时百分百地关注团队的绩效和人的情感，才会取得项目的成功。

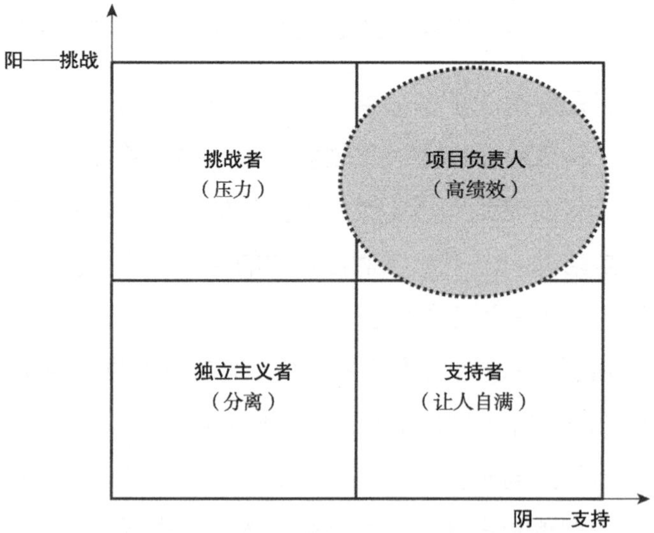

图3.4.6　项目领导者既使用“阳”，也使用“阴”

糟糕的经理既不懂得支持也不懂得挑战，他们犹疑并害怕表明立场。他们害怕自己过于强硬或过于软弱，结果成了四不像。他们决策不果断、不连续，并且缺乏清晰的方向。团队变得动荡，不全力以赴，不能发挥效能。在之前谈及的矩阵里，我们把这种“独立主义者”标注在了左下方。

项目领导者管理绩效（包括不佳的绩效）的方法之一是在绩效期望方面，表达明确，并且做到透明。他们与每个团队成员设立了 SMART（具体、可衡量、可达成、现实、有时间期限）的目标，让每项工作看起来到底应该做什么、做到什么程度都确凿无疑。他们热衷于个人发展计划、设定目标和一对一的绩效面谈，因为这些都是以公正透明方式管理绩效、达成绩效的工具。一对一的绩效面谈聚焦于已经达成了什么（阳），以及为了达成目标，需要何种支持（阴）。

许多“阴”型导向的领导者不太愿意提及不佳绩效，因为这需要让领导者告知别人，他的工作完成得不好，这会让领导者感到不安，他在给别人带来坏消息。但是我们得从另外的视角来看，隐藏或忽略一个人的糟糕绩效并不是在帮助他，不指出他的问题，说明你缺乏对人的洞察和关心。优雅的管理绩效的方式是，在开始的时候，大家就具体的目标和目标达成的衡量方法达成共识，然后要定期沟通并做相应的更新。以这样的方式，绩效就变成了一个双方都会认同的目标，而不只是一个主观的期望。

管理者对于“阴”和“阳”有自己的偏好，它们可能发展不均衡，甚至有一些问题。“阴”或“阳”元素中的一个发展起来了，却阻碍了另一个的发展。结果是，团队成员要么觉得压力过大，要么觉得太过宽松。团队需要两方面的动态拉伸，同时管理者需要调节好它们之间的平衡。领导力不是“要么这样，要么那样”，而是“既要这样，也要那样”。我们必须能够同时具备这样的能力：授权与强迫，宽恕与要求，灵活与严格，支持与挑战。罗伯特 •E. 卡普兰（Robert E. Kaplan）与罗伯特 • B.凯泽（Robert B. Kaiser）是这样表述的：

根据阴阳概念学说，阴阳二极之间既相互对立又和谐统一，是事物存在的本质。领导力的多样性就在于寻求对立中的平衡：既要强迫同时还要给予激励；既要有伟大愿景同时还要执行有力。一名多样化的领导者不仅要拥有各种各样的技能，而且要拥有一系列的互补技能，形成各种各样的组合，以满足当下各种特定任务的需要。这里的关键是要调适方法，包括在一些情况下的极端方式。事实上，这与要把优势发挥到极致的思想是完全一致的，只要情形需要，我们就要采取相应的方式，而不是教条地应用某种你喜欢的方式去面对每个挑战。领导者的领导方式越多样化，就越能取得成功。

正如卡普兰和凯泽所解释的，我们在某些情况下会使用一个方面多于另一个方面。窍门是观察团队，并理解变化的特性，这样才能做出最佳的判断，知道我们在特定的时间要做什么。例如，当一个团队组建之初，或者刚刚经历了某种挫折时，就要小心谨慎地采用更支持的“阴”。当团队已经建立，目标清晰，人们对各自的角色感到舒服时，“阳”一些会更有帮助。

你在团队人员管理方面，是否意识到使用“阴”和“阳”的情况？为什么不问一下团队成员，他们的感受如何？你会发现他们所感受到的挑战和支持两个方面，跟你自己所想象的大相径庭。

练习　理解你的领导力风格

花一点时间检查一下你的领导力风格，看一看你在“阴”“阳”矩阵中的位置，思考下面的问题：

1. 在大多数情况下，六种领导力风格，你使用最多的是哪种？

2. 你需要更多地使用哪种领导力风格？

3. 你在“阴”“阳”两个方面，平衡性做得如何？你需要更强势一些，还是支持更多一些？或者反过来？

4. 当你向人们提出困难的问题，要求人们交付更高的绩效的时候，你是否感到舒服？

5. 你需要做一些什么，在工作中更多地注入“阴”的要素，让“阴”与“阳”一样多？

当人们自己设定截止日期时，会承担起更多的责任

当我第一次承担项目管理的角色时，我刚从大学毕业不久。在与一群具备出色技能的职场精英们共事了几个月后，我才意识到，让每个团队成员对自己的评估结果负责，对任务的工期和交付物做出承诺，是一种非常有效的项目领导方式。人们会更自豪和更有责任感地为自己设定具有挑战性的项目工期，并且工作更努力，方法更有效，结果会更好。

——莫尔顿·索伦森，

Verizon 公司企业解决方案事业部全球客户服务副总裁

不要害怕做艰难的决定

你不能把自己埋葬在琐碎的任务堆里。如果你不了解团队的动态，就会整天被项目任务牵着鼻子走，团队如果合作不好，项目也不可能成功。如果有人不尽心尽力，不要惧怕做出艰难的决定。做些什么，否则团队就会出现问题。方法是给人提供一两种选择的机会，看一看哪个更适合他们。要公开地、公正地对待每个人，给予他们机会。

——朱莉娅·斯特兰，标准银行首席信息官

让他人感觉自己强大、有能力

人们都是有想法的，是想满足他人期望的，因此，在待人方面，要看到他们最好的一面。有时你会怀疑团队中一些人的能力，但那会让他们的信心受到打击，绩效也会下降。相反，若能把他们视为有能力的、有才华的人，他们会感到尊重和支持，会被你所激发。这看起来好像有点不对劲，不符合常理，但这恰恰就是一名真正的领导者的方式与方法，如何最大限度地激发他人。

——保罗·柴普曼，金融服务公司项目经理

团队的不同发展阶段

布鲁斯·塔克曼（Bruce Tuckman）的团队发展阶段模型进一步说明了作为项目管理者和项目领导者，他们需要调整自己的风格以适应环境和团队发展的成熟度。塔克曼最初的模型描述了团队发展的四个阶段，即形成期、冲突期、规范期和成熟期。在形成阶段，团队成员刚刚走到一起，角色和职责并不明确，项目领导者需要明确团队结构，设定目标，提供方向，并制定相应的基本规则。在这个早期阶段，项目领导者可能需要比在项目中的任何阶段都更强有力的指令风格。他们也需要用愿景型的领导风格，去激励和帮助团队设定目标与方向。

在团队组建之后，开始进入冲突阶段。在这个阶段，职位、角色和目标都受到了挑战。有些成员对要做的事情感到不知所措，或者对方法或目标感到不舒服。在这一阶段，项目领导者需要充分利用和发挥他们的倾听、调解矛盾和解决冲突的能力，也就是说，他们需要使用更多的亲和型和民主型的领导风格。这些领导风格让人们感到安全，还能帮助解决他们的问题，并在人与人之间建立关系。这个阶段领导者的重点工作是建立信任、商定基本规则和一起制订项目计划，确保团队聚焦于项目实际目标，而不被个人情绪分散注意力。

随着团队结构的建立，角色和责任慢慢被众人接受，团队逐渐形成并进入规范阶段。团队成员开始互相尊重和相互合作。决策是大家通过讨论一起达成的，人们开始表现出对团队的归属感和责任感。项目领导者在这个阶段的角色是支持和指导团队，鼓励团队成员之间的相互协作。他们留意每个人的才能和需求，并随着个人开始参与和承担责任而逐渐从前台退居到幕后。

塔克曼最初的四阶段模型的最后一个阶段是成熟阶段。在这个阶段，团队具有战略意识，并且清楚地知道为什么要做正在做的事情。整个团队朝着一个共同的目标努力，具有高度的自觉性，能够独立自主和不受情绪或外界事物的干扰。在这一阶段，项目领导者将目标与工作任务全部授权给团队，领导者的职责变成从旁边给团队提供教练支持。他们不断激励、支持和挑战整个团队以具有创造性和创新性的方式思考。项目领导者的目标是让团队尽快进入成熟阶段。他们是怎么做到的？他们通过提供清晰的目标和安全感，帮助团队在项目早期制定出清晰的基本规则。我们将在领导力核心要素 6 中探讨如何设定项目管理的基本规则。

塔克曼关于团队发展的四个阶段如图 3.4.7 所示。你能看出在每个阶段需要使用的支持性的“阴”和挑战性的“阳”是不同的吗？随着团队的成熟和自我管理能力的提高，你可以扮演一个不太积极的角色，进入后台。即便如此，你仍然需要跟上进度，帮助你的团队不断改进。你的灵感、支持和富有挑战性的问题总是需要的，尽管程度不同。

除了使你的领导风格适应团队的成熟度，你还需要适应团队中的每个人。随着团队的发展，整个团队变得更加独立和自主，个人也是如此。你会发现团队中的一些人的信心和技能水平相对较低。在这种情况下，你必须花更多的时间和他们在一起，培养和支持他们，建立他们的信心。这需要大量的支持性的“阴”。

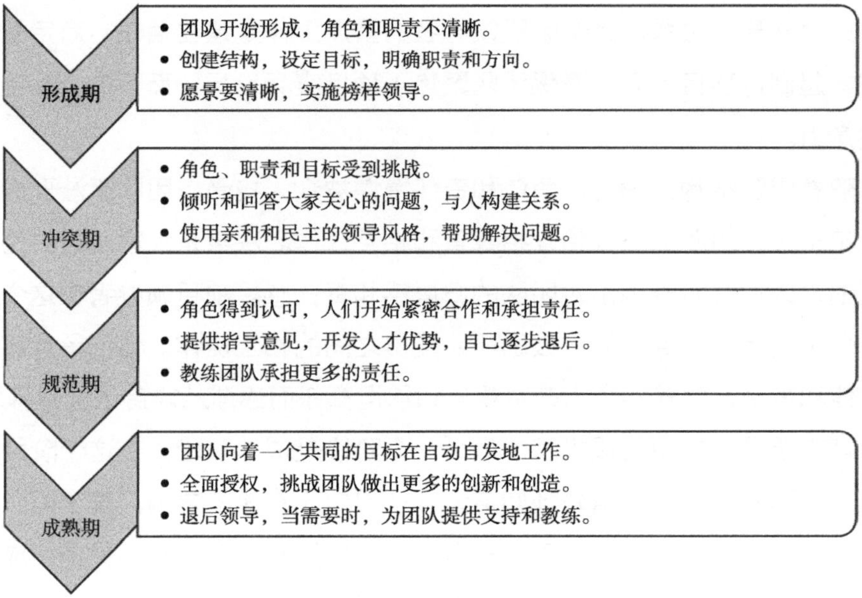

图 3.4.7　塔克曼关于团队发展的四个阶段

随着人们获得经验，他们的动力和动机增加，你可以开始向他们要求更多，并提高你的挑战性“阳”的水平。但是要小心，不要给予缺乏自信和目标的人过高的挑战和过高的要求。仅仅因为某人很有能力并不意味着他在情感上准备好了接受你的挑战。通过保持开放的心态，询问和观察，你将能够判断每个人需要多少支持和挑战。你甚至可以在一次简单的谈话中使用几种风格。

建立高绩效团队的科学研究实验

为了更好地理解项目领导者是如何着手创建一个高绩效团队的，让我们来看一看高绩效团队的特征。在桑迪·彭特兰领导的一项研究中，麻省理工学院人类动力学实验室的一组研究人员着手调查为什么一些团队一直表现出色，另一些看似相同的团队却在痛苦中挣扎。在对来自各种项目和行业的

2 500 名团队成员的研究中，他们发现团队成功的最重要标志是它的沟通模式。这些模式与所有其他因素（智力、个性和天赋）的总和一样重要。

根据他们的研究，个人的思维和能力对团队成功的贡献远不如预期中那么显著。他们总结说，建立一个伟大团队的最佳方式不是根据个人的智力或成就来选择的，而是学习和了解他们的沟通方式，并塑造和指导团队，运用这种成功的沟通模式。根据彭特兰的研究，成功的团队有以下决定性特征：

- 团队中的每个人说话和倾听的程度大致相等，确保发言简短而有礼貌。
- 团队成员面对面沟通，他们的谈话和手势充满活力。
- 团队成员之间直接联系，不仅仅是通过团队领导者才会沟通。
- 团队成员们在团队中进行私下的谈话。
- 团队成员定期去团队外探索，并带回信息。

除这些特征外，彭特兰和他的团队确定了影响团队绩效的三个关键沟通要素：能量（Energy）、参与度（Engagement）和探索（Exploration）（见图 3.4.8）。

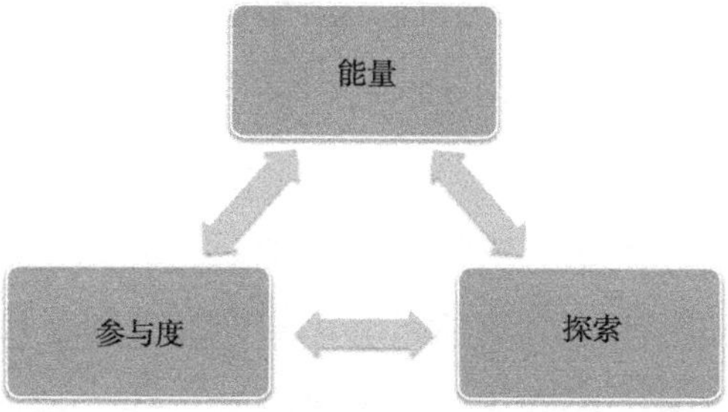

图 3.4.8 影响团队绩效的三个关键沟通要素

第一个要素是能量，可以通过团队成员之间沟通的数量和沟通的性质来衡量。最有价值的沟通形式是面对面的沟通。接下来有价值的是电话或视频会议，但有一点：随着越来越多的人参与电话或视频会议，这个沟通方式变得不那么有效。最没有价值的沟通形式是电子邮件和短信。

第二个要素是参与度，反映的是团队成员参与沟通的能量的分布情况。如果一个团队的所有成员都相对平等，并且与所有成员有同样多的交流，那么就可以表明团队成员的参与度高。如果一个团队由不同层级的成员组成，大家在一起进行面对面的高能量的沟通，但一些成员并不参与其中，团队的绩效也不可能好。

第三个要素是探索，涉及成员在团队之外进行的沟通。探索本质上反映的是一个团队与其他团队之间互动的能量。表现更好的团队寻求更多的外部联系。探索对于负责创新的创意团队来说非常重要，因为他们需要新的视角和新的观点。

数据显示，探索和参与度这两个要素并不容易共存，因为它们需要团队成员投入两种不同用途的活动之中。能量是一种有限的资源。人们对自己团队投入的精力越多，他们在团队之外的可用于探索的资源就越少，反之亦然。但他们必须两样都要做。成功的团队，尤其是有创造力的团队，在外部探索发现和内部相互沟通中交替进行。这项研究证明，最有效的工作是由能量和参与度都高的团队完成的，但也表明，只要能量或参与度下降，团队的表现也会下降。为了获得最佳绩效，团队领导者需要在努力加强能量和参与度时保持平衡。

谷歌对高绩效团队的研究支持彭特兰的研究结论。研究表明，高绩效团队最显著的特点是所有团队成员都能够平等地沟通和参与团队的工作。例如，在一个七人团队中，其中的四人完成大部分的工作，沟通也主要在这四个人之间，但这永远不会造就一个高水平的团队。为了实现高绩效，所有七名团队成员必须同样积极参与，不仅要与团队领导沟通，还要相互沟通。

谷歌进一步研究了如何在团队中创建这样一个平等沟通的结构。事实证明，当团队成员感到有足够的安全感去发言时，才会有平等的沟通，才能做出贡献。在只允许少数成员主导讨论或团队领导或其他团队成员过于独裁的团队中，许多团队成员出于害怕被解雇而拒绝发表自己的观点和想法。

在一个时间紧迫的项目中，大家会更倾向于忽略那些内向安静的成员而迅速做出决定。但是彭特兰和谷歌的研究表明，放慢速度并听取所有团队成员意见是非常重要的。如果团队七名成员中只有四名做出贡献，你必须花时间激活剩下的三个人。怎样才能做到？放慢速度，邀请更保守的团队成员分享他们的观点。你必须运用你的情商，对每个团队成员都要敏感。提问，倾听，展现你的友善，并让人觉得他们属于这个群体。对于指令型和榜样型的领导者来说，他们往往意识不到因为自己没有展现出足够的包容性而产生的负面影响。

这对你来说，意味着你必须扮演一个鼓励者和教练的角色，这样你才能调节团队的讨论，让成员们感到足够安全，愿意站出来分享他们的想法。当你这样做的时候，你开始创造心理学家所说的心理安全——一种自信的感觉，团队不会因为某人大声说话或分享敏感的东西而感到尴尬、抵触或负罪感。当有心理安全感时，人们可以自由地分享他们的想法——无论是一个聪明的新想法还是一个艰难的个人挑战。他们能够谈论什么是混乱的，并与有不同意见的同事进行诚恳的对话。这样的实践，让团队成员之间的角色与职责更加清晰，相互之间更有责任感，对团队的共享愿景与目标承诺度更高，高绩效的团队自然就会产生。

《团队协作的五大障碍》一书的作者帕特里克·兰西奥尼支持这一观点，他说领导者需要展示他们脆弱的一面，以便让人们感到安全感，并与团队成员之间建立信任。他说，他们可以通过承认自己的错误、弱点和失败，并向他人寻求帮助来做到这一点（见图 3.4.9）。公开承认过去你做过错误的决定或者失败，这将向团队发出一个信号，失败是可以接受的。你还可以通过肯定别人的优势来做到这一点，即使这些优势超过了你自己的能力。

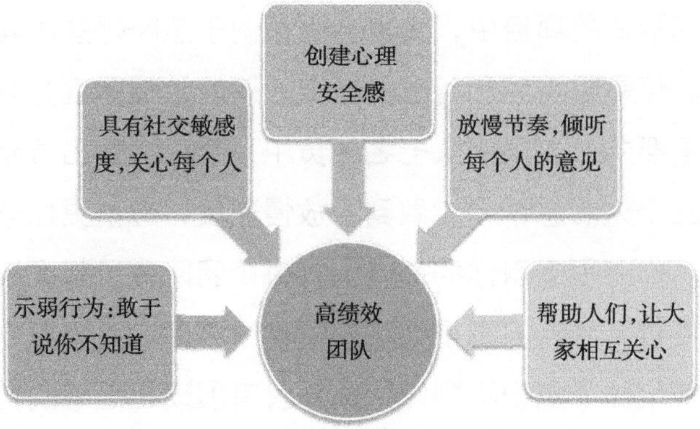

图 3.4.9　促进团队合作和高绩效的团队特征

练习　你的团队完全投入了吗

你从谷歌和彭特兰的研究中学到了什么？他们是否让你反思你现有团队中的沟通和价值贡献情况？如果某些人不如其他人积极，找到根本原因并解决它。请考虑以下几点：

- 人们是否在发表意见的时候，被你或其他团队成员忽视或打断？
- 他们是否只与一个或几个其他团队成员交流，是否因为团队内部存在着小团体？
- 是否在会议上的大部分时间都是你在讲话，没有给别人足够的空间来参与？
- 你是否能够表现出弱势的一面，向他人发出一个信号，失败也是可以接受的？为了找到团队行为的根本原因，继续问“为什么”。为什么有人退缩了？为什么他们被打断了？为什么他们不合作？最后，看看你能做些什么来创造心理安全感，提高团队成员的能量和参与度。

脆弱的力量

不久前，生命科学领域的一个高管团队要求我帮助他们建立一个更有凝聚力的团队。在与每个执行团队成员的访谈中，“建立关系”的主题出现了。尽管团队本身是成功的，但大多数成员抱怨他们很难接近他们的团队领导。每当他们试图和她进行更多的私人谈话时，她就“闭嘴”，并不怎么给予反馈。

在团建结束的前一天晚上的餐会上，我组织了一个小测验，问了一些私人问题，比如“到目前为止你在多少个国家生活过”。这时团队的领导者透露，她在童年和青春期时在八个国家生活过。这是因为她父亲是一名危机管理人员，经常被要求关闭工厂。这个回答引起了房间里的一片寂静，“一扇门”被悄悄地打开了一点点。然而，团队的灵光一直到第二天才出现。每个团队成员都在思考“你生活中的什么事件对你今天的身份产生了重大影响”。在那一刻，她和她的高管团队成员发现了脆弱性的力量。

团队领导者解释说，由于不到两年就要离开家乡的节奏，她永远无法与人建立友谊和培养个人关系。她父亲的工作也让她通过建立“保护罩”来保护自己免于受伤。当她敞开心扉讲述自己的故事的时候，她变得非常情绪化。团队以关心和理解的方式回应，并表示他们非常愿意与她构建和谐的关系。

——安妮·范多普，Yellow Change 公司管理合伙人和投资人

做好教练，帮助团队取得高绩效

这需要仔细研究教练型领导风格及它将会如何帮助创建一个高绩效的团队。我们已经讨论过六种领导风格的应用，都有不同适用的环境，教练型不是唯一的领导风格。话虽如此，但教练型领导风格值得特别一提。它比其他风格都更能挑战和支持团队。正如我们在核心要素 3 中讨论的那样，它可以有效地推动你从一名除法领导者转变为一名乘法领导者。一些项目经理，尤其是那些有技术背景的人，他们往往倾向于过度使用榜样型领导风格，给出的建议多于他们的教练指导。当我们要给别人建议的时候，我们便进入解决问题的模式，不断给出指示和意见。把我们的知识传递给他人和帮助他人完成任务，会让我们自己感觉良好。

但是当我们给出建议时，我们并没有同时鼓励他人成长和寻找适合他们自己的答案。如果有人饿了，授人以鱼不如授人以渔。这就是教练型领导风格真正有价值的地方。当我们教练某个团队成员时，我们应该教练他对他要做的项目和他要解决的问题具有责任感。我们如何做到？通过询问而不是说教。我们要耐心地倾听对方的陈述，而不是假设我们知道他们的想法。使用支持性的“阴”要和挑战性的“阳”一样多。教练型领导风格的真正力量是，它让我们对团队成员给予同样的支持和挑战，这是帮助人们超越他人的最佳因素之一。我们不仅需要管理者的支持，也需要管理者的挑战，帮助我们交付最佳项目成果。

当使用教练型领导风格时，你需要帮助团队成员理解：

- 他们要解决的真正问题是什么？
- 有哪些解决方案，以及他们可以采取什么行动来克服它？

为了帮助团队成员深入了解他们的问题到底是什么，以及他们将如何克服困难，不要给出建议，而是问一些开放式的问题（见图 3.4.10），例如：

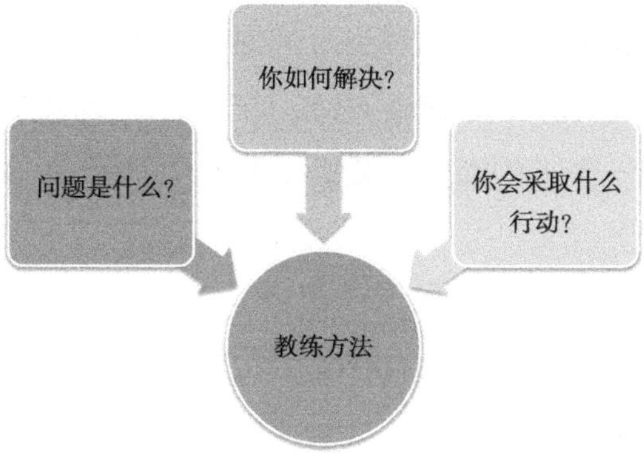

图 3.4.10　做教练时，你通过询问开放式的问题，帮助人们寻找答案

- 你觉得哪里不对劲?
- 你能告诉我更多关于这个问题的情况吗?
- 当我们解决了这个问题后，会是什么样的状态?
- 你已经试过那些方案了么?
- 你觉得什么有效? 什么不起作用?
- 我们能采取什么措施来改变这种状况?
- 还有什么?
- 哪个选项最快/最简单?
- 你现在要做什么?

举个例子，假设你的团队成员向你询问如何组织一个与客户的会议。与其告诉他你会怎么做，不如反问他：你希望会议的结果是什么? 上次会议讨论了什么? 你有什么想法? 还有什么? 这种谈话可能比简单的指示花费的时间长一点，但是结果可能对你们双方都更有价值和意义。

另一个例子是当一个团队成员向你抱怨客户没有提交他们承诺的需求文档。不要默认他们的看法并提供解决方案，而是问一些问题：与客户达成了什么协议? 你们之间有过什么交流? 客户现在怎么样了? 我们怎样才能以最好的方式解决这个问题? 你觉得下一步应该做什么? 你能看到这种方法是如何帮助团队成员增强他们的能力的，并且为他们自己的解决方案负责。

教练沟通与对话的关键是立足当下你面前的人，要能够提出高质量的问题。在《教练习惯》（*The Coaching Habit*）一书中，迈克尔·邦盖·斯坦纳强调了他认为对释放一个人的潜力至关重要的七个问题：

- 你在想什么？
- 还有什么？
- 你在这里面临的真正挑战是什么？
- 你想要什么？
- 我如何帮助你？
- 如果你认可这一点，那么你不认同的是什么？
- 什么对你最有用？

"你在这里面临的真正挑战是什么？"这个问题非常有效，因为它开门见山。人们经常对一个话题进行冗长的解释，你不确定他们真正想说什么或者真正的问题是什么。但当你问关键性问题时，他们会停下来思考，几乎总能回答对他们来说那些真正的挑战是什么。"我如何帮助你"这个问题很有趣。这个问题属于领导层能提供支持的"阴"的一面。虽然这是你帮助和支持团队成员的一个很好的问题，但你必须小心，不要最终替他们完成他们的工作。成为一个能够教练他人和最大限度地激发他人智慧的项目领导者的最好方法，是尽可能多地练习。

教练型领导方法并不只是用于复杂的沟通和对话。这是一种领导力风格，在与团队成员进行短暂的互动时也可以使用。我在2009年获得了教练资格，与此同时，我开始在与团队成员一对一的谈话中使用这种方式，我有意识地去教练他人。但我花了很长时间——可能是几年，才把教练型领导力风格融入项目的日常运作和对话中。尝试一周，看看会发生什么：你要做的是给予人们充分的关注，倾听，问开放式的问题，不要简单地告诉他们应该做什么。

软技能是可以学习的

有一个很大的障碍，许多人认为软技能是学不会的，你要么已经掌握了，要么无法学会。这也太神秘了。人的一生都在变化。可以学习的最好的软技能之一是积极倾听。如果你倾听不好，为什么别人要听你的？在做了很多面试培训后，我清晰地了解到这一点，但是我一直在努力变得更好。作为一名前技术人员，我倾向于给出答案，并且很难将“给出答案模式”暂停，因为只有回答了问题，我才知道我完全理解了问题。

——戴夫·索耶，英国政府的一名项目经理

人类的六大需求

你一定记得在第 2 章里，我们审视了人类的六大需求，当我们在核心要素 2 中讨论如何克服变革的阻力时，也提到了这六大需求。人类的六大需求也与你如何领导团队有关。了解团队成员的需求，以及它们如何在项目阶段发生改变，将帮助你更好地满足团队的需要。让我们再简要地回顾一下这六大需求。

- **确定性**。人们需要安全感、稳定性，需要事情可控、可预测。人们需要了解他们的角色是什么，项目将达成的目标是什么，以及他们如何为团队做出最佳的贡献。
- **多样性**。人们需要变化，需要新鲜的刺激和激动的感觉。人们喜欢感到有活力，期望投入新鲜和令人兴奋的事情中。
- **重要性**。人们需要感到自己很重要、很独特，是唯一的。人们希望他们的工作和生活有意义、有价值，他们想知道他们的加入是有价值的，并且希望得到认可。

- **人际关系**。人们需要归属感，感到自己隶属于某个群体，是一个大家庭中的一分子。人们有一种强烈的意愿，期望被团队接受和认同。
- **成长**。人们期望学习和成长，不断提升和发展个人的职业生涯。人们想要获得机会，了解项目的背景情况，学习和掌握项目的工具与技巧，从而让自己感到学习和进步。
- **贡献**。人们有一种愿望想要与众不同，期望服务和支持某种超越我们自己的有意义的事情。人们希望自己的工作是在为一项有意义的事业做出贡献。

对人类的六大需求，团队中的不同成员对其认知和其重要性的排序将会因人而异。有些人认为多样性比确定性更重要，也有些人格外强调人际关系和归属感而非重要性，反之亦然。问题在于，你对每个人的需求了解到什么程度及你准备如何行动去满足它们?

值得注意的是，重要性经常是引起团队冲突的最大原因。如果人们感到他们没有被聆听或不被认可，他们很可能制造出一些事件，让他们能够凸显出来和被注意到。他们也许以一种破坏性的方式引起人们的注意，虽然不一定能达到目的。为了避免这种情况的发生，你要倾听他人、认可他们的贡献，以及公开地表扬他们。但你的表扬必须百分百真实和真诚，这样才有意义。破坏性的行为也会在人们感觉工作很无聊，以及感觉他们的工作缺乏多样性的时候发生，他们也许制造出一些小片段来寻求刺激。

你的团队成员需要在项目的不同阶段表现出不同的样子。在激荡期，例如，冲突是由于人们对最终目标的认识不一致及不清晰自己在项目中的作用与地位造成的。他们想知道他们在团队里的位置。当你下一次开展一个项目时，在项目启动会之初，就仔细考虑如何满足团队的各种需求。项目初期，是讨论如何满足人类六大需求的最佳时期。例如，你可以谈论项目的总体愿景、项目计划、项目任务及责任和发展机会。同时要触及社会层面，让团队成员以一种独特的、个性化的方式相互介绍自己，制造出一种同事情谊。

比钱更重要的激励

很多受过传统教育的管理者仍然相信，只有一小部分激励手段能够提高人们的积极性，如金钱和地位。研究却表现出相反的结果。人们并没有像一些人想象的那样被金钱严重影响。智睿咨询公司（DDI）在《英国时报》上发表了一个类似的研究。智睿咨询公司采访了 1 000 多名来自员工数量超过 500 人的公司，发现很多人都感到无聊，缺乏承诺，并且想要寻找一份新的工作。收入事实上在人们给出的离职原因中仅排在第五位，主要原因是缺乏激励（多样性）及有限的提升机会（成长）。

除调查的证据外，一些理论也印证了人们被很多因素所激励，而不仅仅是对钱或升职的渴望。弗雷德里克·赫茨伯格（Frederick Herzberg）是一名临床心理治疗师，也是第一个证明工作时的满意或不满意是由两个不同因素引起的：保健因素和真正的激励因素。他认为保健因素解释了为什么我们对一些事情不积极或不满意，同时真正的激励因素解释了为什么我们对于某些事情感到积极或满意。

根据赫茨伯格的理论，保健因素——如果没有被满足就会引起不满意——与工作背景的定义有关（如工资、工作安全、工作条件、地位及与上级和同事的关系）。另外，真正的激励因素，直接与工作的内容相关（如职业发展、责任、创造力、成就、提升、认可及工作本身）。这些方面代表了有关意义和满足的更深层面。赫茨伯格的研究证明了人们并不是真正地被保健因素所激励，而是被真正的激励因素所激励。我们为保健因素所奋斗只是因为我们缺少了它会不快乐，可一旦我们得到它，它的影响就渐渐消退了（见图 3.4.11）。很多人都认为金钱是最重要的激励因素。事实上，金钱并不能让我们变得积极，只是如果金钱低于一定的标准，它会让我们变得不积极或说消极。它们之间有很大的区别。尽管金钱很重要，但我们需要比这更多的东西来真正得到工作上的满足。

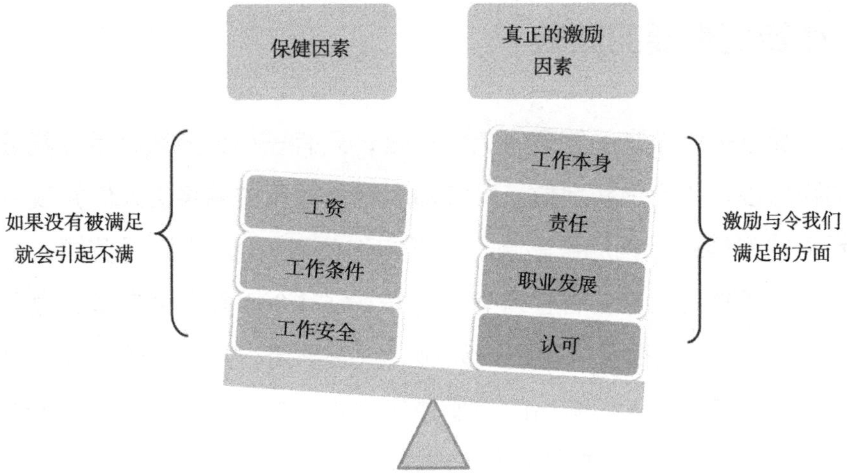

图 3.4.11　保健因素与激励因素

心理学家爱德华·迪西（Edward Deci）和理查德·莱恩（Richard Ryan）提出的自我决定理论（The Self-Determination Theory，SDT）进一步支持了这个观点。自我决定理论把焦点放在人们内心的动力源泉上，如一种获得知识和独立的需要，它被称为内在动力。根据自我决定理论，当人们被内在动力驱动时，他们会产生更高的能量，能够更好地与人打交道，更自主地行使决策权。能力反映的是要掌控任务和学习技能的需要。与人打交道（构建关系）是归属感或归属于一个团队的需要。自主权则是我们对自己行为和目标的控制力。当这些需要没有达成时，最终，人们的良好表现和幸福感都会受到损害。

根据迪西的自我决定理论，给予人们外在的奖励（如金钱、奖品和称赞），对于那些已经拥有内在动力的人会起到破坏作用，原因是人们的行为会被一种外在的奖励所控制，这意味着人们对他们的行为会失去控制力。迪西还建议，给予人们意想不到的积极鼓励，以及对一个人的表现进行反馈，可以提升一个人的内在激励因素（见图 3.4.12）。为什么？因为反馈可以帮助人们感到更加有能力，这是个人成长最重要的需求之一。

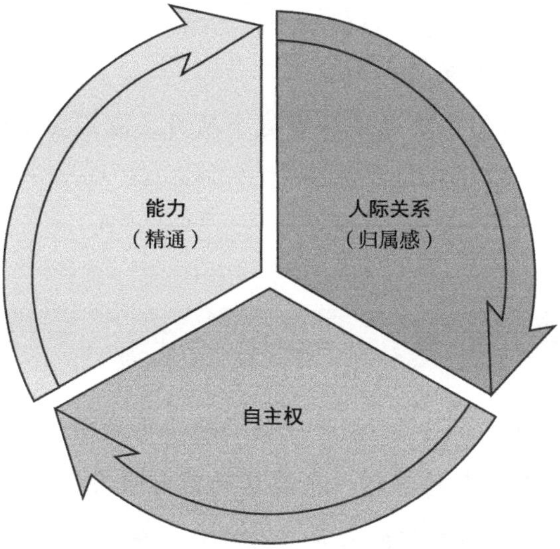

图 3.4.12　SDT 的三个内在激励因素

练习　你在关注人们的情感方面做得如何？

花点时间想一想，你在发现并帮助满足每位团队成员的个人需求方面表现得如何。记住，这并不意味着你要拼命让步来满足所有人的愿望，以此创建出一个自命不凡的团队。你要做的是理解人们的深层次的情感需要，以及排除任何可能阻挡他们在团队中完全发挥作用的杂音和忧虑。

1. 你如何让人们感到有安全感，让他们不担忧，减少不确定性并让他们的注意力不分散？在这方面你表现如何？

2. 你以什么样的方式确保人们的工作拥有足够的多样性，而且富有挑战性及新鲜感？

3. 在何种情况下你让人感到自己很重要，并表扬他们完成得很好？

4. 你用什么样的方法创建伟大的团队精神，让每个人都感觉自己是其中的一分子？

5. 你做些什么帮助人们成长和获得新技能，在多大程度上发挥人们的天赋和特长？

6. 你在多大程度上支持人们自主工作？

7. 你是如何让人们了解通过从事这个项目，他们会创造不同，做的是一份有意义的工作？

我是如何在一个虚拟团队中创建一个致力于成功的文化的

2006 年和 2007 年，我负责一个工期两年的项目，要把在欧洲 20 个国家的当地 IT 服务转移到一个共享的国际服务平台上。这个项目较为复杂，一共有 5 个专职的人员，分布在欧洲的不同地点。此外，不仅有大量的兼职 IT 服务经理——他们负责提供支持，还有 5 名全球专家——他们来自 HR、财务和法律专业。在最初的激情之后，我发现很难激励不在一起办公的团队成员。我不能帮助提升团队效率，相反，我倒阻碍了团队的发展，感到有一点精疲力竭。这件事让我警醒起来，提示我要使用一点不同的、更有效的方法。我与团队一起举办了一个工作坊，聚焦每个人的个性，生命中发生的大事件（个人生活和职业生涯的关键事件），以及个人的优势和特长。最后，我们对项目的战略目标进行分解，让每个人都有自己的目标，并与自己的优势相关联。在一个较短的时间内，我们开始明白什么能让一个人兴奋起来，以及如何创建一个引力场，让团队具有凝聚力。

在项目中工作一年后，我说服高管团队，如果我们能提前 3 个月完成任务，把 20 个国家的 IT 服务转移到国际共享平台上，那么就要对项目中的 30 人进行团队奖励，让他们去加那利群岛的特内里费海滩玩 3 天。这听起来有点疯狂，但是把一个 30 人的团队送到特内里费海滩度假的费用远少于 25 万欧元，这是让我们在项目中多工作三个月的费用。管理层最后同意了，当我向团队宣布以后，项目的进度加快了。对团队而言，这是真正的激励因子。团队的合作精神也迸发了出来，因为只有所有团队成员的工作按时交付，我们才能去特内里费海滩。在截止日期之前，最后一名团队成员完成了他的工作。我们的客户满意，团队也满意。我们为公司节约的预算，远远超过我们的度假费用。

我们能从这个故事中学到什么？首先，作为一名项目经理，当你设定一个奖项时，必须慷慨。其次，你必须事先宣布奖励，让人们有时间去谋划，并感受到那份快乐，如果大家都能一起去度假。做好这两个方面的事情，你就能创造出一种不可思议的团队精神，不仅交付卓有成效的结果，而且团队还充满快乐。

——彼得 · 伊万诺夫，《虚拟动力团队》作者

与远程团队一起工作

如果你跟远程团队一起工作，要尝试去拜访团队成员。这不太容易，但没有什么比面对面的互动更为有效的方式。同时找一个你真正可以依赖的当地领导者，让他帮助你解决问题，并与他建立起相互信任的关系。偶尔我会与一个远程团队开会，有非常大的时差，我会选择对于团队成员有利的时间而不会只考虑自己的方便（请注意，这里只是对自己不方便，而不会影响团队的其他成员）。例如，如果与新加坡团队工作，我会在我这边早上 6 点召开会议，而不是在晚上 7 点。你不必经常这样，但已经发出一个强烈的信息，即你在意他们，并且认可他们作为全球化团队的一员所做出的牺牲。

——保罗 · 柴普曼，金融服务公司项目经理

虚拟项目团队建设

管理一个远程项目团队有什么不同呢？在一个虚拟的环境下，很多在“激荡期”阶段会显露出的权力斗争问题会被隐藏起来，这是项目领导者不得不面对的问题。如果可能，投资创建一个“热屋”，让大家在一起面对面开会。我的意思是把大家集中在一起，连续5天，一天24小时。让大家聚在一起，这是一项投资，是可以得到回报的。对于一天24小时，我的意思是不仅是工作，也要有社交活动——与团队成员一起共进晚餐，让团队一起做一些有趣的团队活动，以及参观当地的景点和活动等。关于晚餐，何不让团队来安排晚上的计划，去吃什么及去哪里吃？让他们以简单的方式，一起工作和学习。以每个人的志向和兴趣作为基础，你可以通过团队共识的方式，开展一项团队活动来增强团队的凝聚力，它可以是一项减肥运动，或是一个运动项目，或是去一些特别的地方参观，或是为一份杂志写一篇文章。它是什么并不重要，只是期望团队成员对彼此有一个深入的了解。如果财务条件不允许，那也只能接受，团队的“风暴”阶段可能比通常经历的时间更长。

一旦团队开始运转，你要做一些什么去维持虚拟团队的团队精神呢？你总不能直奔酒馆去喝啤酒吧？我曾经使用过的一个方法是“星期五”的邮件沟通。在某一个星期五，鼓励团队分享各种笑话、呆伯特漫画、Youtube视频等。但要当心，尤其要小心有趣的内容是因人而异的；对于文化、性和信仰，团队里可能千差万别。另一种技巧则是去探索团队成员们那些不为你所知的一面。在每周的小组会议中，让1～2人分享他们的兴趣爱好或者他们在工作时间以外所做的一些不同寻常的事。通过了解人们的普遍爱好，可以让团队更有凝聚力。

让团队成员轮流主持小组会议，不要每次都是你做领导。把话语权交给一名团队成员，花一些时间让这名成员分享一下他自己在过去的一周里都做了些什么。没什么比一个只有单方面交流的会议更糟糕的了，你都不知道是不是真的有人在听你说话。让团队成员定期轮流主持小组会议，他们的兴趣和互动能力都会有显著提高。最后，社交媒体可以作为一种很好的方式来维持团队中的紧密联系，尤其是他们在项目结束后相互的关系还会继续。你们也许在未来的某个时间在一个新的项目中再次相遇，谁知道呢？

——彼得·泰勒，《懒惰的项目经理》作者

克服障碍

练习 克服障碍，建立高绩效的团队

让我们审视一下下面的这些障碍，它们可能阻碍你与他人建立良好的关系，不能有效激发团队的潜能。下面的哪些场景是你熟悉的？

- 你在一个矩阵式组织里工作，项目里的人不向你汇报。由于不是他们的直线经理，你感觉你能激发他们的程度有限。
- 你与一个不那么有经验，也缺乏激励的团队一起工作。有一个人特别难以被管理，而且绩效低下。你已经把这一情况向上级经理汇报了。
- 你想让团队得到成长和进步，但你没有培训预算。
- 你的团队整体绩效很好，但你的组织有很多的官僚风气和繁文缛节，影响了团队士气。
- 你与一个全球化的团队一起工作，他们分布在许多不同的地方。由于语言和文化的差异，以及大家不在一起，沟通变得非常困难。你相信这样一支多样化的团队无法达成高绩效。

- 你采用了一种不插手的方式，让团队成员自己做决定。尽管团队不那么有效，你也不勉强自己介入。

在阅读了本节赋能团队之后，你是否认识到如何克服这些障碍？你是否认识到，要永远把人放在第一位，要花时间与他们做一对一的沟通，发挥他们的长项，满足他们的需求与渴望，你能够找到方法？你是否认识到，即便人们不直接向你汇报，即便他们业绩不好，你还是可以通过与他们的积极互动，加强能力和自主性，以及设定可衡量目标，让他们提高贡献度？即使人们在不同的国家和地区工作，你无法看到他们，如果你真的展示出你对对方的真诚，愿意花时间倾听，你依旧可以通过电话交谈及视频会议建立起强有力的关系。全球化团队就在这里，让他们工作的责任落在了你的肩上。

如何践行新行为

在这个核心要素里，我们探讨的是如何通过挖掘人的需求，发挥人的优势，理解什么让人行动，让团队的积极性更高、相互合作更好。建立一个高效的团队就是要构建关系、聆听、赋予团队能力、让团队自主决策，以及担当激励的导师和团队的向导。建立一支高效的团队需要根据每个人的需求及团队的发展阶段，为团队提供他们所需要的支持性的“阴”和挑战性的“阳”。

如何学以致用

- 积极地把团队成员放在第一位。通过一对一的会议（或电话）来观察他们，更好地理解他们的世界，探索如何能更好地支持他们。
- 找出每个人的内在渴望、需求及长处，决定你要如何满足需求、利用需求。

- 如果你的团队表现得不如你想象中那么积极，不要感到灰心丧气，找出原因并为此采取一些行动。如果有的人不积极或被界定为绩效不佳者，这其中一定是有原因的。
- 把你的团队成员想象成志愿者，需要做些什么才能让他们在没有薪水的情况下，依旧出现在工作岗位上并完成他们的工作？
- 评估那些需要你给予更多挑战或是更多支持的情况，你该如何开始。
- 了解团队的沟通模式。谁非常积极地加入，谁没有？找到背后的根本原因，并采取相应行动，提高团队的积极性、参与度和探索精神。
- 调整你的领导力方式，让其与每个人的能力水平、自信程度及团队的发展阶段相适应。
- 写下你在领导团队过程中感受到的各种障碍，寻找最佳的方式与方法去克服它们。

小测验：你是否掌握了本节的知识要点

- 你总是把人放在第一位，认为人比任务重要，你会经常召开一对一的面谈会议，帮助你与每个人建立良好的关系，并讨论相互之间的需求。
- 你要尽可能多地支持团队成员，但你也对他们提出要求，期望他们尽最大所能完成工作。
- 你尽可能地理解并利用每个人的长处，并且了解每个人的驱动要素，什么东西激励他们。
- 团队成员之间相互沟通良好，参与度很高，每个人都能做好跨地域的合作。

- 团队表现良好，不再需要你亲临一线指导。你继续激发和激励团队，帮助其成长和发展，成功交付项目，为客户提供最大的价值。

你的学习收获与行动计划

请写出至少三点你从本节中学到的新知识，同时写下你会采取的三项行动，把自己学到的应用到日常工作中。

核心要素 5

与项目相关方建立信任关系

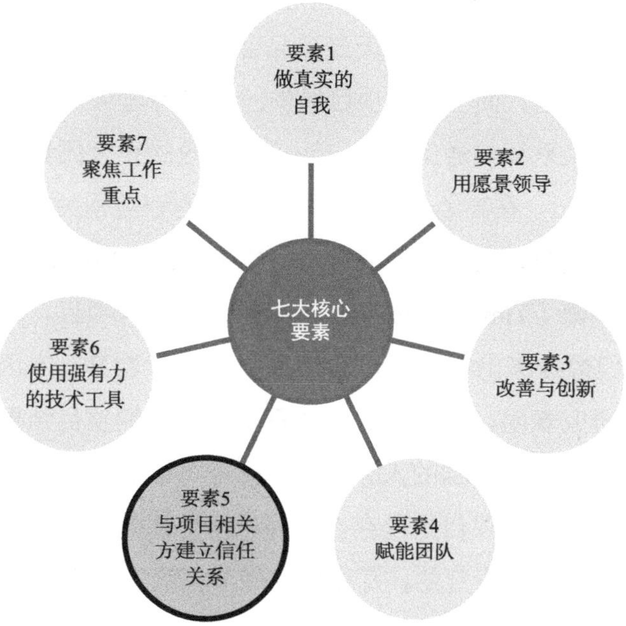

你将从这个要素中学到：

- 信任是项目成功的基石，如何加强信任？
- 如何赢得反对者的支持，如何应对苛刻的项目相关方？
- 如何加强与项目高层决策者的关系，并根据他们的不同风格调整自己的沟通方式？
- 如何应用交易分析模型和 DISC 模型构建人际关系？

良好人际关系的重要性

你是否曾参与过这样的项目，大家在项目范围、项目优先级方面有很多误解和分歧，在重要决定上大家很难达成一致？一些相关方从未参与项目活动，信息不能及时传达给需要它们的人，办公室政治严重影响团队的高效合作。人们常常缺席重要的会议，而当出席会议时，他们总是花费大量的时间质询已经做出的决定，而不能为项目提供任何支持与帮助。

糟糕的人际关系和沟通问题是导致项目失败的重大因素（见图 3.5.1）。PMI Pulse 报告指出，在高绩效组织中，与所有的利益相关方进行高效的沟通是项目成功的最重要因素。大型项目委员会（Major Projects Authority）的总监蒂姆·班菲尔德（Tim Banfield）说："是人在交付项目，而非流程。流程虽然很重要，但最终事仍然要靠人来完成。"项目一次又一次因为糟糕的人际关系而失败。研究表明，良好的工作关系带来更好的项目结果，是项目成功的必备因素。事实上，糟糕的人际关系几乎不可能成功交付一个大型项目。你需要思考的是，你的项目是否存在不同派系之间的斗争，他们关系不佳、沟通不畅。如果答案是肯定的，那么你在做什么呢？

图 3.5.1　项目一次又一次因为糟糕的人际关系而失败

我们很容易落入一个陷阱，责怪他人人际关系不良，无法理解我们的信息。例如，我们可能认为项目发起人或客户要求太高，或者他们并未对我们发送的文件足够重视；有太多的办公室政治，大家关系太过紧张，有些人难以相处……也许我们都是这种思维方式的受害者。事实上，作为项目的管理者和领导者，我们有责任创造一个多元的、充满正能量的相关方团队，并且这也完全在我们的职责范围内。韦恩·斯特赖德（Wayne Strider）在书中写道：

> 我认为没有不好相处的人。然而事实上有很多我难以搞定的人。这并不意味着他们是不好相处的。你可能说"你说得不对"。十年前我应该会赞同你的观点，但自从我转换视角后，我有了新的自我认识。我认识到常常是我自己难以搞定而不是他们。

如果项目发起人和相关方能积极参与项目，将会对项目产生非常积极的影响。具有变革精神的人将帮助塑造、支持和促进变革的发展，并更有可能推动变革的成功。在盟友的强力支持下，项目能够更好地运行在正确的方向上，决策制定、问题的解决及冲突的规避也会变得更容易。PMI 的 *Pulse Report* 支持这一观点。报告显示，一个积极的项目发起人是项目成功的首要驱动因素。遗憾的是，PMI 研究也指出，仅有不到 2/3 的项目发起人积极参与项目。

好消息是，作为项目的领导者，我们有能力影响项目发起人如何发挥作用。通过我们的精心和努力，用诚实、同理心和透明沟通的方式，我们可以鼓励项目发起人积极参与到项目中。大多数项目发起人并未接受过关于如何推进项目的培训，因此我们需要帮助他们，并坦诚地告知他们在项目中的角色和我们需要的支持。通过提问、对话，我们将影响项目发起人进行战略思考、培养学习型文化、支持创新、愿意承担风险，并最好在与团队协商的前提下做出及时且可持续发展的决策。

国际学习集团战略顾问格雷格·巴莱斯特雷罗（Gregory Balestrero）认为重大举措和复杂项目必须从战略出发。因此，组织中应该有一条贯穿最高管理层到项目组成员的"瞄准线"（Line of Sight）。格雷格认为所有高管、团队领导和团队成员必须对这一决策（瞄准线）有明确的共识。这一决策及后续决定将确保项目成功。因此，这意味着高管尤其是项目发起人必须与项目团队关系牢靠。随着项目发展日趋成熟，周边环境开始影响项目的进程，项目发起人和项目领导者必须对项目成功有同样的热情和承诺。达成这一目标有两个方式：一是扩大项目经理的职权范围；二是增加项目高层决策者对项目的支持。

格雷格的观点非常有价值。我们应该侧重于将精力投入那些真正的决策者和可以帮助我们推进项目的人身上。试想高层决策完全透明化会对你的项目产生什么影响？如果决策都是及时、明智的，那么可以节省多少时间和精力？如果做决定前决策者认真询问过团队的意见将产生怎样的影响？如果我们同高层领导者的关系不佳，他们将不利于决策的制定、执行和项目的成功。反之亦然。

项目领导者往往都善于运用情商与人建立强有力的关系，获得项目核心决策者的支持。他们在有需要时敢于寻求帮助，在发生冲突时及时解决冲突。如果客户或相关方失去控制、偏离战略关注点、做出糟糕的决策，项目领导者往往不会盲目地指出问题，相反，他们会帮助相关方，教练相关方，让他们自己认识到问题所在。

项目领导者的这种做法，既考虑了相关方的个人动机，也照顾了项目的大目标、大利益。这种对客户业务驱动因素的深刻洞察力是项目领导力最重要的基础，也是有效构建关系的重要部分。从这个意义上说，核心要素 5“与项目相关方建立信任关系”和核心要素 2“用愿景领导”相互依存。如果你的人际关系差，那么你就无法及时、准确地发现客户期望并助力其业务发展。如果不理解相关方或客户的工作环境，那么你很难同其建立紧密的关系。

信任的重要性

建立良好的职业关系的先决条件是信任。没有信任，项目不可能运作良好，因为人们不可能开放自己，他们不会与不信任的人合作，也不会追随他们。信任是深信对方把你的利益放在首位——是通过倾听、分享、提问和言出必行慢慢建立起来的。信任是一种强大的力量，它促进忠诚，增加信任度，并定义了人们之间的关系，是合作的关键因素。许多团队成员和相关方都有专职工作，唯一高效的合作方式就是相互理解，这也是信任的核心。

著名管理学家彼得·德鲁克对信任做了这样的解释：

> 组织不再建立在权力之上，而是以信任为基础。人与人之间存在的信任并不一定意味着他们彼此相互喜欢，信任意味着他们彼此相互理解。因此，一定要重视关系，承担相应的关系责任是绝对必要的。

赫尔大学（Hull University）商学院院长特里·威廉姆斯（Terry Williams）认为，信任是项目最大的组成要素之一。如果你不相信你的客户，或者你的客户不相信承包商，那么整个项目就会出现问题。遗憾的是，在项目初期很少有关于信任关系出现裂痕及如何管理信任的分析。你个人对信任关注有多少？

对于项目管理专业人士来说，一个高度信任的环境显得尤为重要（见图 3.5.2）。因为我们工作的本质是引领大家经历一段时间的不确定性和变革。此外，我们经常同更高层或与我们无汇报关系的人士交流。由于我们无法运用职权推动项目前进，我们必须巧妙地利用人际交往能力影响他人。如果我们期望人们信任并追随我们，我们必须给予其安全感，信守承诺，坦诚沟通。

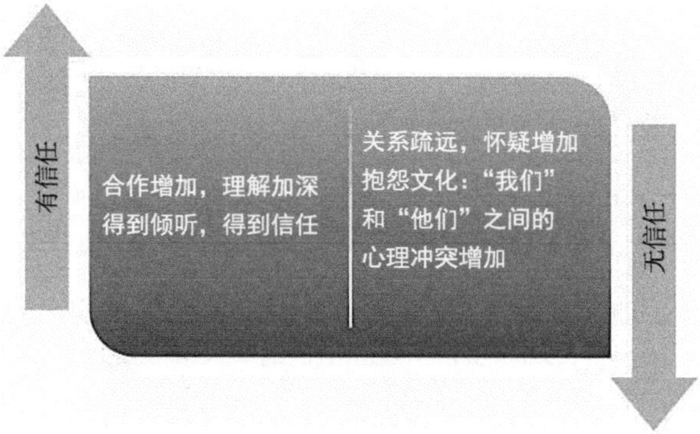

图 3.5.2　信任与不信任的得与失

项目领导者通过公平、公正和强调团队精神获得信任。在许多项目上，"我们”和“他们”的心态，致使派系和指责文化滋生。团队只有一个，项目领导者要时刻关注团队的动态。因为项目领导者创建了一个安全、透明的环境，团队的合作加强了，相关方的支持也提高了。他们赢得了信任，消除了怀疑，能够被更多地倾听、理解和信任，尤其是当有问题需要解决时。当一切顺利时，彼此友善相处很容易；只有当人们面临问题时，大家是否能齐心协力、共渡难关，才是检验团队是否相互合作的最佳标志。

当缺乏信任时，人们往往会彼此推诿，互相猜忌，变得愤世嫉俗，而非相互合作。人们不沟通重要信息，故意隐瞒信息，显得不真实、不可靠、不一致，所有这一切，就是因为缺少信任。行动胜于雄辩。因此，即便意图是真实和善良的，如果行为或沟通不当，也会产生隔阂和障碍。

好消息是有一种方法可以帮助建立信任，甚至可以在信任缺失的情况下，恢复信任。然而，建立信任需要时间、精力和有意识的努力。让我们来看看项目中建立信任的四大核心要素：能力、诚实、关系和沟通（见图 3.5.3）。

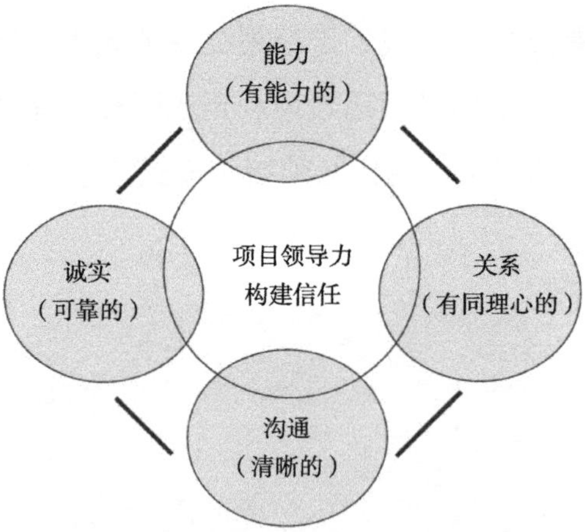

图 3.5.3　项目中建立信任的四大核心要素

↘ 能力

为了让客户和相关方信任你，当务之急是，让他们认为你是一个懂得如何将工作做好的优秀的、可靠的经理人。他们会因为你能够有效地识别风险、解决问题、决策高效和行动有力而尊敬你，他们由此认为你是一个能够执行项目计划、交付项目结果、可以兑现承诺的高效能人士。这个道理不言自明，但有时我们忽视了这个因素，不理解为什么人们不信任我们。失去尊重最快的方法是工作马虎、思维混乱和不可信赖。对相关方来说，这似乎意味着你不受控制或工作不认真。相反，取得信任的捷径是永远遵守你的承诺并始终如一地交付高质量的结果。

↘ 诚实

信任的第二大核心要素是诚实。很多项目经理都能够出色地完成工作，却在承受压力时令人失望。他们承诺过多，最后当他们不得不承认无法如承诺般交付结果时，信任便崩塌了。不要落入这类陷阱。如果你对承诺可以完成感到有压力，抽时间找找答案，或者说“我们无法完成 A 但我们可以做到 B”。肯定、开诚布公地与人沟通，以使他们不去指望不现实的期望。项目领导力是做正确的事情，这有时意味着说出令人不愉快的事实、事情的原委。从长远来看，你的相关方会因为你的诚实、时刻考虑项目的利益而尊重你。过于乐观，承诺过多不会对任何人有利。

↘ 关系

能够深入地与人建立关系、与人亲近，并向他们展示你重视他们是建立信任的第三大核心要素。我们在核心要素 4 中已详细讨论了赋能团队，本节将继续探讨这一话题。为了与人建立关系，你必须将每个人区别对待，并花时间了解其所处环境，重视他们并设身处地地为他们着想。换位思考是同理心的基础。表面关系远远不够，真正的信任来自对人们心理、价值观、信仰和身份的了解。做一个善解人意的倾听者，并给予人们充分的重视是建立良好关系的开始。同时乐于分享、开放、展现出合作意愿也很重要。

↘ 沟通

构建信任的第四大核心要素是能够清晰和有效地沟通。如果你不值得信任，那么沟通也不能让一个人信任你，但是沟通可以帮助创建一种文化，让信任得以向健康发展。在国际建筑和项目管理大会第四届创新与研究论坛上，美国洛克希德马丁公司的工程副总裁杰夫·威尔科克斯说，他从来没有看到一个项目是不失败的，如果沟通不良的话。也就是说，项目失败都与沟通不良有关。PMI 的一份职业报告 *Pulse Report* 也强调了这一点，报告中指出，在所有失败的项目中，其中一半都与沟通有关。你可以使用精心设计的沟通计划来应对沟通的风险。这意味着有针对性地对项目相关方的思想与行为施加影响，而不留下任何隐患。你需要与相关方进行开放、诚实和频繁的沟通，并确保你的信息要尽可能准确和清晰。当讨论问题的时候，要澄清问题的各种备选方案，以及每个方案的结果及其影响。要告诉项目相关方，你的推荐选项是什么及为什么，并且讲清楚，如果选择另一个方案，会有什么样的结果。

学会说“也许可以的”

太多的项目经理都喜欢说 yes，而且说得太多、太快。最好的方式是这样说：“也许可以的，这取决于……”然后再回来做进一步的沟通，带着详细的分析资料，包括假设、约束和前提条件。“也许可以的”是一个需要学习的最有用的词汇，因为它缩小了在 Yes 和 No 之间的差距。这样做的好处是，让沟通更准确，结果更可靠。

——迈克尔·弗莱伦，管理顾问及 PRINCE2 培训师

如果你了解事实，更容易说 No

在项目中，如果你做好了各种相关分析，拥有各种事实和数据，并且得到领导的认可，说 No 要容易得多，也更舒服得多。信任是通过过去的良好绩效记录自己争取而得到的。一旦拥有个人信誉，你就能在争论中立场更坚定，地位更稳固。

——莫尔顿·索伦森，Verizon 公司企业解决方案事业部全球客户服务副总裁

↘ 清晰沟通

我的经验，绝大多数的项目经理很少存在胜任能力的问题。对大多数人来说，他们都是有经验的项目管理专业人士。他们面临的最大挑战是与人进行清晰的沟通。我最近为一家经济咨询公司提供培训和教练服务。他们的员工都非常有经验，在行业内以专业服务而著称。但是从客户的反馈来看，结果并不好，虽然最终的项目交付成果都合乎要求，但客户在项目执行阶段遇到了一些困难——最终导致怀疑、不理解和缺乏信任。为了解决这个问题，我们设计了一系列的项目报告，用来向客户定期汇报项目的进展情况。我们还建议他们应该更多地亲自拜访客户。这些技巧虽然简单，但效果非常好。

谈到沟通，遗憾的是，我们中的很多人都会犯一些基本错误。我们不擅长对信息进行裁减，传递信息时真正做到因人而异，要么信息太多，要么信息太少。我们倾听不足，而且书面沟通太多。书面沟通对于项目报告和复杂度不高的信息来说，是非常有效的，但是通过书面的方式沟通，不能因为它更方便，或者因为我们有沟通的困难。许多的误解和争执是因为我们没有花时间与人公开地沟通、没有理解他们的动机、没有界定共同的基础、没有让他们为即将到来的一切做好思想准备而产生的。当你与人进行书面沟通时，

你传递的只是一些书面的文字。与面对面的沟通相比，有很大的差距。当你看到一个人，你能够感受到他们的语调和他们的身体语言，了解他们对你的信息的反应。面对面的沟通让你有机会纠偏，可以提出问题，为人们提供他们需要的更多信息。

在下面的这些情况下，必须进行面对面的沟通：

- 影响大，比如，一个重要问题，或者一个重大风险。
- 你感知到矛盾或冲突。
- 你想与人构建信任，确保信息同步。
- 你想得到建议或反馈。
- 你想赢得客户对于一项重要事情的支持。
- 你想了解客户的观点，想知道如何更好地与他们合作。

你是否确切地了解相关方沟通偏好，并吸引人们进行面对面的沟通？你是否将方便与效率凌驾于结果和效能？

要成为一名项目领导者，我们需要提升我们的情商，更加关注人的一面，与人进行因人而异的沟通。我们在沟通时，还必须简单、清晰明了，尽量不使用专业词汇。许多相关方会对我们使用项目管理的专业词汇有一些不舒服，例如，“收益分析”“里程碑报告”“风险评估”和“交付物”等术语。相反，我们必须使用通俗的英语，简单地把问题表达清楚。当我们清晰地沟通，使用的语言可以让客户了解其意义，由此与客户建立起信任关系，因为我们给客户展现出来的是，我们理解他们的世界，并且理解项目将为他们做什么。

“会激励人的领导者总是痴迷于简单的沟通”，巴德利 · 斯克瑞（Baldev Seekri）在《思想如何变成现实》（*How Perceptions Shape Realities*）一书中写道，“他们说话平缓，使用文字简单，不用专业术语，表达自然。这样的沟通方式让人感觉他与他们一样，是他们中的一员。这个方式简单有效，让人注意力更集中，也更愿意参与沟通。”如果你不清楚你的沟通风格，不知道如何简单而清楚地表达你的思想，可以尝试一种方法，用 90 秒的时间表达你的信息。这通常是非常有效的。请记住，如果你不能清晰地表达你的思想，听众也不太可能把你的思想理解到位。

在你与人沟通之前，一定养成一个习惯，问一问自己，你想传递什么样的信息，以及你想从沟通中获得什么。当人们听到或者读到你的信息的时候，你期望他们有一种什么样的感受，同时，你又期望人们做什么？让人惊讶的是，在与人接触前，我们许多人都没有花时间问这些简单的问题。知道自己想要什么，会让你以一种更清晰和更直接的方式构建你的信息。现在就开始试一试吧。想一想下一次与一个重要的相关方的会议。在会议后，你期望相关方有一种什么样的感受？此外，你期望相关方在会议后做些什么？

如果你第一次与一位相关方见面，你可以问的最强有力的问题是："你期望我如何与你沟通？你期望我如何做问题升级汇报？"（见图 3.5.4）提出这两个问题将帮助你更好地匹配他们的沟通风格，这意味着你能够更好地影响他们。如果项目出现问题，一些客户期望你亲自上门汇报，或者打电话告诉他们，而另一些人满足于定期的周报，通过周报汇报即可。这里的关键是你要懂得针对不同的人和他们的不同学习方式进行信息裁减，而不是以一种不变的你个人喜欢的方式进行沟通。

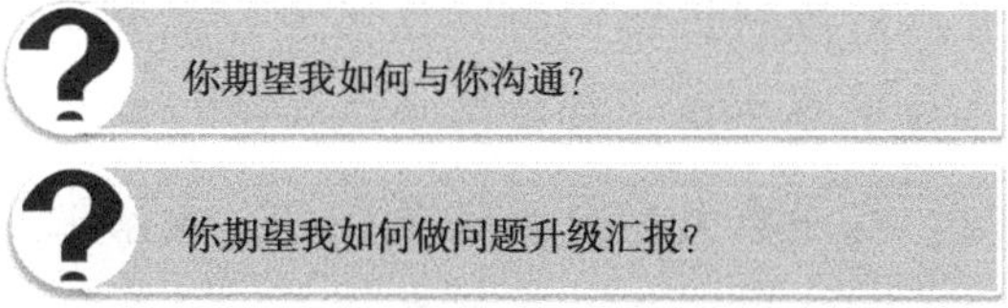

图 3.5.4　向相关方提出这两个有力的问题，以理解他们的沟通偏好

此外，值得一提的是，许多人是基于图像思考的，图片与文字的组合信息，与单纯的文字相比，其有效性要高得多。图片传递的信息更多、更吸引人、更感性、更容易记住。因此，在你的沟通中，在项目周报和项目会议中，一定要记得添加一些简单的图像、图表和流程图等，但一定要简单。如果你传递的信息太多、太细、太复杂，人们可能就不感兴趣了。

成为一名领导者的最好方法是倾听

我们通常在脑子里盘算的都是要说一些什么（期望得到别人的理解），而实际上很少倾听别人在说什么。这不仅阻碍了你的学习，而且还关闭了你的情绪感知通道，不能“觉察他人”。此外，认真学习一下那些能激励你的领导者，不要害怕学习，你可以把这些同样的方式应用到你的团队。

——萨姆·弗莱明，英国天然气公司项目交付负责人

项目经理如何利用好职位的权力去影响关键决策

项目经理的职位是很独特的，他们不仅能接触到项目日常运作的许多详细信息，而且能接触到许多关键的项目相关方和组织的决策者。这让项目经理处于一个非常独特的地位，通过不断的和及时的信息沟通，帮助相关方做出项目的关键决策。然而，在许多的案例中，我看到项目经理没有很好地利用他们的职位优势，没有正确地汇报项目状态，或者没有抓住主要矛盾，只是简单地传递信息，基于他们所知道的事情做出建议。在一家大型金融服务公司，我亲眼见证了这样的案例。公司的项目经理为了避免与高管的冲突，他们在公司的一个重点项目中，不断地把项目中出现的重大问题，由“红色”状态改为其他状态，以减少冲突压力。项目的问题越积累越多，最终不得不通知高管项目不能按时交付。结果，公司高管从此接管了项目，项目经理不得不靠边站，成为一名协调员。最终，不仅公司损失了钱财，项目经理的信誉也严重受损，在历经数月之后，才恢复高管领导的信任。

——哈拉·萨利赫，项目总监和敏捷教练

↘ 每次接触都是加强关系的一次机会

我希望你好好想一想，每次与相关方或者团队成员的互动都是一次机会，要么加强信任和关系，要么减少信任和关系。当项目的情况进展良好的时候，你可以分享好的消息，建立关系是容易的。当项目进展不顺利，当你需要找到一名相关方告诉他们的错误，或者你对讨论的一个问题，持有不同的意见时，最容易看到冲突，以及最终是否会伤害关系。

但是，事情可以不必那样发展。一方面，要与人进行一次困难的沟通，另一方面，还要加强彼此的关系，这不是不可能的。不久前，我与我的一个同事有一次非常具有挑战性的讨论，最终的结果是，双方感觉都非常愉快。我们二人在一起共同交付一个工作坊，我们都注意到了彼此之间的一些摩擦。由于我们位于不同的国家，我们决定召开一次视频会议。在视频会议上，我们相互解释了引发问题的一些情境，背后因为是什么，我们的感受是什么。我们相互倾听，相互尊重，没有急于做判断。我们的目标是更好地相互理解，通过改变我们的行为，构建一个更富有成效的合作关系。在 30 分钟视频会议后，我们双方都充满着正能量，因为我们双方都感觉到了被理解。史蒂芬·柯维在《高效能人士的七个习惯》一书中说过，“要想被理解，首先要理解别人”。除了放弃防卫心理，彼此进行公开的反馈，还有一件事情，我们二人在视频会议中做得很好，那就是彼此倾听与相互理解。

关系的建立是一件很微妙的事情，需要你提升你的情商。如果你对他人的需求和观点不够敏感的话，你可能损害彼此的关系。当你在项目中与人打交道的时候，他们会下意识地评判你对他们是否产生威胁。为了维持或加强关系，你需要被人当作一名他们所熟悉的朋友，就像信任一样。进行一次开诚布公的沟通，用词要仔细。你说什么不一定重要，别人如何理解你的信息却意义非凡。一个高情商的人，要对他人的需求表现出真正的兴趣，并认真地倾听他人的故事。事实上，你应该具有这样的一种倾听能力，能够像他们自己一样表达出他们的需求和关心。请记住，为了理解他们，你不必与他人的意见保持一致。

有一个好方法可以帮助你理解他人的观点，那就是使用认知定位地图（Perceptual Positions）。这个方法需要你从三个不同的视角考虑问题（见图 3.5.5）。第一张认知定位地图你最熟悉，也就是你从自己的角度观察事物，用你自己的眼睛、价值观和信仰。如果你与相关方发生冲突，比如，你可能认为他们反应慢，而且有点固执，这会让你感觉有一点失望。

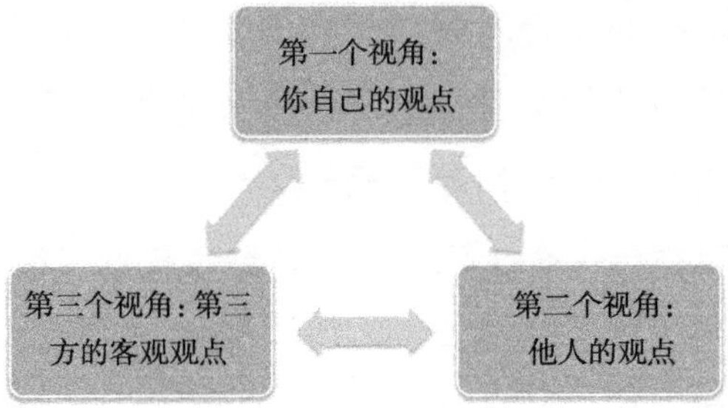

图 3.5.5　从三个不同的视角观察将帮助你更好地理解事物

第二张认知定位地图是关于他人的。你需要站在他人的角度，考虑问题是什么，以及感觉如何。你是通过他人的眼睛观察事物，并试图理解他们的感受。如果站在他们的角度，他们的处境到底是什么？也许你会认识到，他们就像你一样，会有压力，甚至还有不安全感。这里想说的是，即使你与他人的观点不一致，你也可以进入他们的世界地图，理解他们的处境。

你要用的第三张认知定位地图是挂在墙上的。你作为一个独立的观察者，从外部的角度观察世界。你能够客观地观察情况，以及你与他人之间的关系。当你向后退一步，以第三方的身份观察时，你看到什么？感受到什么？听到什么？你注意到你有什么样的一个模式？在这种情况下，别人能帮助你什么？

使用认知定位地图并不难。现在就试一试，以便更好地理解他人对一个问题的看法。当你在三张不同的认知定位地图中切换时，就像你在三张不同的椅子上切换一样，从而帮助你拥有不同的视角与观点。最终，在你从三个不同的角度观察事物后，再回到自己的第一张地图，你的观点和看法一定会有所不同。

练习　同你的相关方建立良好信任

想一想在你的项目中，最有权力、最有影响力的 5 位相关方是谁。如果用 1～10 分来评分，你会如何评价你和每个人的关系？你会说你与他们相处融洽，同时你能赢得你所期望的他们对你的项目的支持吗？你是否有时感到很难获得他们的关注和认同？

如果你投入更多的精力，使用更定期、更具同理心和更明确的方式同相关方进行沟通，你们的关系会改善吗？你是否能预见到，同相关方关系的改善将使项目获得更多的支持，赢得更快、更好的决策？

为增强你与相关方之间的信任，请思考下面几个方面的问题，这对你很有帮助。阅读的过程中，请思考你同谁之间的关系仍有改善的空间。

- **迈出第一步**。思考一个你认为与某个特定人之间缺乏信任或没有信任的情境。你是如何迈出第一步并积极向对方展示信任的？我的意思是，你是如何做好准备，真正展现出你相信他人的能力，重视他人贡献的？如果想改善这一段糟糕的关系，你必须积极主动地迈出第一步。如果你下意识地不看好对方，这将反映在关系中，并破坏信任。你必须把你的负面情绪抛开，一切向前看，显示出你对他人的真正关心。
- **分享可靠的信息**。通过分享及时、准确的信息，如项目的愿景、计划、决策、分工、责任、风险、成本和进度，以构建一个高信任度的环境，评估你在这方面做得如何。信息是否准确可靠？你通知相应的对象了吗？你的相关方是否有时会抱怨说，他们获得的消息不够及时、准确？你考虑过你的沟通对象和沟通方式吗？或者说，你在用一种特殊的方式沟通吗？你将沟通当作一项重要的工作吗？你打算降低沟通的重要性，匆忙开展工作吗？
- **坦诚沟通**。当遇到失误、坏消息时，你的沟通依然开放、诚实吗？还是你倾向于把它们隐藏起来？即使坏消息，信息公开依然很重要。相反，想想如何既做到信息公开，也表明你了解事情原委，例如，提供明确的选择，有相应的缓解措施和应急预案。当涉及错误时也是如此。上次你犯了错误，影响了你的客户，你有没有公开承认和改正它？你道歉了吗？还是你选择了隐瞒消息？只要你在沟通中保持足够的真诚，敢于承认错误，并对问题和项目进度的延迟做到坦诚和公开，那将展现出的是一个优点。如果项目问题与错误秉持更开放、诚实和坦诚的态度，在什么情况下，你会受益？

- **倾听**。你擅长与相关方进行一对一的接触并倾听他们说什么吗？当你接近他人时，你会先去倾听、去理解还是试图展现自己的观点？当我参加教练培训时，我了解到人有两只耳朵、一张嘴的原因。那个画面感染了我。当我们真的花时间倾听和理解他人时，沟通变得更有活力。人们变得更加开放，更容易接受，也更感兴趣。如 BAE 系统公司项目经理乌里卡·贝尔格（Ulrika Berg）所说："退后一步，认真倾听。项目管理就是沟通，剩下的不过是技术问题。"

  练习积极倾听的一个有效的方法是问开放性的问题，只为倾听而倾听。把你的舌头"暂停"，这意味着嘴唇上下不接触，这种中立的方式意味着你是故意不说话，而在听。当你与别人交谈时，要全力关注他人，暂时不要做出自己的判断。

- **言行一致**。你会言行一致，为他人树立一个好榜样以便他们效仿吗？如果你要求大家准时参加会议、完成任务并超过预期，你自己会这样做吗？作为项目负责人，你应该是实践愿景、价值观的榜样。如果你说一套做一套，人们很快就会质疑你的诚信。你会期待他人做某件事，自己却不履行吗？你会过度承诺吗？承诺一个具有挑战性的项目工期但又不能兑现它们，是导致信任丧失的最大原因之一。

- **自信**。如果你表现得从容与自信，你的相关方会更容易信任、支持和放心你的工作。你越自信，你的相关方就越容易放松，这也会让他们感到自信。你的自信应建立在真实表现、良好的人际关系和了解你的客户、项目管理实践的基础上。如果你没有足够的知识和经验，你的可靠性和可信赖度很快就会受到质疑。你的相关方将你看作一个知识渊博的项目经理或可靠的执行者吗？你在什么领域需要改进？提振信心最快捷的方式是采取行动。

- **寻求反馈**。你是否养成一个习惯，会经常向相关方寻求反馈，验证你为他们所提供的信息、项目报告内容及形式是否满足他们的期望？询问反馈是你成长、发展道路上最有力的工具，也是一种增强人际关系的好方法。人们有时会羞于询问反馈，因为他们害怕听到反馈结果，但了解总比不了解好。上一次你向你的客户询问他们对项目的看法是什么时候？他们是否收到了有关项目的充足信息？你知道如何询问这些问题能迅速增强信任吗？
- **保持一致**。1～10 分，在管理项目方面，以及与相关方沟通方面，你的一致性做得如何？如果你仅在某天非常努力，沟通工作做得很好，而不是每天如此，这会破坏你的努力。你的相关方之所以信任你，是因为你可以让他们放心，你的方法可靠，而且始终一致。信任需要在日复一日的工作中的每件事情上体现出来，不可能一蹴而就，也不可能在项目的初期如你所愿般建立起来。

沟通的四个层次

沟通是作为项目领导者建立信任的一个重要方面，我想和你分享一个能真正帮助你在更深层次上沟通的工具。不管你和谁沟通，也不管你使用的是什么方式，要成为一个有效的沟通者，有四个基本的沟通层次。这四个层次是内容和主题、程序和结构、互动和行为、情绪和情感，让我们依次来看一看每个层次的内容（见图 3.5.6）。

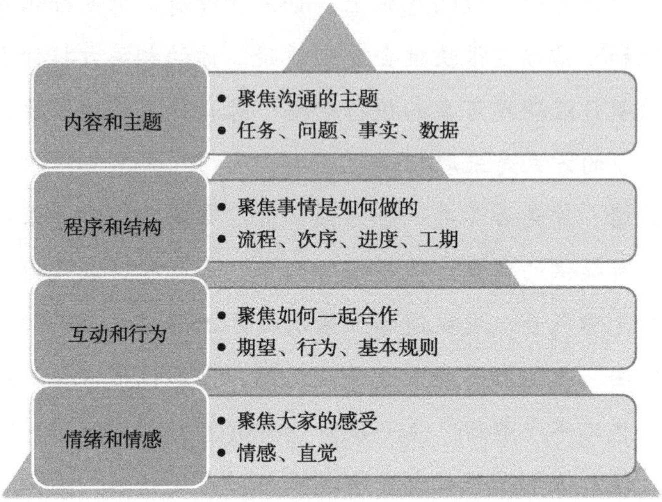

图 3.5.6　沟通的四个层次可以帮助你与相关方进行更深层次的沟通

↘ 内容和主题

当我们在内容层次上沟通时，我们沟通的焦点是正在讨论的主题。在项目中，这意味着我们将讨论需要完成的任务和需要解决的问题。我们收集事实和数据，讨论利弊，提问并给出我们的观点。这可能是大多数项目经理大部分时间所处的沟通层次，也是他们的舒适区。这似乎有道理。谈论任务、事实和逻辑，应该在项目领导者的舒适范围内。毕竟，项目经理需要确保工作完成，并且问题能够以有效的方式解决。

↘ 程序和结构

第二层涉及的是程序和结构。当我们在这个层次上沟通时，我们讨论的主题所涉及的是系统和完成某事的流程。程序和结构涉及项目的进度、工期、活动依赖关系、里程碑节点、工作表单、角色和责任等。程序在项目中非常重要，很难想象在对话中不能达到这一水平的人会在项目管理中取得任何进展。试想一下项目的启动文件，它在很大程度上就是关于项目的程序规范和里程碑节点管控的，以及我们如何确保项目交付。在某些情况下，程序并不像应该的那样凸显其作用，例如，当我们关闭一个项目时。在项目收尾时，我们并不会特别关注项目为什么按计划交付或项目为什么没有按计划交付。

↘ 互动和行为

在互动和行为这一级别上，它比前面的内容和程序两个级别要深得多，这是许多项目经理开始努力的地方。在这里，我们设定期望值，并讨论团队成员和项目相关方应该如何相互处理彼此的关系。因此，这不再是需要做什么和我们将使用什么流程，而是我们将如何合作。当我们在这一层次上沟通时，我们会清晰地表达行为要求，以及彼此如何合作。要做到这一点，不仅在项目启动和团队组建时很重要，而且在整个项目期间也非常重要。如果项目相关方或团队成员不合作或不遵守基本规则，那么就要适时地指出问题和解决问题。

↘ 情绪和情感

沟通的四个层次中的最后一个是情绪和情感层次，在这个层次上，我们需要表达自己的感受，并询问对方的感受。对于项目领导者来说，这通常是最难达到的水平，因为他们没有接受过如何交流情感的培训或教育。你可能认为情商与项目管理无关或不合适，但值得记住的是交付项目的是人，而不是工具。无论何时人们参与一个项目，都会有情绪。正如我们在第 2 章中讨论的，早上我们不会把情绪留在家里——我们会带着情绪去工作。项目经理要真正有效地与团队合作并建立牢固的关系，他们需要能够在更深层次上沟通，尤其是当他们觉得有些事情不太对劲的时候。

我们许多人都会犯这样的错误，当我们试图影响他人时，我们只谈论内容，主要是使用逻辑和理性的论点。我们有时可能进入程序和结构层面，因为项目自然会涉及大量的程序管理，但我们很少谈论行为甚至情感。例如，在项目启动会议上，谈论项目目标和需要做什么已成为一种习惯。将来也期望安排一定的时间，讨论项目的时间节点安排，以及角色与责任。

但是要让项目有一个好的开端，还需要讨论项目团队必须遵守的一些基本规则，以及项目团队成员和项目相关方如何相互合作。想象一下，如果项目经理询问人们对项目的感觉及他们在项目中的角色，这种行为将会带来多么大的影响。这种沟通方式将开辟一个全新的维度——如何做好项目沟通。

为了更好地理解如何使用这四个层次的沟通技巧，请看一下项目经理与项目相关方接触时的虚构对话。请注意最后两个层次是如何进一步推进对话的。

- 内容和主题：感谢你今天抽出时间与我会面。我想汇报一下我们在过去两周一直在做什么，也期望听到你的反馈意见。
- 程序和结构：我们也期望讨论一下项目的治理和你的具体角色。鉴于你的专业知识，如果你能参加我们项目管理委员会的会议，那就太好了。它们在每个月的第一个星期二举行。你看这样可以吗？
- 互动和行为：如果你遇到任何问题或听到令你担忧的事情，你能先向我提出来吗？然后我们可以找到方法来解决问题。我还想问你希望我如何向你升级汇报问题？
- 情绪和情感：我感觉你觉得我们团队中有太多成员在远程工作，对吗？对我来说，重要的是我们要把这件事情说清楚，这样我们才能不受任何干扰和怀疑地前进。

当使用四个层次的沟通技巧时，也要记住，要建立信任并与人保持融洽的关系，你需要在与他们交谈的同一层次——或者更深层次——做出回应。如果一个项目相关方对你说他们对你给他们的交付日期不满意，他们可能在情绪层面上和你说话。如果你在内容层面回答说这是唯一合适的日期，你可能破坏你们之间的信任关系。如果你想在情感层面做出回应，你可以说："我看得出你对这个日期很不满意。让我解释一下情况。"当你觉得有些事情不对或者你想给出反馈时，利用这四个层次也是合适的。你很少能够通过在内容层次上发表评论来触及问题的根源。公开说出你观察到的感受和行为会更有效——不是以评判的方式，而是以更客观的方式。例如，你可能对一个咄咄逼人的项目相关方说："当你对团队大喊大叫的时候，这会让我们觉得我们没有受到尊重，而且感到自己没有价值，这是非常令人沮丧的。""我注意到你最近在我们的用户会议上变得对这个项目越来越挑剔了。你觉得这个项目有什么问题吗？"

相关方分析

我们已经介绍了许多如何与相关方建立信任和有效沟通的方法，但我们还没有提到如何确定相关方是谁。相关方四象限分析是一个伟大的工具，可以帮助你澄清和谁沟通，了解如何更好地根据情况调整信息，让信息更完善。其核心是将帮助你界定谁可以为你的项目交付提供帮助。尽管相关方四象限分析是一款工具，但它的作用不是基于流程，而是基于人与人之间的相互作用、对人的分析和人们参与项目的情况的。通过系统地分析每位参与者，你尽一切可能确保了解每个相关方。这个分析工具本质上是关于识别和分析谁会受到项目的影响，谁对项目会感兴趣的。有些人、团队或组织对项目有很大的权力和影响力，基于其对项目的态度，他们可以阻止项目的进程，也可以推动项目的进程（见图 3.5.7）。

那些拥有很大权力和影响力，并且高度支持项目的人是你最亲密的盟友。他们真心希望项目获得成功，并非常乐意在有需要的时候提供帮助。对于新思想，你要第一时间与他们分享，因为他们会帮助完善想法并推广给其他人。当遇到重大风险或项目团队无法依靠自身力量解决的问题时，也向他们寻求帮助。继续培养这些关系使他们继续助力你的工作非常重要。

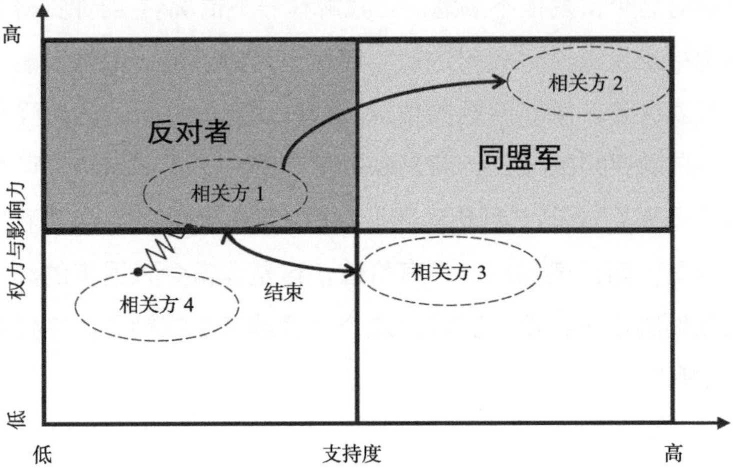

图 3.5.7 运用相关方分析矩阵确定谁是反对者，谁是同盟军

那些拥有很多权力和影响力但不支持或反对你工作的人，是你的反对者。他们会对他人产生消极的影响，如果你无法战胜他们，他们将破坏项目的进展。当与这些人沟通时既要毫无软肋又要尽可能务实。重点是要听取他们的意见，并做出真诚的努力，了解他们的观点及使他们保留看法的原因。当找到他们不支持的根源并解决问题后，项目就会朝着好的方向大踏步前进。

我们要非常小心而不要盲目地把所有相关方都贴上一个标签，他们要么是同盟军，要么是反对者。在这二者之间，你还可以找到许多相关方，他们既不是特别积极地参与项目，但也不反对项目。他们只不过是太忙，没有时间关注你的项目，因为他们还有更高优先级的项目，需要他们的参与。要了解你的相关方到底有多支持你的项目，你可以与他们沟通，询问他们对项目有什么意见。

项目经理通常与右下角那个象限的相关方打交道时，感觉最舒服。这些人是支持者，同时并不令人害怕，因为他们没有什么权力。但是真正的挑战，是要与左上角的人打交道，需要把他们移动到右边。为了帮助你做到一点，你要清楚谁能影响他们。如果相关方 3 与相关方 1 关系密切，那么相关方 3 可能帮助你赢得相关方 1 的支持。

练习 识别、分析和赢得相关方的支持

这个练习的目的是帮助你发现那些最有权力和影响力的相关方对项目的需求、动机和特点，以获得他们的信任和支持。做一次调查，与那些直接或间接地能够帮助你成功交付项目的相关方开一次一对一的会议。

当你与每位相关方见面时，一起讨论你对相互关系的期望，并针对下列问题尽可能地找到答案。其中一些问题无法直接提问，所以你将不得不从更多的非正式谈话和间接提问中收集信息。

项目成果

- 他们对项目产出结果的哪方面感兴趣？
- 他们认为项目的短期、长期获益是什么？
- 他们眼中项目的成功标准是什么？如何衡量？
- 如果他们之前曾参与过类似的项目，他们学到的经验和教训是什么？
- 如何才能更好地利用他们的知识？

言外之意

- 他们对项目的支持度是什么？
- 为什么他们希望看到项目取得成功（或失败）？
- 谁影响了他们对你和项目的看法？
- 什么能影响他们更加支持你和项目？

现状

- 他们担心现有项目吗？如果是，为什么担心？
- 他们是否觉得有一些风险或问题没有得到处理？
- 这些问题的后果是什么？
- 他们对潜在问题怎么看？

- 他们还会关心哪些风险？

需求沟通

- 他们对你目前的状态报告和项目沟通方式满意吗？
- 他们最关注什么类型的信息更新？
- 他们希望如何获得信息（面对面、电话、电子邮件、每周报告）？
- 他们期望接收信息的频率是什么？

期望

- 你的相关方对你的短期、长期期待是什么？
- 在哪些情况下，你的相关方期望你把问题升级给他们？如何升级？
- 你对相关方的短期、长期期待是什么？
- 你们将如何合作？
- 你的相关方是否理解并接受他在项目中的职责？

当你与每个相关方接触时，认真倾听他的答案，不要打断他。发自内心地提问、倾听，忘记你的议程。观察相关方的身体语言、语音、语调去理解言语背后的含义。他们真正想表达什么？换位思考，用同理心去了解他们的世界、观点和担忧。好的关系就是如此建立起来的。

关怀你的客户

糟糕的客户关系通常来源于客户信任的缺失。要向你的客户表明你理解和关心他们的业务，并且展现出你的真正兴趣。最直接的方式是询问他们的业务和主要关注点，而不是只限制在和双方合作相关的话题上。一旦他们发现你对他们的业务感兴趣，并“讲他们的语言”，你就有了建立信任关系的坚实基础。

——保罗·柴普曼，金融服务公司项目经理

直面挑战

每当我辅导或培训一组项目经理时，他们提出的最关心的问题之一是，如何应对反对者，即公司内部的高层相关方和客户端那些对项目有很大的权力和影响力但又不支持项目的人，或者至少是不在支持的状态。这些人不好对付，因为他们令我们感到不安，甚至怀疑项目的方向。大多数项目经理除非迫不得已，都选择避免和这些人打交道。为什么要自找麻烦呢？然而，事实恰恰相反。我们应该走进“狮笼”，也就是说，去直面相关方问题而不是回避。你擅长这么做吗？你曾经回避过艰难的谈话吗？在工作中你是不是会比在私人生活中还要更倾向于回避深层的冲突？

提到你的反对者，首先想一想他们是如何对待你的。他们表现出来的是漠不关心，不参加项目活动，还是不兑现承诺？问题的根本原因是因为时间问题，即你的项目只是不在他们的优先级排序中，还是因为其他方面的重要性问题？如果是重要性问题，你如何提升他们对项目的兴趣和重视程度，让他们看到项目对他们的好处？你如何帮助他们为项目提供价值，同时帮助他们理顺和优化其在项目上的时间投入？如果他们的反对不是因为时间问题，而是因为更深层次的原因，你就必须找到影响他们行为背后的情感及理性方面的真正原因是什么。他们的哪些潜在需求没有得到满足？他们是否感到他们的意见没有被重视，他们的贡献没有被认可？还是项目没有达成他们的期望？你可以主动做一些什么，找到背后的真正原因，赢得这些相关方的支持？也许是时候“走进狮笼”去找出问题的答案啦！

如果一位相关方的反对不是出于没有时间，而是因为内心深处的怀疑和不理解，那你就需要认真一点，了解其情绪和行为背后的原因。要记住，当一个人的需求没有被满足时，他们是很难打交道的。也许他们所看重的东西，如权力、控制权、审核权和确定性的需求，没有得到满足。也许是他们认为他们的声音没有被倾听，他们的贡献没有被认可，以及项目没有给他们提供他们所期望的价值。如果你对某人有疑虑，那么就要检查他们的需求是否被倾听、被接受、被认可。只要拥有这些思想，你的职业生涯就会轻松一些，人际关系就会好一些。要了解更多的情况，找到相关方不支持你的原因，为什么对你的项目有怀疑，那就需要你勇敢一点，走进“狮笼”，直面矛盾。

解决持怀疑态度的相关方或说反对者的一个最佳途径，是去倾听他们的异议和反馈（见图 3.5.8）。这是一个非常善意的举措，因为你展现出的是关心，以及你的谦虚态度，去听取他人的意见。试想一下，如果你提出：“我想了解你对项目的意见。我尊重你的意见，期望了解我们如何能更有效地一起工作，为你交付更好的产品和服务。有哪些（如需求、风险或问题）你觉得我们考虑不周，或说被我们忽略了？你对我们有什么意见和建议，以便我们改进和提高？”你的反对者会如何回应？

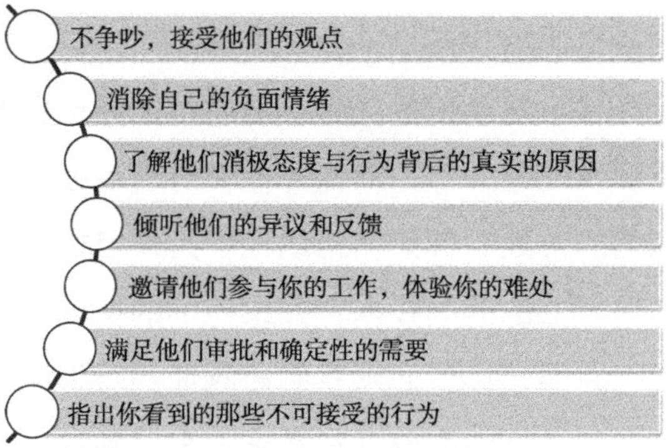

图 3.5.8　如何应对消极的相关方

上面的这些问题能够为你带来奇迹，如果你真的用心并愿意花时间去了解问题的答案和人们的弦外之音。不带任何消极的情绪，让舌头少说话，用耳朵多倾听。如果你带着不信任的情绪，参与一个旨在建立信任的会议，你不可能取得任何成果。我们往往忽略潜意识。如果你从根本上不信任、不尊重对方，他会感觉得到，你们之间的关系将会被破坏，而且比你想象得还要严重。

花点时间反思一下，你对那些与你关系紧张的人的真实情感如何。你仰望他们，还是轻视他们？你害怕他们，还是认为他们很可笑？在什么情况下这种印象会发生？你是否无意地把他们从收件人或会议中排除，或者你会在他人面前中伤他们？请认真审视你的情感、态度，因为即使不想那样，你的情感与态度也会影响你与他们之间的相互交往。关系建立是双向的，但如果你意识到你真的想改变这种局面，如果选择的话，便有了一个良好的开端。

在《真正的影响力》（*TRUE Influence*）一书中，蒂姆·戴维谈到了如何与思想消极的相关方打交道，他对你所有的意见与想法都表示拒绝。蒂姆说，不要对他们进行语言攻击，而是应该向他们直接提出问题。因此，不要说我们对他们的行为很失望，而是要问他们，他们期望你如何处理那些潜在的问题。你也可以问他们，如果他们处在你的位置，他们会怎么想，以及他们期望你如何向受到影响的相关方解释你的决定。通过这种方式，你就会在他们的头脑中创建一个想象的场景，而且威力巨大。你这样做了以后，能够让你把你的情绪转移到他们身上，让他们能够进行换位思考。但是请记住，如果你想维持与他们的关系，你就不要抱怨他们，也不要指责他们。

直面问题，勇敢沟通

在实践中，有一类项目领导者引起了我的注意。我把他们叫作“人精”（People Person），我最喜欢他们的一点是，他们天生喜欢与人打交道，总是通过沟通来领导项目，哪怕一些沟通非常困难。当团队成员未兑现承诺时，他们表达出来；当相关方不配合他们时，他们不反感并询问背后真实的原因；当项目发起人不见了，他们想方设法地找到发起人，表达期望帮助的地方。他们很少坐在电脑桌前，而是坐在会议桌边，穿梭在走廊里，哪怕下班后，也不回家，还在酒吧里与人聊天。

我所敬佩的为数不多的项目经理，即使面对艰难的谈话，他们也能轻松应对，甚至乐在其中。在对待那些困难的相关方时，不是把他们当作反对者而去与他们做斗争，冲出他们的围堵，而是把他们当作普通人，他们与自己一样拥有痛苦，他们没有足够的权力选择自己的行为……我感觉他们将项目看作一个社会系统，因为非常明显的是，我们不能把项目看作一个简单的机械系统。无论他们是否这样认为，他们在关键要素上，即关系和信任方面，取得了成功。这是通过无数沟通取得的成果。

这些项目领导者自信却不傲慢，沉着而不鲁莽。他们承担风险，却不会贸然行事。事实上，他们很少以自我为中心，不会就事论事，沟通恰到好处。在知识分子的管理文化中，我们将这叫作“真我”，但事实上，我不确定什么才是对它的最佳诠释。一位客户曾告诉我，很显然，这就是所谓的领导力。我们为找到答案而大笑。无论如何，我打算充分享受这些，希望每天模仿一点点。

——安迪·泰勒，PDP 咨询公司

当沟通出现问题时，不要害怕

项目经理面临的最大挑战之一，我把它叫作横向治理（Lateral Governance）。我使用这个词描述的是一些个人，他们不在项目的治理结构中，但他们基于自己的利益，利用自己的权力和职位对项目施加影响。例如，你的直线经理可能对项目至今的财务结果不满意，并要求你隐瞒损失情况，以避免董事会成员们的质问。

应对这种行为的最好方式，是创建一个清晰的沟通汇报关系，明确项目团队成员、项目管理委员会和项目相关方的任务、角色和职责。如果一位相关方想要直接影响项目团队成员，你可以让团队成员把问题升级，交给你来处理。作为项目经理，你必须有足够的勇气，告诉相关方要使用正式的沟通渠道。不要害怕丢掉你的工作，不要害怕你的老板，也不要害怕那些所谓的大人物。你的一切思考与行动，都要基于对项目利益的最大化。你和项目管理委员会需要对项目负责。

——巴特·霍廷克，NIMO 公司 CEO，《成为项目的发起人》作者

练习　克服障碍，与相关方建立良好的关系

让我们来分析一下存在哪些障碍，它们影响你、妨碍你与客户和相关方建立亲近的关系。

- 你的利益关系人太忙，并且和你不处于同一办公室。这让你们之间的交往产生了一些困难，相互了解不够。
- 你觉得没有足够的时间与客户构建关系。你的时间都用在与客户讨论与项目相关的重要工作和一些紧急问题上面。
- 你曾经犯过不少错误，做出过不少错误的决定。你现在有一些犹豫，害怕和不愿意与相关方沟通，担心相关方可能瞧不起你。
- 你觉得高级经理们没有严肃地对待他们在项目中应扮演的角色，并且总是趾高气扬地同你讲话。这影响了你的信心，让你很难去信任他们。
- 你意识到有时自己过度承诺，并且这会影响相关方对你的态度。你之所以承诺过度是由于团队估算不准，让承诺的工期和交付成果不能兑现。结果导致客户对你和团队失去信任。
- 一些相关方也是合作伙伴，他们是严格按具体的合同条款来办事的，包括彼此之间应该如何交往。合同条款影响相互之间的有效合作和相互信任。

上述这些障碍中，如果有的话，哪些是你面临的挑战？如果找不到相关方，或者不得不走出舒适区开始一场艰难的谈话，你将如何克服其中的障碍？

了解性格类型

了解性格类型能够帮助你更好地与人建立关系。为此，我们一起来了解威廉・莫顿（William Marston）博士提出的一种处于领先地位的关于个人性格类型的 DISC 测评工具。DISC 为我们提供了一种简单的方法解释人们的行为，帮助我们调整自己的风格，与他人和谐相处。如果运用得当，DISC 将具有减少冲突、提高产能、建立信任的作用。四种 DISC 风格分别是主导型、影响型、稳健型和谨慎型（见图 3.5.9）。

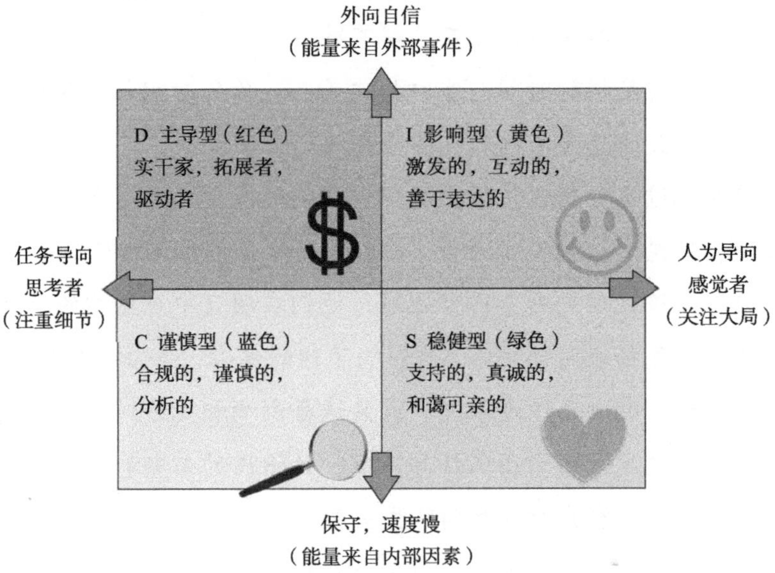

图 3.5.9　四种 DISC 风格

模型本身基于对人行为的两种观察。一种观察是有些人外向、自信，另一些人则含蓄、节奏缓慢。外向型的人多数情况下通过外部事件刺激自己，而保守型的人被内驱力激发，并可能更慢、更谨慎。另一种观察正如之前章节所讨论的，有些人以任务为导向，有些人以人为导向。以任务为导向的人关注事情的完成，而以人为导向的人关注周围的人及其感受。

如图 3.5.9 所示，你会发现这两种观察组合形成四种不同的倾向：主导型、影响型、稳健型和谨慎型。在某种程度上，每个人都有四种倾向，但大多数人对其中的 1～2 个倾向特征明显，对其他倾向则较疏远。正是这四个维度塑造了我们看待生活的方式及身边的人。

↘ D 型

D 型人外向、以任务为导向。他们执行力很强，关注结果，强调速度，节奏很快。他们也被称为驱动者，并与红色关联。D 型人目标导向，直接，具有竞争性，有时没有耐心，行动迅速，掌控全局。D 型人最看重目标的达成。他们不喜欢浪费时间，喜欢直截了当。D 型人作为驱动者，在发出指令时毫无压力，并且在处理不执行者时毫不留情。许多高管、CEO 都是 D 型人，因为职位，他们要承担责任、进行决策、需要领导能力。同 D 型人建立关系的重点是尊重和结果，直接告诉他们底线是什么。他们关注讨论，避免概括重复，比起问题更关注解决方案。

↘ I 型

I 型人外向、以人为导向，喜欢互动、社交和有趣的事物。他们鼓舞人心、富有魅力。对身边的人总是进行赞美，并关注他人、喜欢交朋友。I 型人有表现力，并与黄色关联。他们对新奇与刺激的事物有强烈的愿望，并且常会在公司内部带来积极的变化。他们的人际交往能力很强，并能同客户建立良好的关系。I 型人善于通过与人沟通获胜，适合担任销售、公关和客服代表等。他们需要一个节奏快、有刺激的工作环境，而且擅长识别和抓住机会。例如，在面对危机时，他们能够采取自觉的行动，并清楚地了解应该怎么做。与 I 型人交往的核心是鼓励和认可，同时关注积极的方面，避免执着于细节。通过各种方式，分享你的经验。要确保给他们时间让他们提出问题和发表意见。

↘ S 型

S 型人稳健、保守、以人为中心，喜欢与人打交道，在团队中喜欢支持和帮助他人。他们也被称为亲和者，并与绿色相关联。在多数情况下，他们保守、善良，乐于遵守规章制度。他们关注和谐，期望大家都开心。在公司内，亲和者可以充当维和人员，帮助解决冲突。尽管以人为本，但他们不喜欢命令别人。S 型人适合担任接待员、人事经理、治疗师和老师。当与 S 型人沟通时，应友好而富有个性，表达你对他们的关心。要花时间澄清问题，要有礼貌，避免直接的冲突和粗鲁的行为。

↘ C 型

C 型人代表着保守和任务导向，他们通常都很重视价值观、一致性和工作的质量。C 型人关注事情的正确性和准确性，与蓝色相关联。他们常被称为分析师，因为他们可以独自胜任一件需要准确性和分析能力的任务。他们要求工作有计划性，而且是完美主义者。他们擅长维修设备、进行数据记录、解决难题，以及为问题找到高效的解决方案。他们有时表现得不够友好，但那是因为他们专注于事情本身，并期待得到结果。当独自一人在安静的地方工作、解决问题、核对细节时，他们的工作效果最好。大多数工程师、IT 专家、会计师、研究人员都是 C 型人。当与 C 型人沟通时，要关注事实和细节。要有耐心和一定的策略，尽量减少闲聊，且少用情感性的语言。

技术型的项目经理通常都是 C 型，这一点也不奇怪，而项目发起人通常是 D 型或 I 型。如果沟通风格没有调整会发生什么？面对请求时，C 型人会花时间起草详细的邮件，而 I 型人选择当面或通过电话快速沟通问题。

当 D 型人同 S 型人沟通时也会产生碰撞。D 型人趋向于快速、直接和冷静，而 S 型人显得保守和顾虑重重。如果他们都不调整自己的沟通风格，那么 D 型人会不耐烦，而 S 型人会感觉不被尊重。

你属于 DISC 性格类型的哪种，你的主要相关方是什么类型？你在与他

们沟通时如何调整自己的沟通风格？（见图 3.5.10）

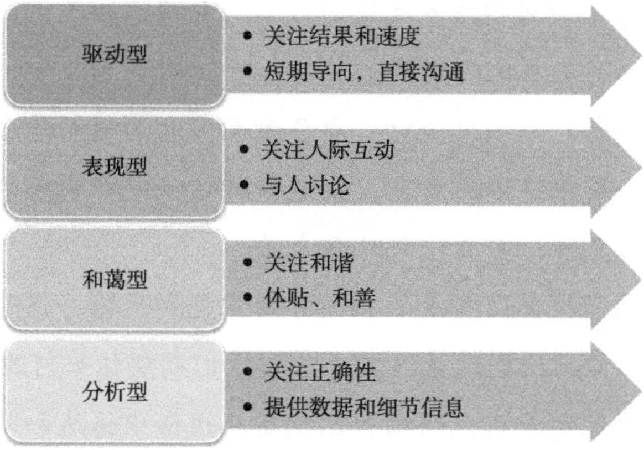

图 3.5.10　如何与四种不同类型沟通风格的人沟通

如何践行新行为

本章描述了通过加强与客户、合作者和顾客的关系，以获得他们的支持，建立牢固的盟友关系。我们了解到建立信任的四大要素（能力、关系、诚实和沟通），并且讨论了如何走进“狮笼”，直面挑战，直接向反对者询问意见以获得他们的支持。我们也了解了交易分析理论、学习了 DISC 工具，以及它们是如何帮助我们改善沟通，适应不同个性风格与偏好的。

如何学以致用

- 深入分析你的项目相关方，并同那些既有权力又有影响力的相关方一对一开会，花时间了解他们的动机、需求，以及他们对成功的定义。
- 确定各主要相关方的沟通偏好并设法满足他们。
- 通过提出开放性问题，锻炼积极倾听的能力。闭上嘴专心倾听。

记住：你有两只耳朵一张嘴巴。

- 养成定期询问相关方反馈的习惯，并确认所提供的信息、产出物是否满足他们的需要。
- 当需要讨论大的风险时，要尽量面对面沟通而非通过邮件。同时，如果你持不同意见、期望赢得信任或在重点事件上得到相关方的支持，更应该面对面沟通。
- 通过询问持怀疑态度的相关方的意见和反馈，消除他们的负面情绪，询问他们的关注点，了解他们期望你如何改进。
- 在与他人会面前，明确自己期望在谈话中传达和获取的信息。运用 DISC 相关知识确定他们的风格，并相应地调整你的方法和信息。
- 做一次 DISC 行为风格测试，网上有很多这样的评测。你可以访问下列网址：www.powerofprojectleadership.com。

小测验：你是否掌握了本节的知识要点

- 你已经分析了你的项目相关方，并了解谁是最具有权力和影响力的决策者。
- 你同你的客户、项目相关方相处融洽，并定期见面。你们彼此相互信任，对面临的问题与挑战直言不讳，能够共同推进项目的进展。发生问题时，你们以建设性的方式进行讨论而非互相指责。
- 项目发起人支持并充分认可项目。他们与团队进行协商，决策及时。他们重视项目的可持续发展，既重视项目的战略性目标，也重视项目的战术行动。

你的学习收获与行动计划

写出至少三点你从本节中学到的新知识，同时写下你会采取的三项行动，把自己学到的应用到日常工作中。

核心要素 6

使用强有力的技术工具

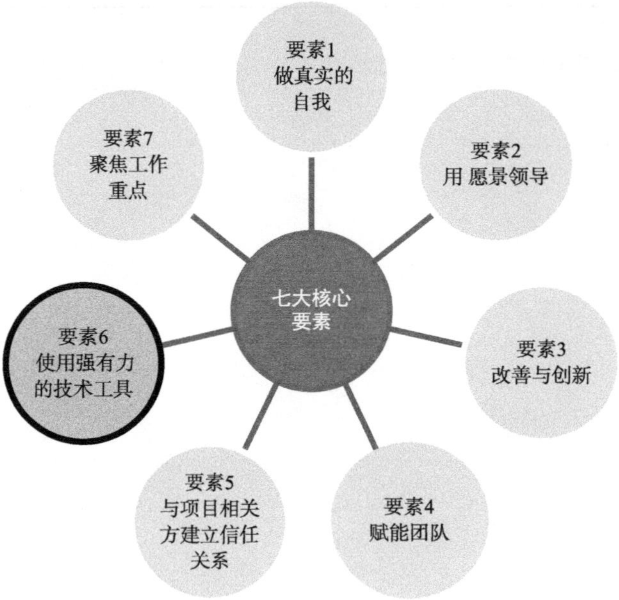

你将从这个要素中学到：

- 在项目管理流程方面，出现的最大错误是什么？如何去避免它？
- 为什么项目管理实践对项目成功至关重要？如何在自己的项目中应用？
- 项目估算和项目风险管理的关键要素是什么？在项目启动之前要问哪些方面的问题？

人交付项目，流程支持人

至此，我们讨论了项目领导力的五大核心要素，它们分别是做真实的自我、用愿景领导、改善与创新、赋能团队及与项目相关方建立信任关系。我们对项目管理的基本流程和技巧关注不多，一部分原因是项目领导力涉及的范围太广；另一部分原因可能是你对项目管理流程已经非常熟悉了。前面已经说过，如果一本项目领导力的书没有涉及项目管理的一些基本流程，那它将是不完整的，因为作为一名项目领导者，如果没有掌握项目管理的专业知识，也不可能领导好项目，具有项目领导力。遗憾的是，许多项目经理都缺乏项目管理的基本技能，经常犯一些低级错误。这往往会阻碍他们的职业发展，因此我们要专门在核心要素 6 中，来阐述这个话题。

项目领导者必须掌握基础的项目管理技能，这方面的技能是不能打折的。他们必须充分认识到，对大多数项目而言，要想成功交付，必须运用一套流程化和结构化的方法，否则项目不可能成功交付。如果项目领导者缺乏可靠的方法，不知道如何定义和管理项目的范围、需求、利益、成本、质量、沟通和风险，即使项目经理很真诚、有远见卓识、富有创新精神、善于领导和激励他人，最终也难以保证项目的成功。这里让我们回顾一下在第 1 章中探讨过的“项目领导力矩阵™”。项目领导者不仅要关注人员和战略，而且还要关注项目任务和流程。这二者之间经常有冲突，我们必须知道，什么时候应该强调什么。项目领导者最重要的任务是自始至终地关注客户，提供自己的价值。这意味着项目领导者要能充分开发项目团队的潜力，理解客户的业务需求和战略，与客户建立强有力的信任关系，利用恰当的工具、技巧和流程来支持项目的交付。毫无疑问，项目由人来交付，但流程对人提供支持。Verizon 公司副总裁莫尔顿・索伦森解释说：“一个人要想发挥自己的能力，让自己成为一个优秀的受人尊重的项目领导者，必须掌握各种基本的技能和基础的方法。他必须掌握一定的知识，能够预测可能发生的行为和事件，而不要总是成为其中的受害者。”

缺乏经验的项目经理在项目的执行过程中，要么忽视那些行之有效的最佳项目管理实践，要么教条地照搬照抄，不懂得其中的目的与意义。与此相反，优秀的项目领导者会让技巧与流程服务于价值。他们知道，价值的创造不是来自死板地按照流程行事，而是有目的、有意义地应用流程与方法。例如，风险管理，如果你所做的只是记录风险，分配任务、指明风险的责任人，以及明确减小风险的应对措施，之后却不能在过程中对风险进行跟踪，在项目的计划、估算和执行中不考虑这些风险，那么前面的这些风险管理工作也就没有多少价值。同样，对于项目章程和项目计划而言，如果团队成员不参与，项目相关方不认同，项目章程和计划的价值就会很有限。

当你阅读这一章时，请记住流程不能控制项目，而是支持项目、服务于项目。安迪·泰勒说：“如果客户想要高产出、低投入，用更少的资源交付更多的项目，项目做得又快又好，我的建议是，流程的作用要降低，要尽可能地简单，要使用通俗易懂的语言，确保任务完成就好。其他的是人的问题。70%的准确率但行动快一点，好过 90%的准确率却行动缓慢。当然行动慢也不是没有一点好处的，凡事按流程行事，便可以推卸责任。”

如果一个流程、工具或技巧不能提供价值，那它就不应该被使用。所以你需要对你的项目流程提出质疑，让你的流程与你的项目规模、文化背景及环境相适应。对于一个大型项目来说，它可能历时数年，外部的项目相关方众多，技术路线不清晰，项目团队庞大、来源国际化，其所面临的问题与挑战，与一个历时几个月、项目相关方很少、应用的是成熟技术，且项目团队人数不多的小型项目相比，是完全不同的。对于新建和实验性的项目，情况也是这样。它们的不确定性很高，难以计划，其中的理由有很多。如果你做一件过去从来没有做过的事情，你需要小心的是，不要让流程和形式扼杀了创新。事实上，没有一成不变或者以不变应万变的亘古方法和项目管理模式。

前面说过，确实有一些项目管理的方法和技巧，当它们被正确使用并与特定的项目环境相适应的时候，是非常有效的。在此章中，我们将对这些技巧和实践做一些探讨。我们不会在这里罗列项目管理中所需的各种方法与流程，在这方面，详细阐述项目管理方法与流程的书有很多。本章的目标是，重点研讨项目经理的一些常犯错误，让你避免类似的情况发生。

项目管理中的错误

以下列举了一张清单，是项目经理经常忽视而导致出错的一些做法。期望我这样做没有冒犯到你。我特意做了总结，并且有些夸大，目的是凸显这些错误，让你能够避免类似的错误。

- 缺乏商业论证：不了解项目的商业目的与意义，以为项目发起人或者高层经理们实施了商业可行性研究，并以为成本可控，收益符合预期。
- 在项目计划时做出妥协：屈服于资深的项目相关方的压力，认为缩减项目计划，项目可以更快地交付。
- 低质量的项目启动文档：忽视项目启动中的重要文档，如项目交付成果及如何交付、项目范围、需求、风险、存在的问题、项目成功标准、角色分工、职责、质量标准、费用、资源、项目沟通计划和项目的实际进度表等。
- 不清晰的项目范围：项目的范围描述不清晰，范围内和不在范围内的项目定义不够具体。
- 需求管理不足：记录项目需求的文件太过笼统，没有用流程规范的方式对项目的变更进行跟踪、评估和集成管理。
- 没有使用专业的项目管理工具，比如，工作分解结构、流程图、里程碑，以及具有清晰的交付物的阶段评审流程与方法。
- 项目计划凭空捏造，没有吸引团队成员参与其中。

- 项目的技术文件和规划文件没能得到项目关键相关方的认可。他们往往把签字当作认可，而没有确保相关方真正理解文件的内容与意义。
- 低估了项目的投入：估算过于乐观，只考虑到最乐观的情景，而没有考虑可能出现的不确定情况，留存一定的紧急备用资源。
- 过于机械的风险管理流程：没有把风险分析变成实际行动，虽然有风险记录表和风险报告，但是在项目管理实际运作中，他们得不到实际的应用。
- 不健全的管理体系：既没有清晰的项目管理上报流程，也没有建立一个强有力的项目管理委员会，定期开展工作。
- 不能及时有效地进行项目的总结和回顾，以便从失败中总结经验。

你可能觉得前述的这些问题清单比较沉重和夸张，但是现实中恰恰很多项目在这些问题上都有惨痛的教训。教训大部分来自缺乏计划性，没有扎实稳定的项目计划基础，就不可能确保项目计划的执行。项目在真正实施之前应该有非常明确的定义，包括风险、存在的问题、变更请求等，还要做好正式的评估和相关管理工作。准确的估算、详细需求的收集、质量控制及明确的商业论证，这些都是确保项目最终能以最少资源交付最大价值的项目成功的重要因素，也是项目成功的先决条件。另外，设定好业绩考核标准和管理的各项规章制度，也是帮助项目成功的重要措施。

现实中有趣的现象是，许多项目经理知道需要做一些什么，却从来没有这样去做，要么拖延不做，要么在行动上流于形式，整天忙于到处“救火”。

项目范围失控经常将项目经理置于困境

在大型项目管理中，一个被普遍忽视的问题是项目范围管理不当，这个问题经常引发项目经理的失败。项目经理常常加班加点地帮助解决没完没了的范围变更（例如，锦上添花的镀金工作），最终导致项目延期交付和项目预算超支。项目领导者知道如何应用得体而又专业的方式应对变更，在项目的初期就做好了准备，让范围的变更严格遵循变更管理流程。

——莫尔顿·索伦森，

Verizon 公司企业解决方案事业部全球客户服务副总裁

预见性是项目管理的关键

项目经理经常在项目初期犯错误，原因很简单，就是因为他们没有花时间去识别和管理风险。风险识别与管理不当很快就会成为一个问题，在一些情况下，甚至是致命的。我亲眼见证了一些重要项目启动后又被叫停的情况。原因就是启动前没有做风险分析，没有风险计划，也没有风险的过程监控。最后从结果看，里程碑结果无法交付，成本追加，项目团队的自信心丧失。最终，公司不得不宣告项目终止。这个案例的项目经理其实是一个非常成熟老到并且有良好人际关系的人，但由于风险识别不当，出现重大问题，导致项目最后失控。预见性是项目管理的关键！强有力的风险分析和风险过程管理，是项目领导者所必须重视的。

——帕特里克·耶格，项目管理办公室主任，项目集经理

项目信息没有得到有效挖掘和应用

虽然不是每个项目经理都有决策控制权，但大部分都掌握了一些数据，可以辅助决策。问题是如何获取这样的数据并将其转化为行动。团队里谁的工作量超负荷？我们需要雇用更多的人吗？为什么我们的预估和项目最后结果相去甚远？项目计划呈现出大量的信息，但是信

息没有得到充分挖掘和应用。一部分原因是工具被用来管理项目，但是并不能方便和容易地利用工具来提炼数据。决策者往往不希望数据太多，他们希望数据得到过滤和分析，让数据能够用于战略和业务决策。大多数项目经理常犯的错误是，他们没有认识到项目计划中有许多宝贵的信息等待挖掘！

——莉兹·皮尔斯，液体计划公司首席执行官

练习　你犯有哪些项目管理错误

花点时间来回顾和对照一下前面提到的与项目管理流程相关的常见错误：

- 你观察到其他项目经理常犯的错误有哪些？
- 你看到哪些错误是你本人也深受其害的？原因何在？
- 你如何成为一名优秀的项目经理，并能帮助别人避免这些错误？

非常重要的是，你不仅要运用所获得的经验来改善目前正在运作的项目，还要帮助你的同事们做得更好。想一想，你能为更大的组织层面做点什么，以及还能为所在的行业做点什么。我们都有责任和义务传播知识，改变我们身边的世界。一定要成为一名好的榜样，永远做正确的事情。

项目的定义

在达夫·德维尔（Dov Dvir）和亚伦·圣哈（Aaron J. Shenhar）的研究中，发现所有成功的项目都具有一个典型的特征，就是项目的定义阶段花的时间较长，项目的愿景和需求定义清晰。他们写道，之所以要花很多的时间，

是为了选择一个最佳的执行方案，并获得项目相关方的认同。

项目领导者明白，花时间做好项目的定义是一项基础工作，绝不能投机取巧，省略任何工作。项目领导者不能屈服于任何资深的项目相关方，迫于他们的压力，急于启动项目，因为相关方往往急于启动项目，他们想看到事情的进展。即使项目前端投入的时间较多，花费的时间很长，项目反过来还会交付得更快，原因是前期的努力能让人们更好地沟通，明白他们要做的事情，以及如何把事情做好。当然，这绝不意味着项目领导者就不在意在项目定义、项目计划和赢得相关方认同方面所花的时间，相反，他们具有时间的紧迫感，时间的长短绝对是基于实际需要的。当然这也并不意味着项目领导者就是喜欢严格的瀑布计划（Waterfall Methodology），所有的事情都要按部就班地进行，显然这不太适合创新型的新建项目。项目领导者想要的是，在项目初期，尽可能地把事情搞清楚，以便他们能做好准备，有效地应对各种不测事件。

克纳特·弗雷德里克·桑塞特写道，项目成功的精髓就是在前期减少项目的不确定性和风险。我们可以对最初的想法提出质疑，总结和应用过去的一些经验，咨询相关相关方等来减少项目的不确定性和风险。如果一个项目在战略上失败了，定位出了问题，通常可以归咎于和追溯于项目的初期工作没有做好，没有把问题定义清楚。项目在启动阶段关注的重点是，要尽一切可能让问题浮出水面，论证项目的合理性，明确项目是否能满足需求。桑塞特还特别提到，在此阶段，人的创造力、想象力及直觉比一堆项目数据更具有价值，因为项目启动阶段最重要的工作，就是建立一个大局观，分析其中的问题，以便制定出一套明智的策略。因此，在项目初期，缺乏信息未必是一件坏事，甚至可能是一件好事。

为了做好项目启动，项目领导者必须清楚项目的最终目标。项目领导者必须和客户及项目团队成员密切合作，探讨项目的想法和可行性，设想项目最终完成后的状态及收益情况。项目领导者要对项目的各种假设提出质疑，提出有价值的问题，包括一些棘手的问题。事实上，最简单、最直接的一些问题也往往是最有威力和最难发问的（见图 3.6.1）。我们常常感到，那些与客户业务相关的项目信息与技术问题，太过简单而不值得一问。但如果我们不问，就不知道如何为客户创造更多的价值。在项目的开始阶段，我们周边的人比我们知道的情况多，我们必须要多问，才能充分了解客户的背景情况。这样才能奠定一个好的基础，最终成功交付项目。

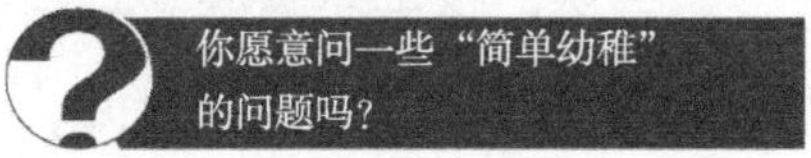

图 3.6.1　简单而直接的提问威力巨大

要敢于暴露自己的弱点，问一些看似“幼稚”的问题

示弱不容易，但如果你足够强大，敢于承认你所不知道的事情，你就会成为一位诚实、坦率和值得信任的人。这种做人做事的好习惯，随着时间的推移，最终会让你获得巨大的回报。在面试中，我总会问一个问题，我把它叫作“Kobayashi Maru”（电影《星球大战》中小林丸船上的一种测试方法）测试。我会就一个复杂的主题进行提问，直到问到某一个层级或者细节，对方不知道如何回答为止。通常我不会雇用那些不会坦然真诚地说“我不知道”的人。承认你不知道是一个原则问题，只有你敢于承认不知道，你才会问“幼稚”或者“愚蠢”的问题。项目经理通常习惯于听从专家的意见，一般不愿意主动表达自己的重大关切或者提出尖锐的问题。指出风险与问题所在，虽然是项目经理的职责，但他们并不认为这是明智之举。我们必须扭转这种情况，因为即使问题专家，也不能总是明白别人所讲的事情。一般情况下，在场专家的智商越高，假装理解但实际上并没有真正理解的人

数就会越多。提出幼稚的问题有一个很大的价值，那就是迫使大家少说专业术语，确保大家都能理解和明白。因此，即使你不能参加会议，你也应该“雇用”他人来提出“幼稚”的问题，帮助大家达成共识。

——保罗·柴普曼，金融服务公司项目经理

项目领导者也不会把自己置身事外，会询问项目的商业可行性，确保项目的经济收益能够实现。他们绝不会等待其他资深经理来完成商业可行性案例的分析，而是自己和资深经理们一起，讨论和澄清目前的业务情况和未来的需求。他们深入细节，探究为什么要做这个项目？商业价值是什么？如何衡量项目的收益？什么时候？

在项目启动和计划阶段，需要问一些重要问题，我们需要找到答案，并做好记录（见图 3.6.2）。

项目定义	花一些时间准确地定义项目
	驳回不切实际的期望
	对各种想法和可能存在的潜在的业务问题提出意见
	要敢于提出尖锐的问题
	质疑项目的商业可行性
	仔细检查替代方案
	与项目相关方密切合作，鼓励团队参与
	利用好过往经验
	发挥他人的创作力、想象力和直觉

图 3.6.2　项目启动时的考虑因素

↘ 为什么/谁/什么问题

- 为什么这个项目重要？
- 这个项目想要达成的目标是什么？宏观目标和微观目标各是什么？

- 我们要解决的问题是什么?
- 项目最终如何帮助客户提升运营效率?
- 项目的技术限制和成功标准是什么?（时间、成本和质量?）
- 项目的战略成功标准是什么?（有效性、相关性和可持续性?）
- 项目在哪些方面与公司的全球战略保持一致?
- 谁是项目的收益方? 项目的相关方有哪些?
- 谁会反对项目的变更?
- 项目的内、外部影响因素有哪些?
- 这个项目会以什么样的方式对人们的日常活动产生影响?
- 哪些工作是项目范围内的? 哪些是项目范围外的?
- 项目的需求是什么? 验收标准是什么?
- 项目的建议方案是什么? 替代解决方案是什么?
- 我们如何利用过去类似项目的经验?

↘ 怎样/什么时候/什么问题

- 我们怎样才能从这里到达终点?
- 交付项目需要的资源是什么?（人力、技术、材料、供应商等）
- 项目的主要阶段和里程碑是什么?
- 项目的风险、问题和相关依赖因素有哪些?（包括和人员相关的一些问题）
- 项目人员如何配备? 机制流程如何设计? 项目如何执行和控制?
- 如何更好地吸引、保留和激励团队成员?
- 如何做好项目相关方的沟通? 如何吸引他们参与项目工作?
- 什么样的沟通会议和频率是合适的?
- 项目的大致预算成本是多少?
- 项目按阶段交付的时间表是什么?

- 项目各个阶段的交付物是什么?
- 项目的产品质量将如何检查?
- 在项目中将使用什么样的项目管理方法?（敏捷模式、瀑布模式等）
- 项目如何移交客户? 如何进行后续服务支持?
- 什么时候项目结束? 收尾流程是什么?

在你定义和启动项目时，你考虑到了上述哪些问题? 哪些问题你和项目团队及关键相关方做过讨论并达成了一致? 记住，所有这些问题并不期望你都有答案，定义项目是团队的工作。

发掘项目的核心需求，分析项目的业务流程，设计项目的解决方案，制作项目的技术说明书及创建产品分解结构和项目计划，这些都是团队的工作。团队在这些基础层面共同工作，意味着团队成员每个人都理解项目的交付成果，感觉到自己对交付一个符合质量要求的产品负有责任。团队成员如果能够理解客户的需求，并且充分参与到项目的设计和计划阶段，这将是对团队成员的一种莫大的激励，同时帮助团队成员更好地化解项目中可能出现的矛盾，做出相应的整改。基于这样的原因，项目领导者要坚持多让项目团队成员参与客户的活动，通过工作坊、现场访谈和原型设计等手段，验证客户需求，提出相应的项目解决方案。

项目领导者要设定高标准和严要求，需求和设计文件必须清晰，而且要使用通用语言和图表进行描述。项目领导者还要坚持，对于每个需求都应该有一套具体的、可以衡量的验收标准。一个通用的工具是“需求跟踪矩阵”（Requirements Traceability Matrix），可以用 Excel 来创建。需求跟踪矩阵的目的是在个人业务目标、商业需求、技术需求、测试和验证之间建立一种关系，并随着项目的进展，跟踪它们的变化情况。需求跟踪矩阵也是项目范围的一个基准，可以对项目实施过程中的变更进行跟踪和控制。

项目领导者意识到，导致项目发生争议和项目出现问题的最大原因都与项目的范围和目标的变更有关。他们也知道项目范围与目标的变化，具有潜在的重大价值，需要我们对变更所产生的影响进行认真的评估，包括战术方面的影响（时间、成本和质量），以及战略层面的影响（有效性、相关性和可持续性）（见图 3.6.3）。仅仅评估变更对时间、成本和质量的影响是不够的，还必须考虑变更在战略层面所产生的影响。

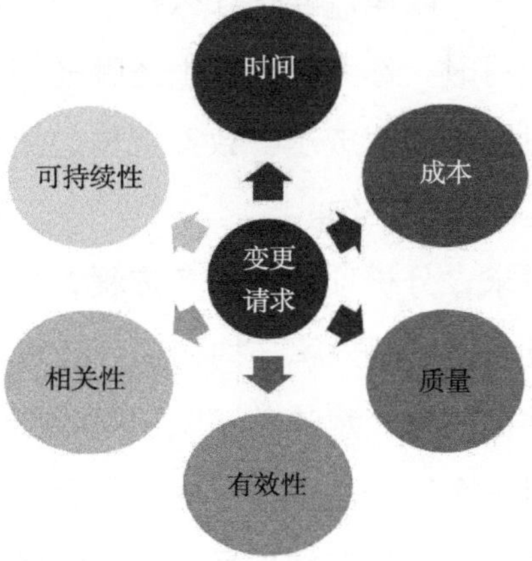

图 3.6.3　基于战术和战略两个方面对变更请求进行评估

在一个新信息、新机会变化越来越快的世界，如何适应变化和应对变化，变得越来越重要，最终，我们期望变化能够更好地服务于客户和组织。真正的领导力就在于此。

在变更方面，要保持足够的灵活性。如果项目需要一些变更不需要害怕，也不需要道歉。但是我们始终需要牢记项目的目标和收益情况。事先定义一套可衡量的标准，可以帮助我们更好地做项目决策，以及评估一个变更是否值得实施。你如何确保项目启动阶段制订的计划和流程足够灵活？你如何接纳项目过程中呈现出的新信息、新机会？如果需要变更，你愿意变更吗？你会害怕或担忧变更吗？

项目范围变更扩大不一定是坏事

扩大项目范围是指在客户的请求下，增加更多的产品、服务与特性进入项目中。如果这件事是经过变更管理流程批准的，或者如果客户愿意提供额外的时间与预算，这不一定是一件坏事。作为一名经过专业训练的项目经理，我们倾向于视范围的扩大为一件不好的事情，但如果客户许可，范围的扩大是可以的，只要项目重新进行计划，使用新的项目基准即可。当管理一个项目时，你不仅处于项目的一线，也经常位于组织的一线。这意味着你需要时刻竖起你的“天线”，应对可能的项目范围增加，这通常意味着组织收入的增加。变更的好处不仅是更多的销售和对客户更多的价值，也会让你提升你的销售技能，这在许多项目中是非常重要的。因此，当项目范围增加时，你所做的一切，会为你个人的项目管理职业生涯的发展增砖添瓦，掌握一些宝贵的技能。

——瑞奇 · 马尔茨曼，《绿色项目管理》合著者

团队的定义和项目启动会

项目启动通常被描述为一个单独的事件（或会议），项目经理向团队介绍项目，带领团队浏览项目背景，并确保每个人都步调一致。这是一种非常有限的开始方式。开始一个项目不仅仅是一次性的会议，启动会议会帮助项目团队了解项目经理或者项目发起人制定的项目目标、项目交付成果与进度节点。良好的项目启动事实上包括一系列的会议和研讨会，这些会议和研讨会让团队积极参与进来，了解项目中的“较困难”和“较容易”的方方面面。较难的方面（我们应该交付什么及何时交付？）是大多数项目经理关注的。

没有多少人强调和重视与团队建设相关的软的方面。

正如我们从前面的章节中所学到的，个体是复杂的存在，他们在不同情况下有着不同的处理问题的方式。塔克曼关于团队的形成期、冲突期、规范期和成熟期四阶段模型告诉我们，团队成员需要时间来相互了解，从而建立起团队的凝聚力，以及交付一个伟大项目所需要的相互之间的信任。我们可以通过给他们时间和空间来定义他们的价值观，以及他们希望如何合作来帮助团队度过这些阶段。这意味着他们需要在如何相互沟通、处理决策，以及如何解决冲突上达成一致。当团队成员不在彼此身上投入时间时，他们就有可能在冲突期或规范期卡住，每个人都以自己为中心，而不是一个团结的团队。这会导致相互误解和工作质量出问题。一些有效的技巧可以在项目开始阶段时用来帮助团队找到适合自己的方式与方法。接下来让我们看一看如何利用讲故事、制定基本规则、创建团队章程和分析工具等四项技术（见图 3.6.4），来帮助打造有凝聚力的团队。

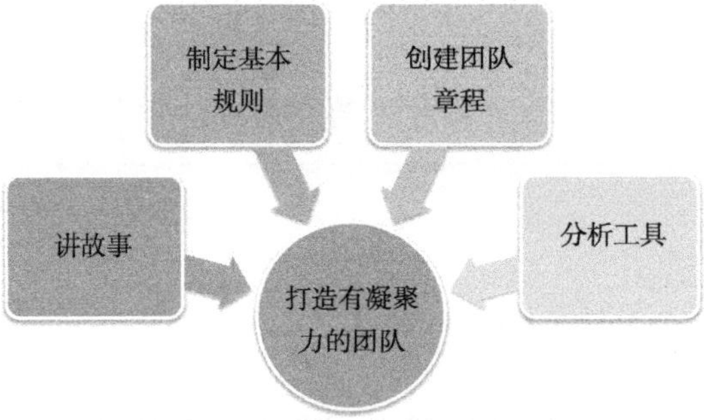

图 3.6.4　打造有凝聚力的团队

↘ 讲故事

在最开始的项目会议上，讲故事是让团队成员放松下来并互相了解的一个好方法。例如，你可以鼓励团队成员告诉团队其他成员一些关于他们自己的令人惊讶的事情。他们也可以分享自己隐藏的天赋，或者分享他们有过的好的或坏的团队经历，以及为什么会这样。在此基础上，你可以进行一次谈话，谈论他们希望在这个项目中获得怎样的团队体验，以及他们认为需要付出什么。

↘ 制定基本规则

当谈到我们在一起工作时对彼此期望的行为要求，并不是大多数团队成员所习惯的时，正如我们在本书中多次提到的，这正是对团队绩效产生影响的独特之处。除非人们能够清楚地表达一个伟大的团队是什么样的，以及它是如何运作的，否则就不可能创建一个优秀的团队。在一个项目中，如果有时需要做出艰难的决定和克服困难的处境，团队必须养成彼此公开交谈的习惯，并表达他们的关切、希望和恐惧。

参考我们在前面探索的四个沟通层次，这意味着团队不应该仅仅讨论内容和程序方面的问题，还应该进入更深层次的沟通，在那里谈论行为和情绪。一个很好的方法是帮助团队制定基本规则，并创建团队章程。为了促进这种会议，带上一叠便利贴，要求每个团队成员写下对他们来说非常重要的行为——每个便利贴写一项。有人可能写：当有人提出评论、关注或问题时，团队成员之间应该互相尊重和互相倾听。另一个人可能写：团队成员应该每月至少在工作之外社交一次。所有这些即时贴写出的事项都可以成为团队同意遵循的基本规则。重要的是，基本规则不是由项目经理制定的，而是由所有团队成员共同制定的。

↘ 创建团队章程

基本规则（参与规则）是项目团队章程的一部分，这是一份阐明团队组成、团队方向及团队职责范围的文件。请注意，这份团队章程不同于项目章程，项目章程描述的是项目中的硬元素，如项目目标和项目交付成果。团队章程应该由所有团队成员制定，只有当团队具有自主制定对团队具有重要意义的团队章程的时候，团队章程才会发生效力。所以不要成为一名控制型的除法领导者，自己代表团队完成这项工作。项目经理应该成为一名引导者和乘法领导者，不断提出有挑战性的问题，例如：

- 我们的目的是什么？团队存在的意义是什么？
- 哪些决策和活动属于我们团队的范围？
- 我们将对哪些可衡量的交付结果负责？
- 我们将遵循什么流程？
- 我们有哪些优势和技能？
- 我们的弱点是什么？
- 每个团队成员的角色是什么？我们每个人将如何做出贡献？
- 我们将如何对待彼此？哪些价值观和基本规则对我们很重要？
- 我们将如何决策和克服冲突？
- 我们将如何分享知识并相互交流？
- 我们将举行哪些定期会议？我们将如何举行这些会议？
- 我们将如何庆祝我们的成功？
- 我们如何用一句话来概括我们的项目目的？

创建有意义的团队章程可能需要一些时间，但要坚持这个过程，抵制快速跟进的诱惑。当团队意识到你是认真的时，他们最终会觉醒过来，抓住机会制定团队章程，为一个伟大的团队奠定基础。

↘ 分析工具

当与思想开放和成熟的团队成员一起工作时，你也可以利用一些专业的分析工具来提高自我认知和对团队优缺点的了解。市场上有几种工具，包括优势识别器、优势开发清单（Strengths Deployment Inventory，SDI）、VIA 角色优势、DISC 和 Insight。最好找一名专业的引导师来帮助你使用这些工具并解读评测的结果。评测的结果可以帮助团队发展，将团队带到一个全新的水平。此外，评测的结果也会让人们大开眼界，所以请一个有经验的教练来帮助团队成员澄清疑问或问题，显得非常重要。

合作不会自然发生，合作需要引导

在这个合作的新时代，项目领导者要与各种团队合作。有一些人位于同一栋大楼里，为同一组织工作。另一些人则可能住在不同的大陆，有着不同的母语、时区和文化，他们需要协调一致。但是我们需要把这些完全不同的人组成一个团队，使他们可以一起工作，创造出一己之力不能完成的任务。

在周游世界的过程中，我发现许多项目专业人员缺乏有效地与团队合作的能力。当我和他们交谈时，他们承认他们从未接受过这方面的训练，不知道如何合作，也不确定这是什么！虽然一些项目领导者人缘很好，本能地知道应该做什么，但遗憾的是，大多数人都不知道应该做什么。促进合作（Facilitation）意味着“让合作变得容易”，在这方面有大量的关于如何有效合作的知识和技能。掌握这些学问的人具有如下知识和技能：

- 在会议开始时使众人步调一致。
- 设计适合每种情况的对话。
- 引导团队取得成果。
- 为冲突和冲突的处理提供一个安全的环境。
- 让人们参与进来。
- 使参与者保持适当的活力状态，并且……
- 几乎做了所有这些。

像许多项目专业人员一样，我在职业生涯的早期也感受到了这种匮乏。一个项目研讨会几乎以灾难性的结局告终，因为关键人物感到无所事事，并随时准备离开。幸运的是，我能够在他人的支持下扭转这种局面，我花了几年的时间来发展促进合作这项技能，这样我就再也不会处于那种让人很不舒服的境地了！我发现，不仅我的研讨会，而且我的项目也变得更加顺利，因为我能够为我的团队奠定基础，让他们在整个项目中有效协作。我注意到，我可以与更高级的项目相关方一起处理项目，包括政府部长和董事会级别的高管，我能够让他们保持参与度并且感兴趣。多年以来，每当人们发展了这项技能时，他们的项目或项目集也会发生类似的转变。

——佩妮·普兰，Making Project Work 有限公司董事，《虚拟领导力和商业分析》作者

项目治理与沟通

为了让升级和决策流程工作尽可能顺利，项目领导者应该与项目的主要出资人密切合作，确保在项目的初期就成立项目管理委员会，其成员应该具备相应的经验与能力。在项目出资人之外，项目管理委员会通常包括主要的供应商，他们负责生产和交付最终的项目成果，以及最终用户，是负责提供需求和最终使用产品的一群人。

项目管理委员会不能有太多的人，应该包括真正能推动项目发展并能做出决策的人，这一点很重要。邀请支持者和反对者两种不同类型的人加入项目管理委员会是一个不错的主意。持怀疑态度的相关方，也就是反对者，会提出问题，帮助澄清事实，暴露错误和减少对抗，最终帮助团队提供更好的项目结果。

图 3.6.5 为项目的组织结构。

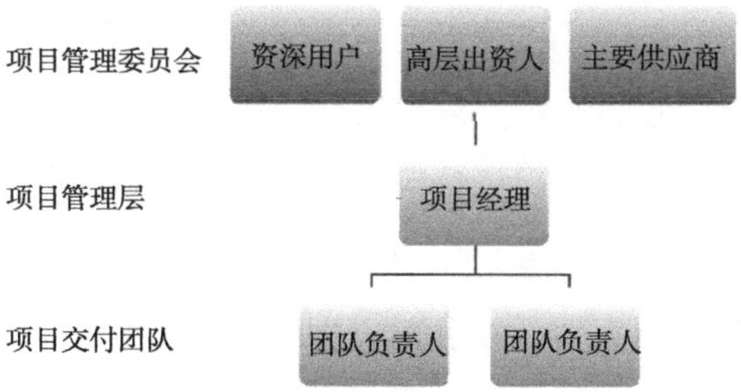

图 3.6.5　项目的组织结构

练习　如何加速项目中的决策流程

回顾和总结一下，你的项目升级与决策流程是如何工作的？

- 是否清楚什么时候需要向上做升级汇报，以及向谁汇报？
- 是否容易接近高管决策者？他们的决策是否快速，以及是否具有一致性？
- 团队的角色和职责清楚吗？
- 项目管理委员会是否建立，是否定期讨论项目的大方向、项目的进程、风险和存在的问题？
- 你向项目管理委员会呈现的报告是否清晰、准确，它们能够让项目管理委员会做出相应的决策吗？

检查一下，你的项目在决策方面，哪些地方花费的时间最多。回头再看一看上面的选择方案。你可以做些什么，以便改善项目的决策流程？

项目领导者明白项目管理委员会参与项目的重要性。要确保项目管理委员会的每名成员都清楚地理解他们的具体职责，并且全力投入项目工作中。虽然出资人是最终的决策者，但这并不意味着他们习惯于项目决策，理解他们的角色及其重要性，以及知道他们应该做什么。项目领导者要花时间，要提前解释并让他们明白他们的责任与义务，当问题发生时，我们需要他们明确战略方向，做出相应的决策，只有这样，才能减小项目相应的风险。

项目领导者也需要按月召集项目管理委员会会议，在主持会议时要自信、轻松、条理清晰。项目领导者之所以可以这样坦然以对，是因为他们拥有项目管理委员会的信任与支持。在会前，他们会与每位成员都做沟通与协调，所有冲突的问题都已得到解决。前面已经说过，项目管理委员会会议的目标不是来做投票练习的，而是要围绕着项目的状态、风险和问题，以及一些重要决策，进行深度的、有意义的沟通。在项目管理委员会会议期间，项目领导者要努力完成以下工作：

- 提供一个最新的项目 RAG（Red/Amber/Green）状态报告。
- 提供一个可视化的时间表，说明项目的主要阶段及里程碑完成情况。
- 展示自上一次会议后的项目结果（最好是有形的成果），以及团队的优秀表现情况。
- 阐述上次项目会议措施的执行情况。
- 告知委员会下一个阶段的项目里程碑。
- 列出项目的十大风险和问题清单，并做相关说明。
- 明确需要项目管理委员会做出的决定（如果有的话），提供相关的背景信息，帮助委员会做出决策。
- 提供项目范围变更建议方案及其影响（如果有的话），请求项目管理委员会批准。
- 提供一份财务报表，说明实际花费与预算情况，以及剩余预算与还未完成的工作情况。

状态报告

最好的状态报告总是简单明了，高级管理人员可以快速浏览，得到信息要点。一份状态报告提供的价值，包括里程碑节点概要、风险、问题和预算信息等，而且报告页数越少越好。一份不好的状态报告，里边包含了太多的静态信息，却缺乏足够的关于真实项目问题的信息。这样的报告并不能真实地反映项目的实际情况。如果你只是写下了在上一阶段里发生的事情，以及你在下一阶段将做什么，但是并不提及目前实际进展与计划相比情况如何，以及真正的风险和问题是什么，高层管理人员也就没有兴趣去仔细阅读这样的报告。

一份简单而有效的状态报告应该包括以下注意事项：

- 不要包含太多关于项目背景的静态信息。它不给予任何额外价值，并且这些信息属于定义文档。
- 不要只写你在上一时期完成了什么任务，下一时期你将要做什么。它没有给项目相关方一个衡量进展的方法。
- 不要通过电子邮件发送报告，特别是邮件中没有任何说明信息。如果没有简短的总结，告诉高管们发生了什么，他们可能不会阅读所附的报告文档。
- 不要在没有和接收者沟通的情况下，在项目报告中发出坏消息。你不希望你的高管发起人在没有得到解释的情况下，突然收到一个重大的问题报告。
- 不要使用项目管理术语和复杂的图表，这使得信息难以消化。
- 在报告中一定要有项目发起人和项目经理的姓名。
- 如果可能的话，一定要把信息保持在一页。这增加了高管们直接通读的可能性。

- 务必列明项目五大风险和问题，包括责任人和缓解措施。
- 一定要列明关于预算和你如何跟踪预算的信息。
- 务必列明主要里程碑、计划日期、责任人和每个里程碑的 RAG 状态概述。
- 请列出上一阶段的主要成就和交付物。
- 一定要列出可能的附加价值，但要保持简单直观。
- 请明确指出你需要报告接收人进行什么回应或希望他们做什么。这份报告是仅供参考，还是需要有人做出任何决定?

你可以去 www.powerofprojectleadership.com 网站下载更多的汇报模板。

团队一起制订项目计划

我在做项目管理培训、教练和咨询的时候，惊讶地发现只有非常少的人懂得团队制订项目计划的重要性。我培训的这些项目经理有 15~20 年的经验，他们没有充分认识到让团队成员充分参与项目规划过程的重要性。他们认为项目计划是项目经理的责任，只在需要的时候让团队成员参与进来。这种方法不是建立一个致力于共同目标并团结团队的好方法。相反，它创造了一个孤立工作的群体，每个人都专注于完成自己的个人任务。想一想，你合作过的团队中有多少是由很多个体组成的，而不是一个真正的团队？根据我的经验，真正的团队比我们想象的要少得多。原因很多，其中的一个原因就是团队从未聚在一起合作制订项目计划。

是时候将自己从一个除法领导者转变为一个真正的倡导合作的乘法领导者了。团队成员，尤其是年青一代，他们希望参与到他们期望完成的工作之中。基于云服务的合作工具，使得这个过程更加容易。这样做的好处，不仅仅是一个合作的计划，还包括共享所有权和更高的投入度。我在下面概述了一个七步流程（见图 3.6.6），它将帮助你与你的团队制订一个协作计划。如你所见，这样不是为了创建一个不可更改的详细指示，而是了解项目的所有关键要素，并在这个过程中建立一个有凝聚力的团队。项目领导者是促进团队合作和讨论的理想人选，但是从组织内部或外部使用一位公正的第三方主持人也是一个很好的方法。七步流程包括使用老式的便利贴和白板，这适用于所有团队成员都在场。如果团队是远程的，可以使用在线工具应用相同的流程。然而，没有什么比面对面的交流更好的选择了。如果你的团队是线上的，也许你可以在项目的早期安排一次线下聚会。

图 3.6.6　制订计划七步流程

↘ 第 0 步　审查项目范围

我们假定在规划工作开始时，项目已经立项。一个定义明确的项目是指团队对交付内容和交付时间达成了共识。因此，团队计划流程的第一步就是让团队清晰地知道项目的范围和最终应交付的成果是什么。

↘ 第 1 步　静默的头脑风暴

团队计划流程是第一步要做的工作。在这里，团队集思广益，讨论在既定的项目范围内需要完成的工作。为了做好头脑风暴，利用便利贴并要求人们写下项目范围内的所有任务和活动，每张便利贴上只写一项活动。重要的是，在这个阶段不要像除法领导者那样批评或限制别人。只要让他们记下想到的任何事情，因为这是最好的参与创建团队计划的方式。在促进了这个计划过程多年后，我了解到沉默的头脑风暴比传统的人们大声说话的头脑风暴更为有效。通过传统的头脑风暴，最外向的团队成员将主导谈话，打断更安静的人。静默的头脑风暴则是让每个人平等贡献的一个好方法。这仅仅需要每个团队成员静下来思考几分钟。

↘ 第 2 步　合并和删除重复项

在团队成员集思广益完成头脑风暴之后，他们可能已经积累了多达 25 条与其他团队成员所写下的内容重叠的便利贴。因此，第二步是合并和删除重复项。当主持人宣读集体讨论的任务时，团队可以删除重复的内容，并就他们认为项目应该有哪些任务和活动组成达成一致意见。

↘ 第 3 步　将任务分组

团队现在有了一定数量的便利贴，便可以将其分组到不同类别或种类的工作中。第一个小组可能与通信有关，第二个小组可能与金融有关，第三个小组可能与技术有关，等等。在这一步结束时，团队将确定 5~10 个类别，并为每个类别分配任务。这项活动最好使用白板、图表或展示墙，让每个人都能看到哪些便利贴属于哪类。这些不同的类别可以用不同颜色的便签标记，以便于与其他任务区分开来。使用便利贴很重要，这可以使整个项目规划过程更加动态和便于移动。不要一开始就直接在白板上写出项目种类。

↘ 第 4 步 创建进度表

第四步是为更进一步的项目计划准备时间进度表。首先，在白板或挂图的顶部放置一条时间线，从左到右排列。用便利贴来说明计划的不同月份。然后将类别等标题放在图表的左侧。现在，你可以创建一个由水平和垂直“泳道”组成的网格。网格将会使在正确的时间点标注相应的工作更加容易。

↘ 第 5 步 将任务列入日程

下一步是根据从属关系将单个任务转移到日程计划中。首先将包含最终交付内容的便利贴放在图表的右侧。然后一个接一个地转移所有的任务。需要相对较早完成的任务放在左边，较晚完成的任务放在右边。这是一个非常动态的过程，团队成员在这个过程中讨论，在理想情况下，这个任务需要在时间线上的什么地方发生。当他们放置便利贴时，他们应该考虑任务的依赖关系，因为一些任务需要在其他任务之前被完成。

在这一步，你可以用记号笔在便签之间标明依赖关系。在这一步结束时，你将会拥有一个高阶的项目计划，这将显示每项任务和活动何时可以完成，以及前后关联的任务都有哪些。在这个阶段，当你还没有所有的详细信息时，可以做出假设并使用估计的持续时间。团队计划流程是进入更深入的计划活动的基础。

↘ 第 6 步 确定里程碑

既然高阶计划已经完成，现在该是确定里程碑的时候了。选择新颜色的便利贴，并确定 6~12 个里程碑。里程碑是没有持续时间的任务，表示项目中的重要成就。它们用于标识项目的进展，这在与项目相关方沟通汇报时非常有用。

↘ 第7步 分配责任人

团队计划流程的最后一步，是为图表上的每个任务和里程碑分配责任人。每张便利贴应该有一个负责推进的责任人。责任人可能是也可能不是要实际完成工作的人。不管怎样，这是一个需要承担责任的人。团队计划流程的最终结果是一个高阶的计划，由团队建立依赖关系、里程碑和任务责任人。每个人现在都需要确认他们所负责的任务，可以在指定的日期完成。这种方法的美妙之处在于，因为计划是协作构建的，团队成员更有可能致力于完成计划。这个项目计划也将帮助你与相关方更好地沟通，对于项目相关方来说，一页里程碑计划可能就是他们的全部所需，能够很好地满足他们的需求。

风险管理

风险管理是成功项目交付的一个重要部分，当所有团队成员协作并能分享他们的知识和洞察力时，风险管理才会有效。当团队在一起分析、规划和分配风险责任时，不仅改进了流程，还会加强团队成员相互之间的责任感和责任归属意识。项目经理有时会将大部分风险都分配给自己。但是这并没有调动团队的积极性，也没有创造一种共同的责任感。非常重要的一点是，要有勇气把风险分配给正确的责任人，并获得他们的认可和接受，以做好全方位的风险管理。

当项目领导者和他们的团队在界定风险或潜在的问题时，他们会考虑不同的情景和观点，仔细检查项目的每个部分。相关的风险还会包括战略和人际关系冲突，这些风险往往会被那些缺乏经验的领导者忽略。这类风险的案例包括：客户战略的变化，客户和供应商对合同条款或需求有不同的理解，交付合作伙伴之间发生信任危机，关键人物的个性冲突或合作障碍，或者一个或多个项目相关方反对项目变更，等等。项目领导者召开会议的唯一目的，就是要识别和处理风险，他们会问人们担心什么，什么会阻碍他们兑现承诺。

他们这样做不仅是为了在短期内减轻风险，也是为了创造一种风险意识和风险文化，使团队能够更好地发现和应对未来的风险。

但是风险管理不仅仅是为了避免潜在的问题。风险也可以是积极的，它会以机遇的形式出现。积极的风险和消极的风险一样重要，因为它们代表了给客户带来更多价值的机会。只有当我们挑战现状，找到持续改进和创新的方法时，我们才能抓住机遇。但是，这些积极的风险可能并不总是自动送上门来，尤其是我们过于关注既定计划的执行时。我们经常需要训练自己及其他人，如何发现机会，我们还需要有意识地抽出时间，分析工作是否可以采用不同的方式与方法。

项目领导者擅长的另一个方面是评估项目的整体风险状况。风险不仅仅是一个独立的威胁，贴上一个风险标签即可，一个项目的总体风险很可能比所有单个的风险加起来还要大。风险医生戴维·希尔森是这样总结的：在理解项目风险时，一个常见的概念是在考虑风险时只考虑项目中的具体事件或条件。这忽略了一个事实，即这个项目本身，对组织来说，可能就是一个风险，这些风险表现在更高的层次上，是在项目集或项目组合层面的风险，也许是在交付项目战略价值方面存在风险。区分“总体项目风险”和“单个项目风险”非常重要，这样会让我们认识到风险存在于不同的层级和不同的维度，更好地认知项目的特性。因此，对风险管理而言，我们不仅要管理好项目的单个事件风险（项目中的风险），而且要管理好项目的总体风险（项目的风险）。

克兰菲尔德大学讲师埃尔玛·库奇认为，我们在如何管理风险上还有另两个问题。库奇解释说，首先，项目经理没有正确地处理预期风险，即已知的未知因素。这些是我们理解的风险，我们可以识别和预测。库奇认为，项目经理通常过于乐观，往往不能及时应对和处理这些预期的风险，原因很简单，什么都不做是最容易的选择。他的研究表明，人们不愿意承诺采取减轻风险的行动，反而倾向于在采取行动之前采取观望的态度，看事态如何发展。

库奇认为，项目经理存在的第二个问题是，很少关注意外风险，即未知的未知风险。与项目团队无法预测的风险相比，现在似乎有一种倾向，那就是关注熟悉且可衡量的风险。有一个方法可以帮助我们克服这个问题，那就是让项目外部的人参与风险的识别过程。那些与我们思维方式不同和持有不同观点的人，可能发现那些我们无法发现的未知风险。然而，有些风险无论是团队还是外部的人士都无法发现，因为它们本身就是未知的。在这种情况下，我们所能做的就是建立弹性和灵活性，帮助我们应对未知风险的影响，无论它来自何方。

当所有项目团队成员协作时，风险管理最为有效。它改进了流程，加强了责任感和归属感。让我们看一看，团队在一起做好风险管理所涉及的一些步骤（见图 3.6.7）。我们将像以前一样利用便利贴和挂图纸（见图 3.6.8）。如果团队不在同一地点，你可以使用在线协作工具。我在这里介绍的风险识别和减轻的流程，是针对那些负面风险的，对于机会或积极的风险，其方法是类似的。

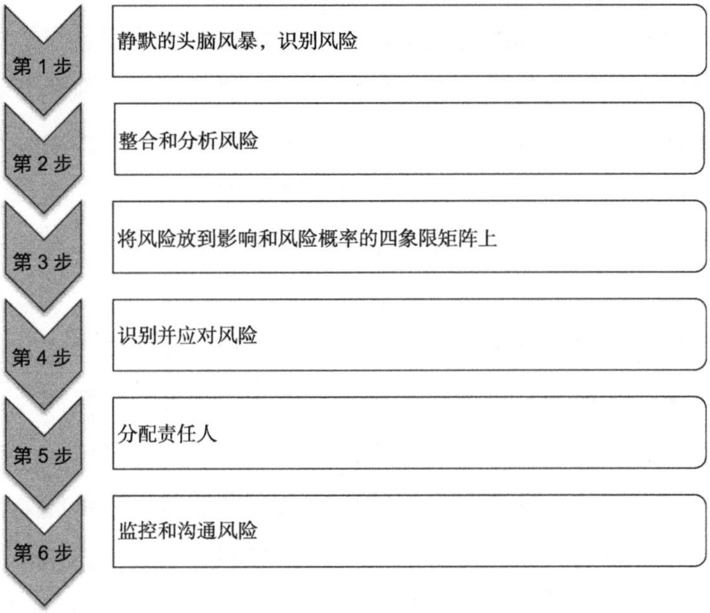

图 3.6.7　协作管理风险六步法

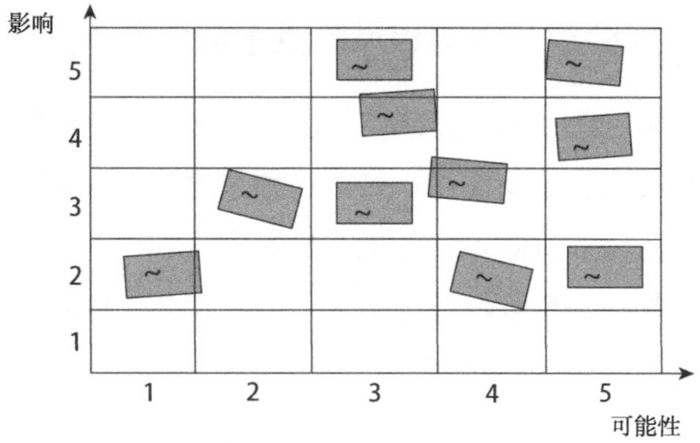

图 3.6.8　传统的风险矩阵可以与团队协作使用

↘ 第 1 步　静默的头脑风暴，识别风险

团队一起做风险管理的第一步是，要求团队在教室中默默地进行头脑风暴，找出所有可能的项目风险。给人们一叠便利贴，让他们考虑任何可能出错的地方。当他们想到潜在的问题时，他们应该把每个风险写在单独的便利贴上，并贴在墙上。风险越具体，就越容易找到适当的应对措施。有些风险是有独特性的，与项目本身有关，而其他风险是通用的，影响所有的项目。例如，做用户测试时，用户不在场。没关系。让团队成员列出所有类型的风险，因为如果找不到合适的应对措施，它们都可能变成问题。不要因为一些问题太不稳定，无法讨论而故意忽视它们。请记住，管理风险比等到风险成为问题时再解决，要容易得多。

↘ 第 2 步　整合和分析风险

第二步是整合和分析风险。一个接一个地说出每个风险，并通过询问为什么、为什么、为什么，尝试寻找每个风险的根本原因。继续挖掘，直到团队找到风险的最终来源。这个过程将使我们更容易做出决定，如何最好地应对每个风险。如果你遇到已经提到的风险，你可以删除这个重复的风险项。

↘ 第 3 步　将风险放到影响和风险概率的四象限矩阵上

一旦团队理解了产量风险的根本原因，下一步就是确定风险发生的概率及发生时的影响程度。换句话说，如果这种风险成为现实，会发生什么？它将如何影响项目的时间、成本、质量、商业利益和资源？说明风险的影响和概率的最佳方法是在白板或挂图上画一个风险矩阵，概率沿水平轴，影响沿垂直轴。你可以使用 1~5 的数字等级，也可以使用高、中、低等级。然后团队可以查看每个已识别的风险，并根据风险发生的可能性，以及在风险出现的情况下影响的大小，将风险分析的结果放到矩阵中去。

↘ 第 4 步　识别并应对风险

第四步是关注可能性最大、影响最大的风险，并确定最佳风险应对措施。必须采取哪些措施来降低那些高风险的可能性和影响程度？你可能不需要对已经发现的每个风险都做出反应。我最近与马来西亚的一个制造团队一起促成了一个风险研讨会。他们确定了整个项目中的 24 个风险，并决定减轻每个风险。这个项目对企业来说太重要了，不能冒任何风险。如果是在你的项目中，你要决定哪些风险值得减轻，哪些不值得。有些风险微不足道，无法应对，有些则不值得减轻，例如，如果减轻风险比风险本身代价还要大，那这个风险就不值得应对。确定风险应对措施后，要把风险应对的具体行动记录在风险登记册中。我在与一些项目经理合作时发现，他们的风险应对措施只有寥寥几个字，如避免、转移、减轻、接受或升级。这是不够的，风险应对需要包含具体行动。

↘ 第 5 步　分配责任人

接下来，你需要为每个风险分配一个责任人。责任人应该是最适合实施风险应对和监控其进展的人。项目团队或项目指导委员会中的任何人都可以，只要他们接受责任。许多项目经理经常犯一个错误，即给自己分配了太多风险，作为风险的责任人。作为项目经理，你有责任促进风险管理的过程，但这并不意味着你应该对每个单独的风险都承担责任。确保安全的最佳方式，是在一致协商后，确定谁负责承担什么风险。在研讨会上大家一起确定风险责任，比项目经理自己分配责任并希望人们承担责任要好得多。

↘ 第 6 步　监控和沟通风险

最后一步是持续监控和沟通你已经识别的风险及商定的行动措施。与你的团队和项目相关方安排定期的风险审查，以确定需要解决的新风险领域或一些已经发生变更的风险。请记住，在进度报告中始终提及你的主要风险和应对措施，并在项目管理会议中不断报告这些风险和应对措施，是非常重要的。这不仅会向项目相关方表明你积极主动的态度，还可能获得有价值的反馈，帮助你更好地降低风险。

为了更好地管理风险，请记住以下提示：

- 与团队成员举行团队风险管理会议，唯一的目的是共同识别和处理风险，并建立共同的责任感。
- 询问人们的担心是什么，什么会妨碍他们完成工作任务。
- 让项目之外的人参与进来，帮助你发现未知的风险。
- 要考虑与客户战略变化、信任和人际关系冲突相关的风险。
- 确定如何更好地减轻影响大和发生概率高的风险。想一想，你能做些什么，以便降低消极风险的概率，增加积极风险的概率。
- 通过问为什么、为什么、为什么来探究每个主要风险的根本原因。
- 静下心来想一想项目的整体风险，这可能比所有风险加起来还要大。
- 使用风险导图来厘清风险逻辑和单个风险之间的相互关系。
- 为每个风险分配最合适的责任人（不仅仅是你自己），并获得责任人的承诺。
- 鼓励人们关注积极的风险并尽一切努力抓住机会。

- 鼓励在每月例会上围绕项目的主要风险展开讨论，尤其是那些影响项目成功的风险，或者需要额外资金或时间来实施风险应对的风险。
- 在书面汇报之前，一定要面对面地向项目的重要相关方汇报重大风险。

永远不要复制你的风险管理策略或项目相关方分析登记表

我的一个学生是一个非常受欢迎的项目经理，刚刚交付了一个非常成功的项目。下一个项目就在眼前。为了加快速度，他将风险管理策略、项目相关方分析和沟通计划从一个项目复制到另一个项目，因为这两个项目看起来非常相似。然而，新项目是在另一个国家和一个完全不同的环境中进行的。结果是数百万美元的赤字和一个推迟交付的项目。项目经理很匆忙，并没有咨询团队。我也犯过同样的错误，为了避免灾难，最终项目不得不关闭。

——迈克尔·弗莱伦，管理顾问及 PRINCE2 培训师

估算与价值分析

估算不准是造成项目失败的主要原因之一，在这方面，许多项目经理都有个人的切身经历，有可能包括你本人。项目的领导者清晰地认识到估算的风险，不想交付一个杰出的产品或者服务，但最后因为估算低了，或者因为预算超标让项目失去商业意义，项目最终被贴上了失败的标签。如果项目的估算不足，改变了商业的可行性，这样的项目可能从一开始就不应该进行。

为了能够产生一个较为精准的估算，项目领导者需要花费大量的精力去理解项目的交付成果，估算基于交付成果。项目领导者要与团队一起分析项目的问题与需求，仔细研究替代方案，并将产品分解为组件，想办法量化不确定因素和风险。当然，他们不需要在项目的开始阶段做大量的细节分析，

只需要分析到一定的程度，让团队能够发现风险所在并找到可靠的解决方案即可。在多数情况下，详细的风险分析是随着项目的进展而逐步展开的。

高质量的评估很大程度上取决于我们对未来的预测是否诚实、是否实事求是。我们需要非常小心地进行估算，既不能过于乐观，也不能太过悲观（见图 3.6.9）。无论是乐观还是悲观，最终都是夸大估算，破坏估算的流程。许多团队只考虑最好的情景，提供最乐观的估算。他们没有考虑活动的方方面面，没有留出备用金，以应对风险和不确定性。项目领导者要娴熟地平衡悲观与乐观的情绪，确保估算现实和可达成。怎样做到这一点？项目领导者要创造一个环境，让人们相互之间坦诚以待，不接受任何不准确的估算。项目领导者要利用估算工具和常识做估算，同时用自己的直觉对估算进行判断。如果感到一些事情不对，他们会质疑，会追究细节，了解估算是如何得到的。

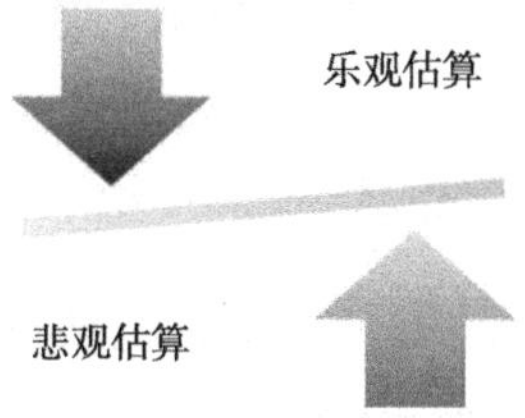

图 3.6.9　好的估算是现实的，既不会太乐观也不会太悲观

为了更好地进行估算，需要考虑以下几点：

- 要花费足够的时间分析客户的需求，确保每个人对交付结果和估算内容达成一致意见。
- 尽量把工作任务分解和细化。
- 研究和试用不同的评估工具和技巧。
- 尽可能多地引进有经验的人，吸收他们的专业意见。
- 让不同小组的人对同一件事做估算，并对结果进行比较。
- 在给出最终估算前，用原型做验证。

- 检查是否有过去的项目，它们的规模和复杂程度相当，用这些项目作为参考。
- 使用计划评审技术（Programme Evaluation and Review Technique，PERT）。PERT 的计算公式是$(P+4M+O)/6$，P 是最悲观的估算，M 是最可能的估算，O 是最乐观的估算。这种加权平均计算的方式，可以避免过于乐观的估算。
- 考虑项目的各个阶段活动，包括各种管理活动，以及文档和培训等。
- 考虑不确定性。你可以对已知的风险进行定量估算，即风险发生后的成本（影响）乘以风险发生的概率。
- 对每部分的估算都给予一定的风险储备金，特别是对“未知的未知风险”。
- 跳出细节，凭直觉对项目的总体估算做一个判断。想一想估算是否靠谱?
- 要意识到估算工期和工作量是两个不同的概念。项目的工作量是用人时而不是日历时间来估算的。要通过转换，把估算转化为日历时间。这会让你认清一个事实，你的团队的工作效率不会总是百分之百，一个人也不会一天 8 小时都在工作。
- 你的估算应该是一个范围区间，而不应该是一个数字，或说单点估算。
- 定期对项目进行重新估算，并通报项目管理委员会。
- 把估算写进项目的商业论证中，确保项目仍然具有现实性和必要性。

当估算完成后，项目领导者不应该把这看作一个已经完成了的项目任务。相反，他们应该回过头去看一看估算的意义。他们要了解项目的全貌，把估算放到项目的商业论证中，评估项目的可行性（见图 3.6.10）。他们问：在什么情况下，估算的结果会影响项目的可行性？是否仍有足够的经济动机来完成这个项目？估算要超过多长时间，商业论证便会失效?

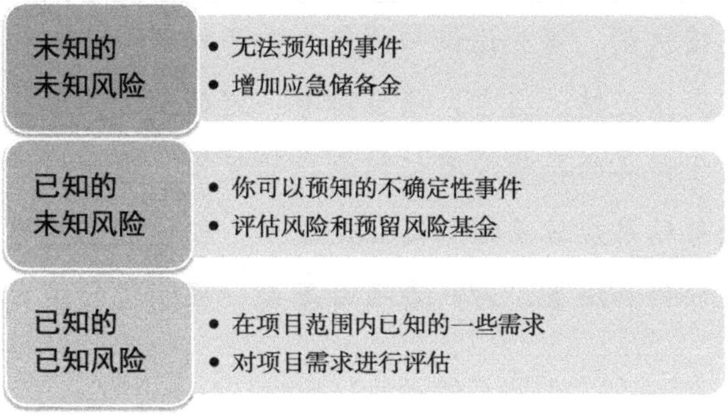

图 3.6.10　如何考虑未知的风险与已知的需求

项目领导者要像企业主一样思考，要这样考虑问题，如果是花自己的钱，我们将会做什么？试着想一想这个问题。想象你是项目的个人资助者，你会如何思考？你会对项目的投资和收益感觉有所不同吗？你还会坚持推进这个项目吗？每个人都应该像企业主一样思考和行动，对项目的可行性负起共同的责任。如果有人写出了商业论证，你要认真阅读，并对不明白的地方进行请教。如果还没有商业论证，那就需要大家一起努力构建一个商业论证。如果你不知道如何构建一个商业论证，不知道如何定量计算出收益和项目的回收周期，那就开始学习和研究吧。不要让任何困难阻碍你的前进。项目的领导者永远是这样的，对于任何不懂的方面，总会采取行动去学习。

一个好的商业论证，一定是关注商业价值的

一个好的商业论证应该是随后所有工作建立的基础，通常商业是为获得商业资本服务的，并没有呈现出真正的业务价值所在。一个好的商业论证应该包括以下几个方面。

（1）商业价值。这个词在组织里广为流传，但人们并没有真正理解到底什么是商业价值。对于一个商业机构，商业价值最好用商业术语来描述。商业价值 = 增加的营业额 + 确保的营业额 + 减少的成本 + 规避的成本。

（2）反馈机制。商业论证必须包含一套机制，可以对项目的进展和成功情况提供反馈。通常，项目都有一定的预算，然后往往变成一个黑洞，对于预算的花费没有任何真正的反馈。商业论证应该包含一套机制，项目结果应该反馈到商业论证中，以便我们能够对项目的进展进行定期评估和决策，看一看项目是否一项明智的投资，是否还需要继续。

（3）优先级判定机制。商业论证项目中必须有一些方法或者手段，用于决策项目的优先级和一些具体工作的优先级。一个通用的方法就是使用延迟成本/时长（Cost of Delay Divided by Duration）的计算方法，采用短工期工作优先排序的策略。这样做的目的是关注项目的商业价值并对其进行优先级排序，不管项目如何发生变化，或者之前是否做过优先级排序，都要有这样的一套机制。

（4）最后，商业论证应该短小精悍且易于理解，而且目标定义清晰。很多商业论证常常太过复杂，其中复杂的财务术语让人读不懂（在学术和物理意义两个方面）。商业论证应该是容易分享和容易交流的。

——本·休斯，敏捷创新教练公司董事长

项目回顾

大部分项目经理都知道项目完成后做一次回顾与总结是非常有价值的，即总结项目什么做得好，什么做得不够好，什么在下一次可以做得有所不同。这套流程确实非常有价值，但问题是组织常常未能从中学习到什么，原因是写出来的报告从来没有被人阅读过。更有价值的做法是不必等到项目结束，而是在项目的过程阶段中，不断进行阶段回顾、总结与纠偏。为什么不可以再进一步？为什么不在项目的每个阶段与团队一起进行回顾和总结，以便团队从中学习经验与教训，马上实施调整和改进呢？没有时间可以浪费，没有理由不这样做。

苏珊·普利查德说：我们必须通过快速迭代的方式不断学习和适时反思，这便是在经验中学习而不是从经验中学习。蒂姆·班菲尔德也指出，写在纸上的经验教训价值有限。他说，让人们相互交谈和分享彼此在项目中的经验，给他们创造空间和机会让他们在项目的过程中相互学习，远比纸上的经验总结要好得多。他还特别强调，为了更好、更持续地学习和改善，向项目之外的人征求意见和建议至关重要。

为了更有效地进行项目回顾，可以参考以下建议。

↘ 1. 创建立一个安全的环境

复盘总结要想有效，必须让参与者能够自由地表达他们的想法，而不用担心他们会因为一些事情没有做好而受到责备。复盘总结的目的是界定什么做得好，什么做得还不够好，还有改进的空间。指出流程的问题和发生的错误是可以的，但是不是为了批评和指责他人，而是为了建设性地提出改进意见。如果团队成员放不开，不愿意讲话，我们可以让他们把想法写在即时贴上（或者在会议前通过在线调查的方式收集意见），这样大家可以一起讨论和总结所提出的问题。

↘ 2. 让所有的项目成员都参加

对于一个项目复盘总结来说，如果不同的角色和相关的相关方——从项目的核心团队成员和合作人员，到管理层、分包商和客户，如果他们都能参与进来，这样的复盘总结将会产生更大的影响。当一个项目进展顺利的时候，意味着团队的每个人都理解项目的流程，知道谁应该做什么，相互之间高效合作，各相关方之间的沟通顺畅、无障碍。当然，我没有推荐你一定要把所有的相关群体都邀请过来参加一个大复盘总结会议，但是，要确保每个人的意见都被倾听，你知道他们的想法和改进意见。

↘ 3. 保持简单

一个好的复盘总结的流程需要不断重复应用才会产生价值，而且一定要简单。我们期望复盘的结果要有量化的、可衡量的指标，而且不要占用参与者太多的时间。我推荐使用下面的一个两步流程。

第一步，你可以通过在线方式，做一个简单的问题调查，最多 10 个问题，围绕着团队不满意的一些地方，询问他们的改善意见。一部分调查问题可以设定量度的分值，以评测不满意的程度。例如，基于 5 分制（5 分是强烈同意，1 分是强烈不同意），你认为我们作为一个团队在一起工作的效率如何？你也可以询问人们的主观感受，他们哪里感觉好，哪里还有改进的空间？

第二步，你把团队成员召集到一起，可以是面对面的会议，如果团队成员在一个地点办公；也可以是虚拟的，如果团队成员不在一个地点办公。如果团队实在太大，人数太多，不能一起参加一个单独的会议，你可以考虑让全体团队成员和相关方只参加上面讲的第一步工作，然后邀请一些关键成员参加第二步工作。这个两步流程方法的好处是，首先，更多内向的团队成员在会议之前有时间思考和反馈他们的问题。其次，这意味着在会议之前，团队成员是有准备的，而且项目经理也好，会议引导师也好，他们都知道会议的热点议题是什么。因此，他们在会议期间就不用花时间向大家要反馈和改进意见。最后，这个两步流程方法可以让你从更多的人中获得反馈，即使你没有把所有的人邀请过来参加复盘总结会议。

↘ 4. 总结行为与团队活力

许多项目总结之所以意义不大，是因为他们总结的深度不够。总结要产生足够的价值，就需要全面分析和追踪问题的根源。关注项目是否按时、按质、按预算交付是可以的，但是要注意，项目的复盘总结需要评估的是项目的最佳实践、项目组织设计和项目团队活力等方面，而不是项目的进展情况。项目进展报告最好在项目周例会上讨论。

在复盘总结中，要想公开挖掘出团队存在的问题并解决这些问题非常有挑战性，但是如果复盘的目标是改进项目的执行，那么，讨论团队的行为表现就显得至关重要。例如，你可以询问：

- 在团队会议中，我们是否在讨论项目最重要和最困难的问题?
- 你是否从其他团队成员那里得到你需要的支持和反馈?

你还可以通过回顾团队的基本守则或项目章程，讨论团队的行为问题。

↘ 5. 提出有深度的问题

一个好的项目复盘总结的关键成功因素之一，就是引导师要问一些高质量的问题。在复盘总结会议期间，有两个关键的问题必须问：

- 我们什么方面做得好，需要继续保持?
- 我们什么方面做得还不够好，需要改进，或者需要禁止的?

其他的一些可以询问的问题，包括：

- 我们做得如何? 在多大程度上达成了项目目标?
- 我们如何改进我们的项目计划? 如何做好过程管控?
- 我们做出了哪些需要被纠正的错误的决策?
- 我们需要改变哪些无效的流程?
- 我们如何改进我们的沟通与团队合作方式?
- 我们在哪些方面可以更好地相互支持和相互帮助?
- 我们在信息的及时性和准确性方面做得如何? 信息传递是否清晰和一致?

↘ 最后的一些建议

当你开始复盘总结和改进你的项目的时候，一定要让复盘的流程尽可能平稳和连贯。你不要在每次复盘的时候都变更流程，这样会让团队无所适从。

如果你发现团队对一些新思想、新方法有怀疑，或者不确定，但如果方法是正确的，那么你就应该坚持下去，至少尝试两个星期，然后再做评估。

最后，如果复盘的结果发现，团队中只有一部分人努力工作和有价值贡献，这绝对值得进一步探讨，寻找背后的真实原因到底是什么：是人们工作量太大、理想破灭，还是遭受了打击？如果带着好奇心关心和研究这个问题，你可能解决项目团队的一个重大问题，是什么在影响着团队的绩效。

总体来讲，对于项目管理流程来说，没有一个一招鲜的、一劳永逸的解决方案，但是一些工具和管理实践对项目的成功如此重要，我们需要对它们做一些裁减，以便应用到绝大多数的项目中。毫无疑问，是人在交付项目，但是流程会支持人们交付项目。然而，要让流程更好地发挥作用，产生附加价值，你必须与相关方和团队一起共同创建流程。

项目管理工具

以下列举了非常实用的10个项目管理工具。其中的一些可能包括在项目启动文件和项目计划中。进入以下网站www.powerofprojectleadership.com，可以下载这些模板。

（1）商业论证模板。

（2）项目启动文件。

（3）产品分解结构。

（4）项目进度表与里程碑计划。

（5）需求跟踪矩阵。

（6）项目周报。

（7）提交项目管理委员会月度审阅的项目文件包。

（8）风险和问题登记表。

（9）财务数据跟踪表。

（10）人力资源跟踪表。

如何践行新行为

这一节描述了项目经理最容易犯的与项目管理流程相关的常见错误，包括计划不到位，估算不足，缺乏项目治理机制，以及机械的风险管理方法。此外，还涉及了如何建立一个坚实的项目管理基础，如何进行回顾与反思，如何确保项目中的流程有实用价值和实际意义，如何让流程更人性化，如何提出正确的问题，如何让相关方参与到流程中，等等。

如何学以致用

- 将事情简单化，不要采用一个对你的项目不能带来附加价值的流程。
- 在你开始执行项目和做出任何节点承诺前，花些时间对项目的背景和项目的范围做一个透彻的了解。
- 切记，虽然你是项目经理，但并不需要你对所有问题都有答案，也不能一个人做项目计划。你需要尽可能地让团队参与进来。
- 如果还没有商业论证，项目经理要与项目的出资人一起共同担纲，负责构建一个商业论证，并做好相应的文档。
- 利用需求跟踪矩阵跟踪客户的需求，并通过演示、演练、图表和原型机等方式验证客户的需求。
- 与团队一起不仅关注消极的、负面的风险，还要关注积极的、正面的风险；要从项目团队外寻求帮助，以便界定不可预知的未知风险。
- 在项目估算过程中，参考不同群组成员的意见，以便帮助你获得现实的估算，而不要太过乐观。

- 定义和澄清好各方的角色和职责，定期召集项目管理委员会会议，例如，每月一次。
- 在项目的每个阶段，都要与项目的相关核心人员进行项目回顾，从经验中不断学习和提高。
- 进入 www.powerofprojectleadership.com 网站，下载重要的项目管理模板，如商业论证、项目启动文档、预算跟踪单和项目管理委员会汇报模板等。

小测验：你是否掌握了本节的知识要点

- 根据客户和团队成员情况，项目管理流程要有助于项目目标的达成，符合项目的需要。它们既不能太死板，也不能太灵活。你的流程能够保障工作顺利完成即可。
- 要制作一个完整的项目启动文档或者项目计划，内容涉及项目概况、商业论证、项目范围、项目方法、风险、问题、相互依赖关系、里程碑计划、项目治理结构、质量控制、质量保证、沟通策略、成本、资源和供应商管理等。为了获得所有项目主要相关方的支持，你与他们都做过详细的沟通，阐述了他们所关心的问题。
- 对于项目的跟踪、评估和范围变更的管理，都要纳入相应的流程管理。你清晰地知道项目自启动以后，项目范围的变更情况及变更所产生的影响。
- 与团队一起密切合作，共同制订项目计划，一起识别和减小风险。不要出现你和你的团队都没有预见到的重大风险。
- 定期检查和追溯项目的支出情况，并把信息汇总在项目周报和项目管理委员会报告中。只要可能，要尽量使用简单的图表帮助阐述信息。

- 如果你管理的是一个试验项目，你要确保项目的流程与文档没有妨碍创新。
- 你要定期汇报项目的进程情况，给项目相关方提供他们感兴趣的相关信息。
- 项目管理委员会要发挥作用，要每月定期召开会议，检查项目的进展情况、风险及相关问题，并提供相关指导意见。
- 你要有一套机制，对项目进行定期回顾，以便你能从经验和纠偏行为（当需要的时候）中学习。你要鼓励团队与其他团队之间，多交流思想和项目经验。

你的学习收获与行动计划

请写出至少三点你从本节中学到的新知识，同时写下你会采取的三项行动，把自己学到的应用到日常工作中。

核心要素 7

聚焦工作重点

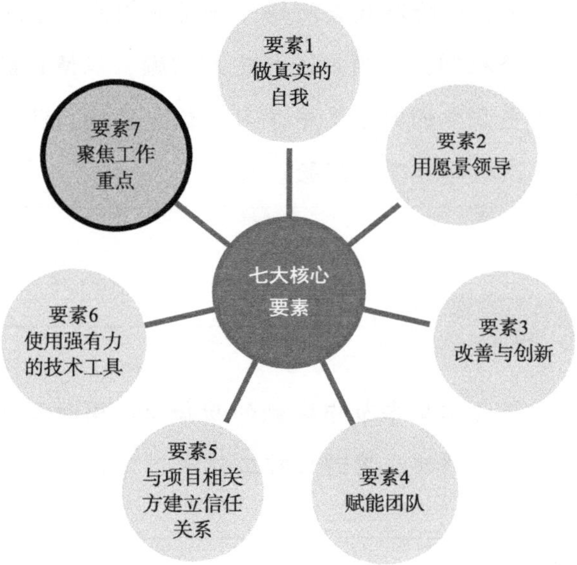

你将从这个要素中学到：

- 如何停止“救火”式的被动反应，把时间用于能产生高附加价值的重要活动？
- 为什么授权对项目领导至关重要？如何正确做好授权？
- 如何克服拖延习惯，限制时间的浪费？
- 如何应用帕累托法则和“吃青蛙”方式让我们成为一名更优秀的项目经理？

时间管理三角形

在前面的章节中，我们探讨了项目经理的转型，即如何从项目经理转型为项目领导者所需要具备的态度、行为和能力。如果你能花时间并践行这些行为准则，你便能成为一名优秀的项目领导者。本章的主题是，带着目的去工作。我们会探讨如何腾出时间、解放自己，关注最重要的前瞻活动。如果想要更上一层楼，只有 30%的时间像项目领导者那样工作是不够的。你每天、每个星期的任何时间，都应该专注于那些能帮你带来显著价值和战略利益的工作上。

优秀的项目领导者都深知时间的宝贵，因此做任何事情都会充分计划好时间。他们专注于能带来最大产出的活动，在安排事物的优先顺序上表现出色。他们学会了克服拖延，始终把要事放在紧急事情之前处理。他们把授权与合作作为培养、发展其他人的有效工具，而这反过来又为他们腾出时间去做领导者该干的事情。他们不会让借口、恐惧或自我怀疑阻碍自己的前进。他们用健康的方式训练自己的头脑，这让他们不动摇、不偏离方向。本核心要素想告诉大家如何培养这些良好的工作习惯，并为持续的成功铺平道路。

让我们先观察一下“时间管理三角形”（见图 3.7.1），从中大家可以看到时间使用的三种基本方式：①积极主动的活动；②救火活动；③浪费时间活动。

积极主动的活动与我们谈到的七个核心要素有关。具体的活动包括为未来做好计划、实施用愿景领导、改善与创新、赋能团队、正确应用流程及与相关方创建信任关系。

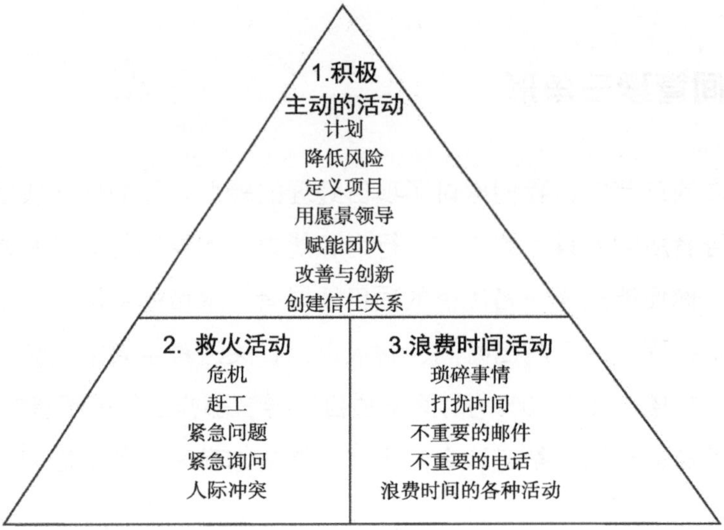

图 3.7.1　时间管理三角形

救火活动涉及以下方方面面：处理危机事件、应对紧急情况、应对质疑、处理差错和赶工等。面临这些问题时，你看似完成了许多工作，但是这些活动并不一定是项目的关键驱动要素，也不一定会对项目的成功产生多大影响。例如，当你解决了一个问题，毫无疑问，短期内能对项目有帮助，但如果没有前瞻性，没有积极主动的意识，没有找到问题背后的根本原因，未来还可能酿成更多的问题。

最后一类活动纯粹是浪费时间。这些活动不论对项目的短期结果还是长期结果都没有任何帮助。它们包括不重要的电话会议、不必要的面对面谈话、各种打扰、遇事犹豫不决，以及不重要的闲聊等。有时候，“救火”让我们疲惫不堪，而没“火”可救时，我们也要安排不重要的会议，不让自己休息。

为了取得业务结果，我们 80%的时间都应该用来做三角形顶部的那些活动。对照这个三角形，想一想你一天或一周的一般情况是怎样的？这三类活动在你的工作时间中各占多少比例？什么情况下你会去救火？哪些活动是在浪费你的时间？

许多项目经理面临的共同问题：虽然想达成结果，但找不到时间从事那些需要积极主动做的重要工作。尽管开始有良好的意图，但很快就被各种紧急事件淹没，同时大量的问询填满了一整天的日程。他们不得不参加各种会议、解决各种问题，并到处救火；等发现时，一天时间已经过去了。虽然完成了大量工作，回复了成堆的电子邮件，但这些工作并不是他们真正想做的。正如史蒂芬·柯维所说的：“人们很容易就会掉入各种事情的陷阱中。在繁忙的生活中，更加努力地工作，努力攀登成功的阶梯，到头来却发现梯子靠错了墙面。很可能结果就是忙，非常忙，而忙得没有效果。”

工作于被动反应的模式很快就会导致恶性循环。由于没有时间进行积极主动的思考，没有为未来建立坚实的基础，这意味着许多问题都是突然出现的，都需要我们紧急处理。有很多原因导致我们陷入这个模式。一方面，当人们依赖我们的技能和知识，或者我们马上可以看到自己行为的结果时，我们会感到付出终有回报，产生强烈的价值感。另一方面，我们的生活被电话、电子邮件和社交媒体所包围，人们期待得到立即响应。我们自己也希望被看成能够快速响应，并能扭转局面的项目领导者。但是，如果我们希望自己的时间花在其他可以带来更大价值的事情上，我们就要逆流而动，比如，不时地关闭电子邮件系统，寻找安静的空间工作，并拒绝会议邀请。这些虽然正是我们需要做的，但这样做需要极大的勇气。请记住，项目领导者不应该追求短期内受人欢迎，而要做正确的事情，为项目和客户提供最大价值。如果你自己都不花时间专注于项目愿景，并引领团队的话，谁还会这样做呢？

只有当我们始终关注重要而非紧急的事情时，我们才能取得结果，并把自己带到下一个阶段。但这并不是说，我们不去关注那些紧急事件了。这其中的窍门在于，我们要逐步改变做事的顺序，要首先处理“火灾”事件的根源，让我们掌握时间的主动权。在任何工作中都有突发事件，但处理的方式决定了此次应对是否有效。通常至少有两种应对方法：产生短期结果的战术方法及产生长期结果的战略方法。

例如，如果客户出乎意料地改变了项目的一个重要要求，或者我们在设计中有缺陷，那我们就必须看看为什么会发生这样的事情。除了应对变化的短期影响，我们还需要找到更好的方法去确认需求和设计方案。我们的方案经过原型测试吗？我们有没有帮客户绘制情景案例，让客户清晰地看到最终产品或服务的样子？我们还能做什么来证明产品是可行的？我们必须努力构建一个坚实的基础，提出正确的问题，并采取正确的行动，以减少问题的发生。

如果不能找到彻底灭火的方法，我们只能取得平庸的结果，也可能最终让我们处于高压状态，产生职业倦怠感。持续处于高压预警状态会消耗大量的能量，同时造成我们身体和精神上的透支。所以，如果能挤出时间做重要的事，并努力培养团队、给团队赋能，让每个人都参与到帮助团队取得成功的行动中，会让项目经理非常受益。所以下定决心掌控做事的顺序，腾出时间进行重要的活动，同时帮助团队一起做好时间管理。想想什么方法能帮助团队成员采取更积极主动的措施？多做时间管理三角形顶部的那些事情？

想要提高工作效率，不仅需要限制“救火”行为，还需要尽量减少被人打扰和浪费时间的活动。对你来说，什么活动、事件或情况是最不产生生产力的？哪些常规会议或电话会议对你和客户都没有意义？谁有可能打扰你？哪些事件会打乱你的工作安排或浪费你的时间？处理这些浪费时间的事情需要你善于说“不”，例如，对额外的任务、会议或其他人提出的额外要求说“不”。正如我们之前提到的，可以用委婉的方式拒绝，你可以说“我不能做 A 事情，但可以做 B 事情”；而 B 事情需要承诺的时间较少。你也可能发现，如果你能解释拒绝的原因，告诉他们你在其他地方已经做了更大的承诺，人们通常能够接受这样的理由。有时，“如何表达”比“表达什么”更重要。所以，你可以多练习，如何在说“不”的时候，让别人听起来并不觉得被拒绝。也许这样你能提出一个让双方都接受的替代方案。

走出恶性循环

下面我们将介绍如何走出恶性循环，有目的地工作。图 3.7.2 介绍的方法会对你有帮助。你首先要知道什么工作对你是最有价值、最需要放在首位的，然后把精力放在它们上面，不要拖延，不要分散注意力。将合适的工作委派给合适的人，然后恰当地使用你的能量，发挥你的领导力，让项目走向成功。

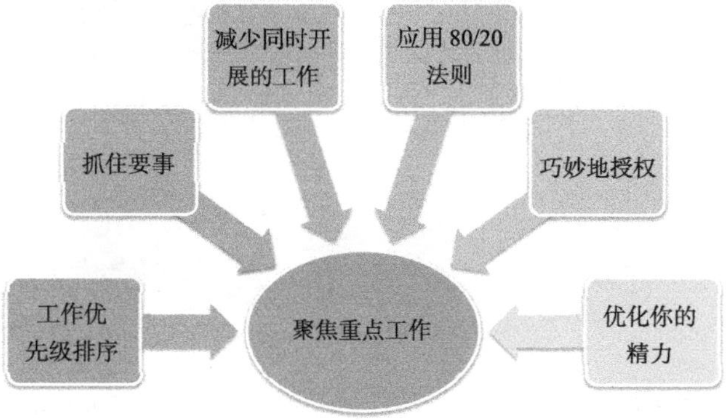

图 3.7.2　帮助你打破恶性循环和聚焦重点工作的策略

↘ 优先重要的事情

走出恶性循环的第一步就是要承认你是自己时间的主人，并做出改变的决定。如果你觉得自己的企业文化就是被动反应，而你只是文化的受害者，或者觉得老板总是在最后一秒将任务布置下来，或者认为你接手的项目问题重重，那么走出恶性循环将是十分困难的。你要知道，控制权是掌握在你手上的。无论在什么情况下，总会有方法扭转局面，虽然转变可能缓慢但肯定会发生。所以现在做出决定吧。第一步，决定自己每天都关注重要的而不是紧急的事情。找到适合自己的时间管理方式，确保每天都挤出时间做绝对需要你关注的事情，并进行回顾。

一旦明白了自己的首要任务，第二步就是为这些重要的事情挤出时间。如果你每天都从回复邮件和清理琐碎事情开始，你可能永远无法启动重要的大事。因为觉得没有足够的时间做那些重要的大事，也许最后你会不断地将这些事推迟。如图 3.7.3 所示，左边有一个罐子。我们先在罐子的底部注入水和沙子，然后放入小石子，最后在上面放进大石块。正如你所看到的，一些大石块无法被装到罐子里。

图 3.7.3　大石块、小石子、沙子和水，永远先装大石块

现在再看右边的图。首先，大石块被放入底部，这代表重大的事情；然后加了一些小石子。现在瓶子看起来满了，但仍然有空间可以倒入沙子，最后还可以注入水。至此，罐子被完全填满了。如果试着在家里做实验，你会发现这是事实。如果从一件件小物品开始放，最终可能没有空间留给那些较大的物品了。

你可以用同样的方法来规划自己的日常活动。关键是每天从“大石头”开始，这样才能保证重要的事情被完成，而给你带来结果的正是这些“大石头”。它们代表着那些只有你能处理的任务，如果你做得好，会对项目的成功产生重大的影响。从“大石头”开始的具体方法：每天早晨留出 90 分钟不被打扰的时间，埋头伏案，扎实地完成一些重要的工作。不要用这个时间来处理琐碎事务和回复电子邮件；这段时间应该用在要事上，如撰写商业计划、规划未来、反思那些自己一直拖延的项目或进行高难度的谈话。想象一下，如果你能更好地利用每天工作开始的头 90 分钟时间来完成最重要的、最复杂的活动，那么你的生产力将会快速地得到提高。

开始时，每天早晨挤出 90 分钟不被打扰的时间可能并不容易。但逐步养成这个习惯，让它为你创造奇迹是完全有可能的。这也要求你管理好周围人对你的期待，让他们明白你在做什么。同时，可能还需要你关掉电子邮件或去不会被人打扰的会议室工作。很多人认为不像平时那样频繁地检查邮件，好像是不可能的事。但我遇到过许多项目领导者，他们都养成了每天只在固定时间检查邮件的习惯，有些人还鼓励自己的团队成员也这样做。他们都表示，这极大地提高了自己的生产力；如果出现真正紧急、重要的事情，人们不论如何都会打电话过来的。

不管付出多少努力，都需要找到方法，在每天的日常工作中逐步开始安排 90 分钟专注的时间。至少尝试一下，看看会发生什么。在未来 10 天就测试一下，然后看看结果。每天早晨，当你头脑清醒时，留出 90 分钟不被打扰的时间，专注于你最关注的、高价值的任务。对自己做出承诺，并信守这个承诺。这样，你也可以磨砺自己的耐力，锻炼自己的性格，并培养高效工作的基本习惯。

↘ 吃掉那只青蛙

另一种方法是，你每天应该尽早吃掉那只“最大的青蛙”（见图 3.7.4）。这是一个众所周知的比喻，是博恩·崔西（Brian Tracy）在他的畅销书《吃掉那只青蛙》中提到的。青蛙代表着你正在拖延的最大、最重要的任务，而这些任务会对项目和客户价值产生重大影响。崔西写道：“能集中精力于最重要的任务，并能在最后圆满地完成任务的能力是成功的关键，也是生活中获得成就、尊重、地位和幸福的关键。”马克·吐温也说过：“如果每天早上你做的第一件事就是吃一只活青蛙，那么，你会欣喜地发现，这一天没有什么比这更糟糕的事情了。"[青蛙法则一：如果你每天早晨第一件事就是吃掉一只活青蛙，那么你会欣喜地发现，这一天没有什么比这更糟糕的事情了（先解决最具挑战性的任务）。青蛙法则二：如果你必须吃掉两只青蛙，那就先吃那只长得丑的（先处理更重要、更困难的工作）。青蛙法则三：如果你必须吃掉一只活青蛙，就算你一直坐在那里盯着它也无济于事（动手去做）。——译者注]

图 3.7.4　不要拖延，早上首先吃掉那只最大、最丑的青蛙

许多人都有拖延症，并一再拿出不做事情的借口。他们忙于规模小且不重要的活动，尽管知道更重要的事情需要自己的关注。项目领导者很少拖延。他们知道自己需要完成什么，而且已经养成了第一时间完成高价值项目的习惯。这个习惯不仅会带来巨大的成果，而且也避免了能量的耗费，因为他们不必为抽不出时间去做这些事情而担忧。

哪些"青蛙"正在等着你吃掉？你一直在拖延哪些重要的任务或活动？是与某人进行一场艰难的谈话？必须做出一个困难的决定？或者你已经推迟了某个只有你能做的报告？记下这些"青蛙"，然后下定决心清除它们。

如果需要一些小的激励才能开始，你可以考虑采用"五分钟法则"，对于那些你一直拖延的活动，只给自己五分钟的时间去完成，这将会有助于你完成任务，这样做之所以有效的原因是因为人类的天性使然，因为人们有一种内在的动力，总想要把一件已经开始的事情做完，即使只给五分钟。理查德·怀斯曼（Richard Wiseman）教授说："当人们在某件事情上只花了五分钟时间时，一种有趣的心理机制就会产生，我们不喜欢未完结的事件。一旦产生这种心理，你就想去做更多。通过使用五分钟法则，人们更容易受到激励去把未完成的任务做完；同时，成功的可能性也会提高 30%。”

如果你对自己是否在工作日内吃了足够多的“青蛙”还有怀疑，那么停下来问问自己以下问题：我自己制造出一些事情来做，是否只是为了逃避做重要的事情？我是高效的还是只是忙碌的？（见图 3.7.5）其实，你可以把这些问题添加到电脑的日程表里，并让这些问题每天在特定或随机的时间里弹出来提醒你。尝试一下，看看会发生什么。这是一个很好的方式，能提醒你应该把自己的注意力放在什么地方。

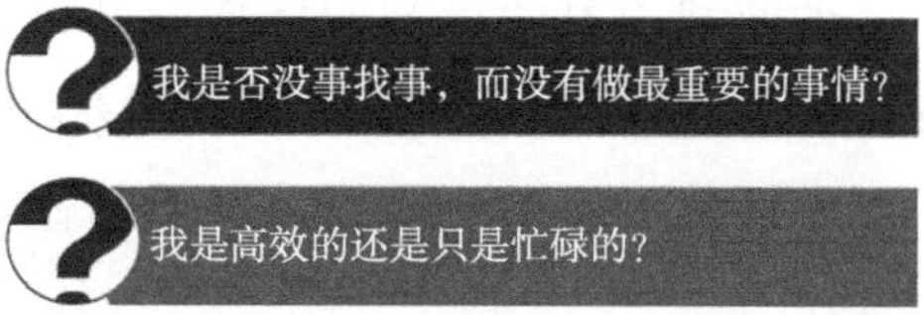

图 3.7.5　为了提高工作效率，每天问问自己这些重要问题

练习　如何克服障碍，聚焦项目重点

让我们看一下，哪些障碍可能阻碍你高效地工作。

- 你正在处理由于计划不当而造成的项目进度滞后问题，这意味着你没有时间考虑全局，无法进行重要的工作。
- 你工作的组织常常提前很短时间发送会议邀请，而且需要你立即调整自己的工作安排来满足他们。
- 你和一位比自己级别高的经理一起工作。他经常一出现问题就来找你，即使这些属于他自己的工作范畴，而且要求你放下自己的计划来帮助他。
- 你负责很多较小规模的项目，看起来你的工作量似乎在逐步增长。现在越来越多的项目被分配给你，你觉得这些已经影响到你对每个小项目的时间安排，无法进行重要的、需要积极主动开展的活动了。

- 你很容易被电子邮件和周围人打扰。很难找到安静的时刻，集中于大事、要事，尤其是当人们期待你立即响应时。
- 当你觉得无聊或遇到难以处理的某些事情时，你习惯拖延。即使你知道事情很重要，但你还是会推迟处理它们。
- 你在工作团队中资历不高也较年轻，你觉得难以授权给团队成员。你不得不在很多细节问题上亲自参与讨论，这使你很少有时间进行那些重要的、需要积极开展的活动，无法思考创新，也没有办法投入精力来构建更好的人际关系。

请问问自己，你是否遇到了前面提到的这些障碍？如果有，你准备用什么方式面对？我们每人都有选择的权力，都可以影响自己做事的方法。如果想取得更好的结果、提高效率，你需要改变自己和团队成员的习惯。只要用心，任何事情都是可能的。

↘ 限制多任务并行

另一个可以提升专注度的方法是限制多任务并行。多任务并行是试图同时做过多事情的一个症状，通常表明我们处于被动反应和救火状态。多任务处理会给我们造成高效的幻觉，因为我们在积极忙碌，但事实恰恰相反。研究表明，当人们同时进行两项认知任务时，其认知能力可以下降高达 50 个百分点。我们把这种现象叫作双重任务干扰。

我们大脑的物理构造并不支持多任务并行。虽然看起来我们好像在同时处理许多任务，其实，我们真正在做的只是在任务之间快速切换注意力，而在此过程中有些事情会被频繁地遗漏。当我们在多个任务之间切换时，我们会丧失专注度和大量的时间，而且任务越复杂，我们失去的就越多。因为我们的大脑不能同时处理两条独立的信息流，不能将它们完全编码进入短期记忆，这也意味着它们不能被转移到长期记忆，无法供以后使用。

我们为什么会同时开展很多工作的原因之一，是因为我们的大脑被新事物所吸引，而且喜欢多样性。不要频繁地在几个任务之间切换，可以让我们能够拥有一些大块的时间聚焦于手上的工作，而不必浪费时间思考如何切换活动和路径。这样的话，我们便可以拥有一些深度工作的时间，避免工作中断的一些不必要的烦恼。

花点时间想一想，读这本书时，你在做什么？也许你也在听音乐、给朋友发短信或者和家人聊天。那工作中呢？你有时会多任务并行，一边检查电子邮件，一边和团队成员谈话吗？如果希望提高效率、保存有用信息，你需要集中精力对待每项任务，这很重要。因为大脑处理事务及做出重大决定的能力是有限的，你必须节约大脑资源并用好它。如果准确和深入思考很重要，就不要分散注意力进行多个任务。当你在早晨的 90 分钟专注于“吃青蛙”时，这点尤其重要。

如果你发现在工作专注度方面有一些困难，容易被一些事情分心，可以考虑一下你的工作安排，在一天中的什么时间做哪些方面的工作更好。丹尼尔·平克在他的《完美时间的秘密》(*The Scientific Secrets of Perfect Timing*)一书中探讨了如何利用时间的科学，以及时间分配是如何影响我们的行为的。丹尼尔说，对大多数人来说，每天都有三个阶段：高峰期、低谷期和恢复期(见图 3.7.6)。在高峰期，我们的思维最为机敏，这段时间最适合用来做一些需要大量思考的分析型工作，特别是那些需要专心致志和决策制定方面的工作。在低谷期，对大多数人来讲，都是在中午前后一段时间，我们的精力会下降，不是个人的最佳时刻。为了充分利用这段时间，我们应该关注和处理一些行政事务工作，回复一些日常的邮件。在恢复期，这个通常是在下午的后半程，我们的精力开始恢复起来，但不是最机敏的时候。这段时间通常可以用来做一些头脑风暴和从事一些创新和创意的活动。要优化你一天的时间，要尽力把工作做到最好，你需要在正确的时间，做正确的事情。对大多数的人来说，这意味着他们的高峰期是在早晨，但是对那些自认为是“夜猫子”的人来说，这三个阶段是颠倒的，即他们的高峰时期会出现在晚上。

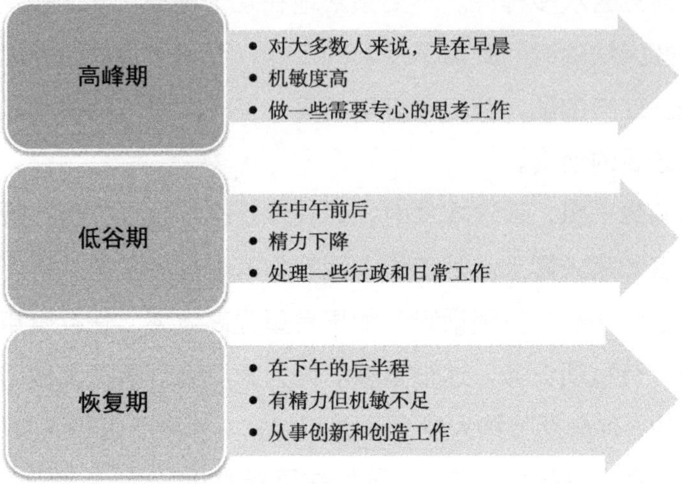

图 3.7.6　如何高效地利用时间：一天中的三个阶段

↘ 帕累托法则

另一个有用的实践是帕累托法则或 80/20 法则（见图 3.7.7）。帕累托是一位意大利经济学家，他证明说，80%的结果是由 20%的原因造成的。他观察到，意大利 80%的土地被 20%的人口拥有，而他花园中 20%的豌豆荚中含有 80%的豌豆。帕累托法则可以用于许多不同地方，例如，产品中 80%的错误来自其中 20%的功能，或者 80%的团队成果是由 20%的团队成员创造的。这是一个有趣的法则，可以帮助我们专注于最高收益领域。

应用 80/20 法则	在你每周/每天的日常工作中，哪 20%的活动产生了 80%的成果？
	什么事情你真的做得很好，总是让你感到惊奇？
	如果你更加关注最重要的 20%，会产生什么结果呢？你会在哪些方面受益？
	你如何开始更多地关注这 20%的活动？

图 3.7.7　应用 80/20 法则

关键的问题是：哪 20%的活动能带来 80%的成果？什么事情你真的做得很好，总是让你感到惊奇？是你主持的特定会议？是你向某人询问的意见？是你与团队打交道的某种方式？或你使用的某些技术？好好思考一下。这 20%的活动是你成功蓝图的一部分。请确保你不打折扣地做好这些，而且尽可能地把它们做到极致。

最初问自己这个问题时，我发现自己绝大部分成果产生于每周的用户小组会议和每月的项目管理委员会议。每周的用户小组会议是定期召开的，聚集了所有关键的相关方和团队领导，通常会做出战略决定，并回答与项目范围及优先事项有关的问题。会议每星期举行一次，参会者是同一组人。我自己主持会议，这样我就可以确保所有重大议题都被讨论，并达成一致的行动方案。在意识到这个会议的重要性后，我确保会议会准时召开，并精心准备，同时尽可能地用最详细和准确的方式记录所有的决定。

↘ 授权的艺术

你可以做的另一个重要改变是更多地授权给团队，这能立即帮你节省出大量时间去关注大局。项目经理授权时遇到的最大障碍：要么觉得没有人可以授权，要么认为自己必须了解所有细节。他们对细节保持掌控，因此不觉得别人可以像自己一样出色地执行任务。但是，如果你想进一步提高自己，并且为客户提供尽可能多的价值，授权是至关重要的。我重申一下：如果你想成为项目领导者，学习授权并培养其他人处理细节的能力是至关重要的。控制细节是微观管理的症状表现，能激励人心的领导者是不会这样做的。你扮演的不是万事通的角色，不要把事情大包大揽；要做到激励团队，让团队发挥出最大潜力。

现在你可能问："如何授权呢？"怎样能够在日常工作中更多地开始授权？（见图 3.7.8）如果你真的能做到这点，那就能腾出时间关注项目领导者应扮演的角色了。总有一种办法能办到，但是你需要做好心理准备，即别人的做法可能和你的不一样，甚至比你的做法更好。你还要接受一个事实，即授权他人需要在前期投入时间进行培训。不能期待他人在没有接受任何指导、培训或者辅导的情况下就直接接手一个新任务。

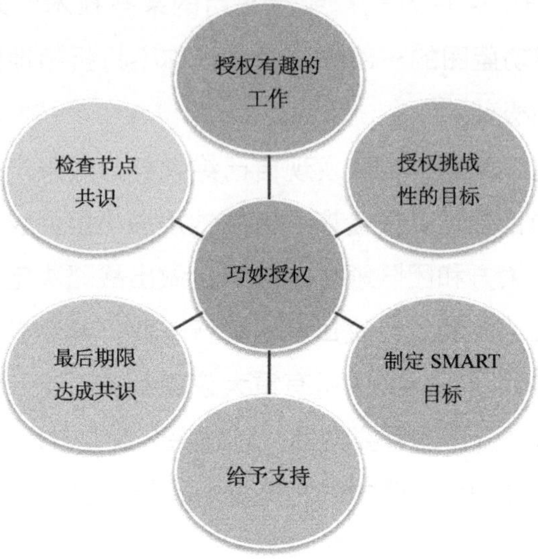

图 3.7.8　如何巧妙地授权

当开始把任务转移给团队时，确保不要将能产生 80%成功结果的那 20%的活动授权给他人去做。这些任务应该留在你手上。最明显可以授权的活动是项目中大量存在的行政管理事务：时间跟踪、财务跟踪、文档更新、新闻稿撰写等。这些活动是必不可少的，但并不一定由你来做。其他人可能做起来比你更擅长或更渴望去做。所以如果你有项目助理，或者公司设有项目管理办公室的话，你可以请他们帮忙。如果都没有，你可能要根据业务需要，向公司提出建议，说明为什么团队或部门中需要增加项目助理或初级项目经理的角色。花几分钟思考一下这个想法。你是否可以向团队之外的人授权？你是否需要这样去做？

可以考虑授权的其他工作是有关细节的规划、具体工作流程的决策与执行工作。起初，你可能不觉得项目团队的相关管理人员能完全胜任这些任务，但通过逐步移交工作，并在此过程中支持他们，你会发现他们很快就能面对这些挑战了。同时，许多管理者在授权时都会犯一个错误，即过快地把任务委派出去，而没有交代清楚自己预期的结果，也没有对被授权者定期进行支持或核查进展。当后来发现任务没有按自己期望的标准完成时，他们会很快地把任务的控制权再收回来。

当你委派任务或者授权工作时，要花时间考虑清楚自己希望别人完成什么任务，取得什么结果。然后为他们提供支持。回想一下我们在前面讨论的项目领导者的“阴”和“阳”。在领导团队时，项目领导者会提供大量的支持——“阴”行为，也会挑战团队——“阳”行为。授权也是如此。你必须清晰地表达自己的期待，并设定高标准，通过任务拓展团队成员的能力；还要在最后期限上达成一致，并使结果有清晰的衡量标准。同时，你要询问大家需要从你那里得到什么指导和培训，并定期与大家沟通，了解大家的进展，全力以赴地支持团队达成结果。

尽可能地使结果符合 SMART 原则，同时为团队成员提供尽可能多的支持，这是有效授权的基本要素。这种策略让人既能对授权工作总览全局，又不会迷失在工作的细节中。这样做也可以让人对细节工作逐渐放手。如果看到这些好处，你仍然不愿意授权自己的部分工作，你可能要想一下为什么会这样。是因为“确定性”的需要对你产生了负面影响，让你无法激励、信任和授权别人吗？是这种需要导致你操控项目人员、信息和决定吗？如果你对于“确定性”有很强烈的需要，为什么不寻找其他方式来满足它呢？例如，你可以通过提高团队成员的技能，或者只授权部分工作，或者设置较短的授权时间等，来满足自己对“确定性”的需要。请记住，授权是项目领导力的关键要素。所以，开始挑战自己，努力实践吧！

如果你授权的人已经很能干，但缺乏信心，那么这个人可能更需要你的支持和赞美，这些比其他什么都重要。但是，如果你授权的人缺乏知识，你可以在初期先做示范，然后，当你确信他们已经可以掌控时，再逐步放手。评估他们需要从你这里得到什么，然后向他们提供支持，这样你就能一步步地把大家带向成功。

授权不仅可以解放你的时间，使你能更关注战略和重要的领导力活动，还会培养和激励团队。最好的授权方法是把任务与团队成员的真正兴趣相匹配。当然，这种匹配合适与否要站在团队成员的角度来看。

如果你的一个项目成员非常渴望成为更好的项目规划师，或者想在项目评估上做得更好，这对你来说都是一个极好的机会。你需要帮助他将个人兴趣和目标与项目结合起来。试着从团队成员的角度看一看，他们会收获什么？他们的哪些需要和愿望可以通过承担授权任务而得到满足和实现？

项目经理是否要参与所有细节活动

我观察到缺乏经验的项目经理们所犯的最普遍的错误是，他们认为自己必须参与所有细节活动，就像我在学习某种技能时所做的一样，似乎缺席一个会议就会影响项目的成功，漏开一个电话会议就意味着失去很多重要信息。事实上，这样做会使效率下降。好的项目领导者知道何时、何地需要自己的参与；何时需要成为决策过程的一部分，而团队又何时能够更好地完成工作。成熟的项目经理不会承诺自己所有的时间，但会出现在最需要自己的地方，去鼓舞、指导、建议和激励大家。他们的支持有时主动，有时被动（如出现问题）；但总能按照项目的优先顺序要求，安排足够的时间去提供团队所需的支持。

——彼得·泰勒，《懒惰的项目经理》作者

不要惊慌

当期限紧迫或压力、要求增加的时候，人们会变得容易屈服于情绪反应。不要这样。当不堪重负时，停下来，退一步想想。要知道压力会影响你的领导风格。评估一下哪些在你控制的范围内，忽略那些你不可控的事情。把复杂的任务分解成小的、可消化的任务，然后问自己："如果我们不做某事，会发生什么？"然后集中精力在那些不做就会严重影响项目结果的事情上。通过处理这些最重要的事件，你可能已经找到并解决了那些造成这次紧急情况的根源。在重压下，你的沉着冷静也会让团队成员平静下来，更有可能取得好的结果。

——贝努瓦·乔林，Expedia 公司全球供应商体验负责人

↘ 优化你的精力

为了更专注地工作，聚焦于工作重点，在项目的全过程，如何保持清醒的头脑和维持足够的体力是非常重要的。如果工作过度，压力过大，在面对有挑战性的情况下，你很难做出明智的决策和有效的判断。你需要确保个人的最佳状态，无论是在精神方面、身体方面，还是情绪方面，只有这样，你才能与他人建立信任，解决问题，授权和领导好团队。

在工作中有一点压力不是一件坏事，它是具有一定激励作用的，事实上，为了发挥出我们的最佳绩效水平，我们需要一点压力。但是我们并不具备这样的能力，能够很好地应对严重的压力，或者长时间的压力。

当我们在忙碌的环境下工作时，我们非常容易陷于能量消耗过度，或说消耗的能量大于获得的能量。当能量消耗过度，如果时间持续较长，就可能产生严重的压力。这不是一种好的状态，因为压力过大会影响我们的记忆力、注意力、数学计算能力、语言处理及我们的免疫系统。

有意思的是，我们通常不能，也不愿意承认我们有压力，因为我们习惯了高强度的工作，总是拥有一种很高的肾上腺素，一天总是东忙西忙，最终也不知在忙些什么。我个人也曾经有过这样的经历。在很多年以前，我负责一个大型的、非常重要的商业项目，当时就面临着一种精疲力竭的状态。在白天的时候，我的精力很足，处于较高的水平，但是一到晚上和周末，我就

彻底瘫痪了。我害怕失败，我期望项目成功，就一直坚持着。两年以后，工作成功完成。我对在工作上所取得的成就非常自豪，但是我的拼命工作最终付出了代价。我的身体出现了虚肿，患上了失眠症。我花了很长一段时间，才全面恢复健康和活力，同时我也开始思考，如何改变我的一些老习惯和一些不好的影响我行为的思想理念。

当我们发现自己处于一种严重压力状态下的时候，我们很容易抱怨一些外部的因素。虽然项目的环境脱离不了干系，但是我们必须对自己负责，环境如何影响与我们自己有关。为了更好地应对压力，我们需要挑战那些不良的、根深蒂固的行为习惯与观念（见图 3.7.9）。我们也需要严肃对待一些预警信号，包括耐心不足、不能安静地坐一会儿、心情烦躁不安，或者不断地查看电话。

优化你的精力	避免负面压力，严肃对待预警信号
	不要晚上还在办公室工作
	积极参与工作之外的一些活动，增强你的能量
	聚焦利他的行为，多看项目成员积极的一面

图 3.7.9　优化你的精力

许多项目经理相信，要提升工作效率就要努力工作，尽可能多地做一些工作。但是如果项目工作让体力透支，那么慢慢地，就会耗尽自己的“电池”能量。项目领导者需要更聪明地工作，而不是更努力地工作。他们会更好地利用团队的智慧，愿意向团队寻求帮助。他们明白一个道理，当他们压力太大，承担太多他们应付不了的工作时，最终不仅对不起团队的每个人，也对不起自己。

另一个强大的理念，就是晚上最好不要办公，不要考虑工作上的事情。事实上，如果我们参与工作之外的一些活动，这些活动会赋予我们能量，让我们更有活力。乔·索尔特在她的《活力充电》（*Energize*）一书中写道，管理能量的第一步是分析我们在工作、休息和娱乐时间中的活动，这些活动能够赋予我们能量，或是增强我们的能量。这背后的意思不是要我们逃避负面的压力，而是让我们找到自己的能量区，哪些活动是有益于我们提升能量的。你一定会同意，一个高绩效团队的领导者，不能整天感觉压力重重和情绪不稳定。作为一名领导者，我们必须努力做最好的自己，并且鼓励他人发挥出他们的最佳水平。

好消息是，根据里查德·戴维森的研究（他是健康大脑中心的创始人和研究者），幸福是一种可以被学习的技能。他说，我们所做的利他行为越多、越慷慨，我们就越能激活我们大脑中的一种电流，这让我们感觉到幸福。作为一名项目经理，你可以伸出援助之手帮助你的同事，请团队成员喝咖啡，辅导年轻人，或者给同事一份心仪的礼物，都可以增强你的幸福感，同时培养良好的工作关系。

戴维森还建议，我们要花时间培养人们的正向观念，多看他人积极的一面。戴维森在这里想说的是，项目经理要认识到项目团队成员也是普通人，要相信他们在内在品质方面都是好的。你要培养这种正向的观念，可以通过做爱的冥想练习，目标是同情和关爱他人。这是一个非常有力的练习活动，可以帮助你改善团队的氛围和人际关系。

戴维森根据研究进一步指出，一个胡思乱想的大脑是不会有幸福感的。47%的成年人在工作的时候注意力都不够集中。在项目环境中，你需要注意这个问题。在与客户和团队成员沟通时，一定要全情投入。在会议中，也要全神贯注，倾听别人在讲什么。开会时不要看手机，或者随便进进出出。如果你参加一个电话会议，要认真倾听，不要一边开会，一边收发邮件。

为了你的身心健康，不要疲劳过度，请考虑下面的建议：

- **做深呼吸和慢呼吸。**如果你感到太累了，就坐下来休息一会儿，关注你的呼吸，充分地感受你的吸气和呼气。停止所有的思考，让自己静下来几分钟，只是感受你的呼吸通过你的身体。这个练习的最大好处之一是，它能让你安静下来，帮助你更清晰地思考。

- **使用专业技巧。**有很多种技巧可以帮助我们放松肌肉，让我们的思想从压力中解放出来。他们会让你的身心安静下来，让你的精神得到恢复，最终焕然一新。尝试和使用那些适合你的方式与技巧。在网上，你可以找到很多这方面的免费 App。
- **正确看待事情与问题。**要正确地衡量和评判一件事情，搞清楚事情到底有多可怕，你可以把它们按 1~100 的刻度进行标记，或者按时间进行分析，即它们在 12 个月内会产生什么影响。把当下面临的一个问题同其他的问题做比较，是不明智的。如果你的压力值是 20 分（最高 100 分），那么确保你对压力的回应也应该在这个水平上，不要过度反应。
- **加强身体锻炼。**经常锻炼是减轻身体压力最好的方法之一。锻炼能改善你的健康，放松你的肌肉，帮助你减轻压力和提升睡眠质量。当你锻炼的时候，身体和大脑中的血液流动会增加，一种被称为脑啡肽的物质被释放出来，让你拥有更多的幸福感。
- **健康饮食。**请注意，你的饮食与你是否能应对压力有很大的关系。当你吃一些具有很高糖分的食物，酒精、咖啡因过量，可能促使你的压力荷尔蒙升高。最好选择那些低压力的食物，比如，绿茶，油梨，含油脂多的鱼（如沙丁鱼、鲭、鲑等），干果和黑色的巧克力。
- **给自己一点空闲时间。**你不可能长时间地满负荷工作，要给自己留下一些闲暇时刻，从事一些你喜欢的活动，让自己高兴。当你与你所爱的人在一起，无论做什么都会让你感到愉快，让你不再思考工作，它会点燃你的激情，让你充满活力。因此，在晚上和周末的时候，忘掉你的工作清单吧。即使最好的武士，他们也会保存体力，以备紧急之需。

我为什么要学习冥想

之前有一段时间，我的睡眠不太好。我会在晚上深夜醒过来，然后被各种烦人的思绪困扰，让人睡不着。长时间的睡眠不好让人缺乏幸福感，整体生活质量下降。我想起来曾经遇到过的一人，他说通过冥想，他可以“控制他的大脑”，“关闭他的思想”，于是我参加了一个冥想的课程，期望在晚上能够关掉那些烦人的思想。我很快了解到，事实上，我们不能控制我们的思想，也不能关闭它们。思想是我们独特的一部分。但是我确实学到了一点，让我能够把自我和我的思想相分离，并观察它们。我能够观察到它们来和它们去，而且我能看到它们是什么，那就是思想。

在我开始做冥想两个星期以后，我的睡眠问题消失了，身体中曾经积累的压力开始释放了，这让我变得更加平静下来。我开始看到我对现实的感知是完全主观的，缺少客观性。结果是我开始放松自己，不再与自己的一些意见与看法较劲，对各种可能性持更开放的态度。不用说，所有的这一切产生了巨大的影响，我的人际关系和人际关系技能，还有我的管理能力，都得到了提升。

——阿农·雅菲，项目领导力顾问与教练

如何践行新行为

本核心要素探讨了如何更好地优化时间，并始终把重要的事情放在紧急的事情之前。这要求你减少时间的浪费，减少多任务并行，关注那些能产生80%成果的 20%的工作，不要让借口、恐惧或自我怀疑阻碍你前行。最重要的是，你要更好地授权，并且每天早晨在头脑清醒的时候，第一件事就是用预留的 90 分钟专注时间吃掉“大青蛙”。

如何学以致用

- 每天早上留出 90 分钟不被打扰的时间，专注于重要事务。找到一个安静的空间，关掉邮件。
- 找到你最不喜欢却重要的事情，每天尽早把它们做完，克服拖延的毛病。
- 特别关注那些能产生 80%结果的 20%的活动，并把这 20%的活动做好，因为这些代表你真正擅长的事情。
- 分析浪费时间的活动；把细节计划、流程执行或整个工作角色授权给有潜力的人，从细节中脱离。
- 清楚你期望从授权的任务中获得什么，并给你授权的团队成员一些挑战。同时，为团队成员提供成功所需的所有支持和指导；限制多任务并行；如果在其他地方做了更大的承诺，就练习说“不”。
- 将项目的行政事务授权给项目助理；或者向公司说明为什么需要设立这个岗位，并证明这样做会给客户带来更大的价值。

小测验：你是否掌握了本节的知识要点

- 你每天非常清楚要专注的事情，而且基本上能够按计划完成计划的事项。
- 你每天、每周至少 80%的时间用于重要的活动，这些活动将会为客户带来显著的价值。

- 偶尔会出现一些紧迫的问题，需要你的关注，但这只是例外而不是常规情况。当这些问题出现时，你不仅能提供短期，还能提供长期的解决方案，并能找到问题的根本原因。
- 在每周开始时，你能停下来，评估自己需要关注哪些重要任务和活动。你很少拖延或者浪费时间。
- 你优先处理人际关系及其他相关的重要任务。
- 你把那些别人能做得很好的事情进行授权，这给其他人提供了学习和成长的机会。
- 你的团队完全有能力处理细节工作并做出相关决定。你可以腾出时间进行领导、指明方向和打造良好的人际关系。

你的学习收获与行动计划

写出至少三点你从本节中学到的新知识。同时写下你会采取的三项行动，把自己学到的应用到日常工作中。

____

____

第 4 章

推动转型达成

在这一章你将会学到：

- 你可以做什么来加强和落实项目领导的七大核心要素。
- 你打算如何扩大自己的舒适区，摆脱那些不再适用的老方法。
- 你在设计自己的职业生涯时，如何做到更有自信、更坚定并充满前进的动力。
- 你如何做出自己最大的贡献，成为别人效仿的榜样。

认可自己的成就

欢迎来到本书的最后一部分，在此我将向你介绍如何实践自己的所学并帮助你转型成功。我将帮你摆脱那些不再适用的老方法，真正领会这七个核心要素，并借此实现自己的愿望，做出更好的成绩。但是首先，我希望你能看到自己从本书中学到的点点滴滴。同时，我还想让你回顾一下自己最开始阅读此书时所写下的挑战。然后，在那些已经确切知道如何去面对的挑战旁边打个钩，再划去已经有解决方案的。看到自己取得了很大进展，感觉是不是很好？

在更大的范围内，我还想让你回想自己迄今为止在事业上所取得的一切。在过去的时间里，你学习和经历了许多事情，这构成了今天的你。你曾经和团队一起工作，管理项目、处理矛盾、建立关系、发展新的技能并一起得到认可；你也认识到一些方法比另一些更为有效。现在沉思片刻，想想过去几年，你取得的最大成功。回忆一下何时是你最骄傲的时刻？你最大的成就是什么？也许是克服了某些恐惧或限制？完成了一个艰难的项目？掌握了一项新技能？有能力掌控某种新情况，或者进入了一个新领域？暂停片刻，然后去认可一下自己所取得的成绩吧。

我们很少会停下来，拍拍自己的肩，认可过去的成就，或者探讨一下促使我们成功的要素是什么（见图 4.1）。相反，我们总是急于开始，去做下一件更大的事情。但是，究竟是什么造就了今天的我们，我们一路上又学到了什么？这些都是值得深思的。思考一下，你取得了哪些大的成就？是什么因素帮助你取得了这些成功？这些因素与六大人类需求有联系吗？激励你的主要因素是确定性、多样性、重要性、关系、成长或贡献吗？在你的职业生涯中，具体说一下，你是如何满足这些需要的？在前进的道路上，你对自己有什么新发现？在面对新的形势、在克服挑战时，你又学到了什么新方法？当面临新事物时，你倾向于一头扎进去，还是会行动更谨慎、考虑更周全？

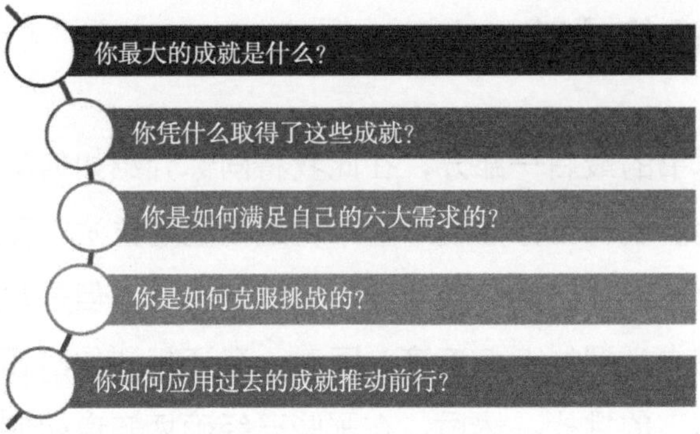

图 4.1 回顾过去的成就

思考这些问题是非常重要的，因为过去对你有效的很可能将来也会有效。所以停下来，提醒自己最大的驱动和激励因素是什么，以及如何利用它们来推动自己继续前进，成为项目领导者。

过去的成就，无论是大是小，都因为你信守承诺和积极参与。成就之所以取得，是因为在潜意识里你希望它们发生，或者有意识地把自己的精力投入其中。通过努力学习提高，你获得了资质，得到了自己的第一份工作，从事了第一个项目，管理了第一个团队，参加了自己的第一个项目管理委员会，等等。所有这些经历的第一次你可能都不熟练，但你仍然坚持不懈。在不断学习中，你成长了，进入下一个阶段。

现在对你来说，下一步就是领导力的提升。在这一阶段，技术能力、拥有的知识或者教导他人的能力不再是重点，而如何使其他人发光、激励他人创新，并为项目的整体愿景做出贡献是这个阶段的核心。在这个层面上，重要的是你的态度和行为，以及你是否有能力站出来引领团队，以身作则。这七个核心要素可以帮助你实现以上目标。但只有当你能够克服不适感，愿意站出来做领导，敢于不断挑战自己，愿意不断进步时，你才会成为真正的项目领导者。

过去，如果你没有取得自己想要的结果，或者没有以你希望的速度取得自己期望的成果，大部分原因可能是因为你决心不够。我们投入的决心、专注和勇气与得到的结果是成正比的。有时，我们非常清楚自己想要实现什么，然后精力集中在这个特定的目标上，就会迅速得到结果。在其他时候，我们并不那么确定自己的目标；我们游移不定，只能随波逐流。你的精力越集中，行动越快速，你就能越快地实现自己的愿望，并在这个过程中也服务于他人。我们没有时间去虚度，也没有理由不去追求卓越。你可以成为最好的自己，并释放全部的领导潜力。从许多失败的项目来看，很显然，这个世界需要更多的领导力，需要更多的模范和榜样。你所要做的就是，明确自己想成为什么样的领导者，然后用高标准要求自己，下定决心，贡献出自己的所有。

明确你的愿景和领导力目标

为了帮助你从项目经理转型为项目领导者，你必须意识到你想要实现什么。在这个阶段，你理解你想要什么，你的动力是什么，以及如何成为一名好的项目领导者。现在是时候发掘更深的一步，让一切变得更有意义了。成为一名项目领导者不是抄袭别人，也不是要把你读到的关于项目领导力的七大核心要素的所有东西都原封不动地照抄照用。你要决策的是，什么对你是有效的，并据此做好你的项目管理。你不仅要思考如何把在这本书里学到的所有知识学以致用，而且要思考如何把这些知识和技巧同你自己的智慧结合起来。你需要学习项目领导力的七大核心要素，还要尊重你自己的直觉。这对你有什么好处？你的直觉和智慧会告诉你：你想走多远？你想成为什么样的领导者？对你来说，未来是什么样的？到达那里的第一步是什么？

回答这些问题（见图 4.2）需要你聆听自己和你的直觉，并且要诚实。你不必模仿任何人。你所要做的就是面对你觉得正确的方向。对于你的职业生涯而言，你最想取得什么样的成就，如两三年后？你会强调什么价值观和信仰？你会如何对待身边的人？更重要的是，你想对行业里的其他人和你的项目产生什么影响？你想成为什么样的榜样？你想如何让世界变得更美好？

你的愿景	你想成为一名什么样的项目领导者？
	你想成为哪方面的榜样？
	你想对你的团队、客户和你所在的行业产生什么样的影响？
	你的领导力的目的是什么？
	你认为对一个项目经理来说，什么样的价值观非常重要？
	你的行为与你周边的人有什么不同？
	你觉得自己在什么类型的项目中表现很好？

图 4.2　你的领导力愿景是什么?

当你把自己投射到未来时，把自己看成你想成为的那个人，并尽可能地明确你的领导目标。所有的这一切，都是关于询问自己：你如何以终为始？你的愿景是什么？你想去哪里？你想成为一个什么样的人？你可以用书面记录的方式写下你的个人愿景和使命宣言，或者用更具表现力和激情的海报形式来表达。海报是一幅拼贴画，以更具视觉冲击力的方式表达你的想法。不管你选择什么样的媒介，用感到被激励和充满活力的方式来捕捉你的思想和情绪。现在就做！创建一个文档、图像或音频来记录你的愿景。如果你不觉得自己有远大的理想，也不觉得为现在的雇主工作很开心，那也没关系。愿景陈述也可以用来表达你的人生目标，或者你的价值观和信念。

回想一下我们在要素 1 中讨论的五个逻辑层次：目的和身份、价值观和信仰、技巧与能力、行为及客观环境（见图 4.3）。这五个层次是理解个人转型的一个有效方式。例如，如果你想改变你的领导力行为水平，就看看你的价值观和信念是什么。如果你想改变你的价值观和信念，就要努力改变你的目的和身份。你能创造的最强有力的愿景和使命陈述都会触及所有这些层面，尤其是模型中央。你作为项目领导者的新身份是什么？你领导的目的是什么？什么价值观和信念对你来说很重要？你需要培养哪些新技能和新行为？

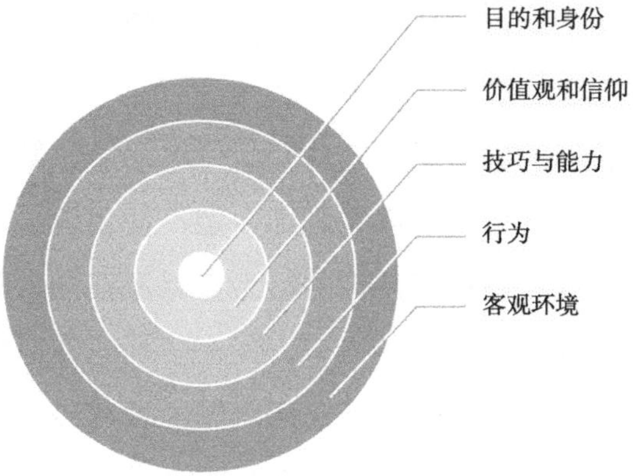

图 4.3　愿景陈述的五个逻辑层次

用你的愿景和使命宣言与自己建立一种情感联系，想象你每天都在行动和进步，在向着你的愿景和使命努力。确信你会达到你的目标，并致力于做任何需要做的事情。要有决心提高你的标准，对自己有更多的期望，并做好犯错误的准备。没有人不犯错误就能成功。此外，重要的不是错误本身，而是你能从错误中学习并继续前进。所以继续努力，保持动力，牢记只要你采取行动，做合理的事情，那么剩下的就是时间问题，最终会水到渠成。你要做的是不断采取行动，一点一点地前进。

获得反馈并明确你的行动计划

通过阅读本书，并参与练习，你将对所有你可以开始做的事情有一个全新的认识，你要自我转型，变得与过去有一些不同，帮助你提升项目领导力，达成你的愿景。为了提醒你自己，建议你回去认真查看项目领导力七大核心要素中的每一节，最后都有如何学习致用的部分，那里有很多的新思想和新建议。你捕捉到了哪些新思想？项目领导力七大核心要素中的哪些方面你觉得可以开始融入你的日常工作？你的经理、客户和同事当然也可以帮助你，为你提出需要改进的宝贵意见。为什么不去问问他们呢？为什么不去向他们寻求反馈呢？对于我们来说，寻求别人对我们的看法通常是不舒服的，但这是提升领导力可以采取的最有力的行动之一。

想一想，别人看到的你，对你的认知，你自己能了解到多少？只有很小的一部分！其他人可以从各个角度看到你，但不使用镜子，你只能看到自己有限的一部分。你需要反馈来了解你的行为，以及在他人眼里的样子。但是在寻求反馈时，你必须选择合适的人来询问——那些你尊重和钦佩其观点的人。请求反馈的最简单方法是问以下三个问题：我应该停止做什么？我应该开始做什么？我应该继续做什么？（见图 4.4）当你问这些问题时，你给了人们一个机会，让他们在积极和不积极两个方面都做反馈。他们可能强调你做得好的一面，但你一定还有需要改进的地方，这些你或许知道，或许不知道。

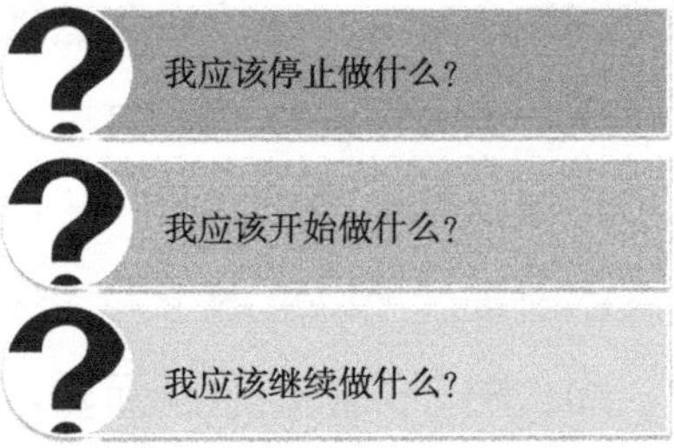

图 4.4　请求反馈的三个问题

获得反馈与批评无关。这是你关于自己，在客户或同事的眼中，如何做得更好的机会。克服你可能有的任何不适，从一个你信任的人开始。你离开时可能比你预期得更积极。和所有的事情一样，对你收到的反馈做出自己的决定。运用你的智慧，决定接受什么和留下什么。将你自己的见解与来自经理、团队成员和同事的反馈相结合，将会让你全面了解你在提升自身的过程中应该采取的第一步行动。项目领导力七大核心要素中的哪些要素需要你立即注意？写下你的想法，具体说明你将做什么及什么时候做。

与其过度承诺，不如通过设定容易实现的小而简单的目标来为成功做好准备。让你的行动积极而清晰，只关注第一步。然后把时间安排写在你的个人计划中，为行动分配时间。仅仅立下口头誓言说要去了解客户方案和将其真正地安排进个人时间表中是不一样的。随着动力的增强和信心的建立，你可以开始接受更大的挑战。但是首先，你需要开始行动。所以确定你需要采取行动的第一步，然后去做。你可以在个人节奏步入正轨后再制订下一步的详细计划。

刺激你采取行动并对自己的进步感到满意的另一个好方法是设定三个目标，即一个最低目标、一个正常目标和一个奋斗目标。比如，你已经决定与所有团队成员进行一对一的面谈，以更好地了解他们的优势、需求和动力。你的最低目标是本周见一个人；你的正常目标是本周见三个人；而你的奋斗目标是在下周一之前，要与团队中的每个人建立起联系。你能看到这是如何让你成功的吗？它会让你行动起来，因为最小的目标很容易达到，但在你的内心深处，你会努力去达到最佳状态。然而，如果你达不到最佳的奋斗目标，那也不是失败，因为你已经达到了你的最低目标。试试看，看看进展如何。写下你的第一步行动，并对每步行动都列出最低的、正常的和最理想的奋斗目标。继续前进，不断完善你的方法，然后你会发现什么对你最有效。

练习　克服转型的障碍

许多人在参加了一个讲座或阅读了一本这样的书以后，一开始总是兴致勃勃，但他们的动力并不能持续很久。他们一开始是出于好意，但过了一会儿，便陷入了紧急事务，忘记了重要的事情，在他们意识到之前，他们又回到了开始的地方。让我们看一看一些可能妨碍你的障碍，这样你就可以提前做好准备：

- 你觉得没有足够的时间去尝试新的策略，找一个导师，或者静下心来好好想一想，观察你在哪里，你想去哪里，然后付诸行动。
- 你对自己的职业生涯规划不确定，不知道想要什么，也不知道项目领导者是否适合你。

- 你工作很忙，不能很好地照顾家人，对花太多时间在个人和职业发展上感到有一些内疚。
- 你觉得目前的工作不能让你很好地利用学习到的那些项目管理策略，所以你发现很难保持一个良好的精神状态。
- 你觉得老板、同事或配偶对你的改变有某种形式的抵制，结果导致你不能全力以赴。
- 你目前正在从事其他类型的专业发展，不能同时致力于多个领域。
- 你目前正在努力发展自己的职业生涯。当你与一群人一起工作的时候，如果大家不干扰你，让你能一心一意地工作，你的工作效率最高。

从经验来看，上述障碍中哪个最有可能发挥作用并干扰你的行动计划？在过去的经验教训中，一些典型的错误是什么？它们又会如何影响你？花一分钟考虑如何找到这些威胁的根源。你需要和什么人，可能是你自己，也可能是别人，进行一次坦诚的交谈吗？或者你需要找一个教练，或者和一个也想在职业领域有所发展的朋友，结成一对合作伙伴，互相支持和帮助。现在就做一个决定，你将为成功做好准备，并扫除前进道路上的障碍。

如何把思想转化为行动

几乎每个人都能明确自己想完成的目标，但许多人无法把计划付诸行动。我想让你成为那个能够完成自己目标的人。我希望你能保持自己的良好意愿并且发挥自己的领导潜能。心理学家阿尔伯特·班杜拉（Albert Bandura）进行的研究表明，那些能接近和实现自己目标的人有很强的自我效能感。这些人将挑战视为必须去完成的任务，并由此对自己参与的活动产生浓厚的兴趣。同时形成了一种强烈的使命感，并能很快从挫折和失望中恢复过来。班杜拉的研究还表明，培养强烈自我效能感的最有效方法是通过精通某件事情。这意味着当我们成功完成任务时，我们的自我效能感就会加强，而这反过来又增加了我们坚持到底的可能（见图 4.5）。

图 4.5　精通带来效能感并促使目标达成

因此，实现项目领导目标的最好方法就是简单地去做，不断地小步前行，建立自己的自信（见图 4.6）。采取行动，不要拖延，不断为成功铺路。行动是激励你的燃料，而拖延会将自己的热情之火浇灭。如果你毫不犹豫地行动，很快你就会到达一个阶段，在这里，你知道自己永远不会再放弃了。没有什么比坚定的信念更强大。所以现在下定决心吧！付出自己全部的努力，履行自己成为项目领导者的承诺，不断采取行动，逐步向前迈进。

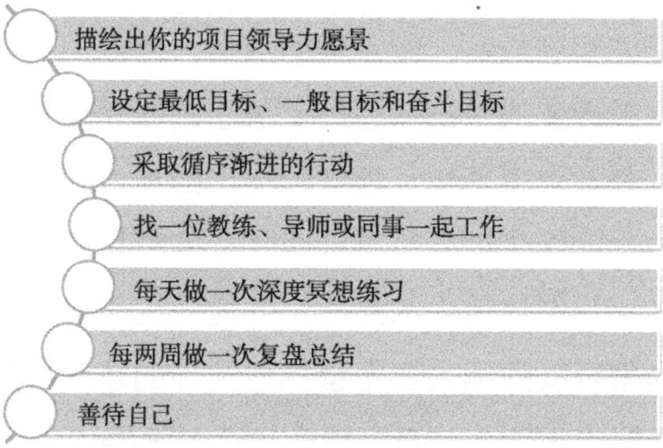

图 4.6　推动转型

如果你有拖延的习惯，最好的解决方案就是请一位教练。成千上万的故事见证了教练的力量。那些曾经接受过教练辅导的人都知道，如果没有教练，想要实现自己的抱负要花更长的时间。请注意，教练和导师不同。教练是受过专业训练的人。教练的主要作用是帮助人们增强自我觉察、提高业绩、提升幸福感或者实现其他设定的目标，而不管你具体处于哪个领域或行业。教练通常不会告诉你应该做什么，但会帮助你看清情况，以便你能更快地到达目的地。另外，导师通常是和你在同一公司或同一行业工作的人，这些人已经有很多经验，可以对你进行指导。导师没有接受过教练培训，不会以教练的方式帮助你，他们会根据自己的经验给你建议和指导。

在决定是否需要一个导师或者教练，或者两者都需要之前，看一看自己的发展需要什么？从导师或教练关系中希望得到什么？如果你决定请一位教练，请选择一个资质完全合格的人；如果需要一位导师，可以选择一个有过类似经历的人，可以对你即将开展的项目管理工作进行辅导，且这个人最好在公司或业界有很好的人际网络。

但要小心，不要盲目崇拜自己的榜样和导师，或者觉得自己必须模仿他们。重要的是，你应该走那条对你来说感觉正确的道路，用你自己的方式成为一名真诚的项目领导者——不以导师的方式，也不以我在这里教导的方式。其实，除了你自己的方式，没有其他的方式。虽然项目领导者都善于与人合作，总能提出双赢的解决方案、做正确的事情，但他们从来不会害怕站出来做领导，他们总是做真实的自己。世界上善于跟随和模仿别人的人已经足够多了。所以，我们需要更多真实、坦诚和杰出的项目领导者。我们需要那些能以自己独特的方式让这个世界变得更有意义的项目领导者。这些人可以驾驭复杂事务，尤其擅长释放他人的潜能，并能专注于真正重要的事情。正如前面所述，我在这里再次强调：这个世界需要你的才干，需要你的领导力。这个世界不需要碌碌无为之人。努力提升自己的领导力吧！

不断做出小小的改变

我们人类有一种本能，即追逐大规模的、彻底的变革，但其实规模较小的变革可能更持久。与试图进行大规模改善但以失败告终相比，按照改善流程持续进行小规模的改善，将会得到更大的累积收益。所以重要的是，应该在每件小事中，建立积极良好的势头，而不是选择摇摆于巨大的胜利与让人沮丧的失败之间。

——保罗·柴普曼，金融服务公司项目经理

不断持续改进

我建议，项目经理应该参加正式的领导力培训，同时找到一位具有优秀领导力的导师。你还可以从团队成员、项目相关方、同事和其他合适的人那里收集对你领导能力的反馈意见。同时，寻找机会，不断增加业务知识、领导力、项目管理知识、技能和经验。比如，不断寻找那些能够挑战自己、帮助自己走出舒适区的任务。换句话说，就是要让自己不断改进和提高。

——哈伦·布里奇，BOT国际项目经理

用行动去转型

让自己成为一名领导者，可以提升自己、挑战自己、超越期望和打破想象中的限制。这会强烈地冲击每个人深层的情感——对失败的恐惧、对拒绝的恐惧、对自己不够好的恐惧等。那么我们如何真正转型？作为一个成长中的领导者，我们需要做出决定；一旦做出了决定，我们就必须采取行动来推动自己向决定的目标前进。正如安东尼·罗宾斯（Anthony Robbins）所说：就在你做出决定的时刻，你的命运也被“重塑”了！你可以看到，很多人终身在学习如何成为领导者，参加各种许诺可以提升领导力的课程；但只有一件事才能真正让你发生转变，那就是采取新的行动。很简单，行动才能导致改变。一旦我们采取了行动，重要的是，我们需要监督，需要检视过程的结果，并在必要的时候改变我们的行为。很多时候，一旦我们采取新行动，我们会再次面对自己的恐惧，因为那会让我们感到不舒服、不熟悉，那些事情是我们所不擅长的。这时，非常关键的是，我们要能够客观地看待自己取得的结果，而不是评判自己“做错了”。我们只需要进行一些调整而已。

想想你第一次学习一项新技能，如学打网球或者高尔夫球，你开始时就是熟练的吗？对许多人来说，答案是否定的。但是如果这件事对你足够重要的话，你会坚持，会不断调整，不断行动，直至成为一名优秀的选手。由项目经理到项目领导的转变也是一样的。采取行动、监督结果、做出调整，然后再采取更多的行动。是的，这个概念很简单，但不是一件容易做的事！

——凯文·奇科蒂，认证职业教练，企业主，
人性密码研究公司（Human Factor Formula Inc）

拓展你的舒适区

当你开始采取行动，朝着项目领导力目标迈进时，你很可能遇到自己觉得不舒服的情况，因为这些情况已超越你熟悉的范围。这是完全正常的，因为你将以新的方式拓展自己，并到达以前没有到过的地方。其实，如果你进入领导力新境界，却没有感到不舒服，那可能意味着你对自己的拓展还不够。所以不要担心自己到了一个不熟悉的地方。不断挑战自己达到的新高度，因为这是所有努力的核心。关键是要继续前行，即使会感觉不舒服！

让我们借用一个比喻。请大家想象一个画面：你现在站在岸边，想去海中的一个小岛，唯一的方法是游泳过去。你意识到这将是一次危险的旅程。而且，在安全登上小岛之前，你都不会有触摸到大地的安全感。但这么做是

值得的。在整个过程中，重要的是你心里是有准备的，不会期待这是一次轻松的旅程，所以即使你开始觉得疲倦了，也不会转身往回游。你只会坚持下去，接纳自己时时感到的不舒服，因为你相信自己正在做正确的事情！

提升自己，让自己成为一名真诚的项目领导者，一定不会是一个轻松的旅程。但在你自己都没有觉察之前，你就已经到达了第一个目的地，你的目光也会开始朝向下一个目标。不要犹豫！当你有勇气走出自己的舒适区时，奇迹就会发生。如果你不去主动引领自己，走出不安或失败的恐惧，那么一切都将维持原状，你也不会有进步。通过阅读或听他人谈论领导力不会让你成为优秀的项目领导者。你必须走出去，真刀真枪地拓展和磨炼自己。

成长需要冒风险，要做好犯错误的准备

进入下一个阶段，显然不是一件容易的事情，因为人们不得不准备冒一些风险，走出自己的舒适区。这将是让人不舒服的。人们会在前进的道路上做出错误的决定，但重要的是他们如何应对这些错误。能正确地应对所犯的错误远比从来不犯错误重要得多。优秀的领导者明白，自己的失败会造成某种影响，他们需要对产生的影响进行管理。他们做好了冒风险和承担责任的准备。对于那些想在领导力上有飞跃的人，回报将是巨大的，但这也意味着他们必须开始相信自己的直觉，因为这是他们唯一可以依靠的东西。唯一要做的就是去尝试而不是惧怕失败。失败不是世界上最糟糕的事情。你越是习惯于在自己的舒适区之外工作，事情就会变得越容易。对于第一次尝试新东西的人来说，感到害怕是正常的，但你会越做越感到容易。其实，我发现很多人在稍稍偏出自己舒适区的时候，反而会干得更好。这是他们的优势。

——朱莉娅·斯特兰，标准银行首席信息官

设计你的职业生涯

要想成长为一名领导者，需要选择适合你个人发展的途径。你可以选择项目、参加培训、进行阅读，或者寻找教练和导师，以此设计自己的职业生涯，而不能坐等着让它发生在你身上。一旦我意识到自己能做到这些，我便开始行动，向下一个我希望发展的方向前进。例如，我知道自己最终希望做高层管理者和首席信息官（CIO）的顾问，所以我想有作为 CIO 的经验，这样，我就能了解 CIO 这个角色是怎么回事了。为了得到这种经验，我离开了自己工作了 24 年的公司和行业，进入一个完全不同的行业担任 CIO。我在成为全职顾问之前做了四年 CIO。

——艾琳·斯特赖德，斯特赖德公司总裁、共同创始人

管理你的思想

在提升领导力的路上要想持续前进，你必须管理好自己的头脑，控制任何负面的思想波动。即使适应性很强的领导者，也会在遭遇到一些状况后，对自己的能力产生怀疑；但是他们能够在失控之前，管理好这些消极思想。对事物有不确定性感觉，可能是一件好事，因为它传递出一个信号，即我们需要提升能力，我们对这个事物的某个方面还没有掌握，还需要去探索。但管理自己的思想，说起来容易做起来难。有时在不经意间我们会陷入对自己的高度怀疑中。我们会变得没有自信，感到力不从心，几乎走到放弃的边缘。

里查德·戴维森博士是威斯康星麦迪逊大学大脑健康中心的主任和创始人，他说对自己的经历和行为太过负面可能“诱导”我们进入一个无意义的

沉默状态。当我们一旦进入一种有害的、负面的自我批评状态的时候，就会对我们的大脑和身体产生一定的破坏作用，并干扰我们的工作效率。当面临一个个人错误或失败的时候，我们需要更平和一些，更多理解自己一些。如果你犯了错误，要像朋友一样，也要有一点同情心。你要对自己说，在既有的条件下，你已经做到最好了，你是最棒的!

如果无法阻止自我批评，无论做什么，自己都不满意，你需要找一个地方单独待一会儿，让自己的大脑静下来。聚焦呼吸，保持当下的状态，不要被判断、故事和各种臆测所干扰。跟着呼吸，感受呼气和吸气在你身体中的流动，尝试把思想与身体分离开来。这种全神贯注的冥想练习非常有效，可以让你的大脑安静下来，让自己不再受自我判断的干扰。

你还需要注意你的坐姿和站姿。最快的改变你的大脑状态的方式是改变你的生理状态。如果你感觉有点懒散和无精打采，头是向下的，身体是向内缩着的，那就要马上矫正过来！向上看，伸直身体，把你的肩膀向后打开。让人难以置信的是，身体姿势改变以后，我们马上就能感受到它对我们思想和情绪的影响。现在就开始试一试。站直了，人挺起来，做一个深呼吸。抬起下巴，把肩膀向后打开，然后挺起胸膛，这时你会感受到身体中有一种强烈的能量在涌动。

另一个管理自己大脑的方式，停止负面思考的恶性循环，就是去关注那些在某些特定领域你可以做出价值贡献的事情。我们经常会有一种倾向性，更多关注负面的东西，要强迫自己也要看到事情积极的一面，保持相对的平衡。例如，如果你的一个伟大的、创新的想法刚被你的老板所否定，或者你收到了一个不好的、负面的反馈，要提醒自己，不要认为自己突然什么都不是，认为自己一无是处。找出至少 10 项你擅长的事情，或者最近你取得的成就。想一想你所做的一切和你所取得的成就。回想一下那些让你感到骄傲的时刻，以及你为什么做这些事情的重要原因。把握住自己的现在和自己的未来。如果你犯了错误，要给予自己一点同情，因为每个人都有缺点，都会时不时地犯错误，这是一个学习的过程。

你在这里学项目领导力，不是为了要与其他人一样，做那些同样的事情。你之所以在这里，是因为你想学习和进步。你想做正确的事情，提供价值，交付伟大的项目，成为他人的楷模。这意味着有时你的肉体会擦伤，情感会受到伤害。但是，你所要关注的是最终的结果。要敢于与众不同，要敢于做真实的自我！相信你的内在导引系统，听从你内心的召唤。你是优秀的。你可以做出很多贡献，你是与众不同的。

相信你选择这条道路是有原因的，你做这份工作是有原因的，你在这个时刻有一点疑虑也是有原因的。现在行动起来吧，要做一名项目的领导者。做一些你需要做的事情，放松前行。在旅程中，你一定会有一些迟疑的时刻，没有关系。你只需要花几分钟时间，做一下冥想练习，聚焦于自己，多问自己一些“为什么”。

要与自己的“为什么”相关联，建议每天做一做冥想练习。每天早晨，在你离开家去工作之前，想一想，你想成为一名什么样的项目领导者。想一想，你的愿景是什么？你的使命是什么？你的价值观是什么？你需要什么样的品质与行为？你如何践行它们？回想一下，你的目的是什么？你期望对他人和这个世界产生什么样的影响？找到一个安静的时刻，聚焦于你的情感和那个画面，哪怕是 2 分钟也好。一直到你确认并认同你想成为一个什么样的人，再睁开你的眼睛。找到一些能赋予你能量的词汇，你可以说给自己听，这会让你的大脑充满活力。刚开始这样做的时候，可能看起来让人感觉有一点奇怪和不自然，但是，慢慢地它就会成为一种习惯，成为你天性的一部分。在你养成习惯之前，你要先开始有所行动，把自己培养成一名项目领导者。

在冥想期间，使用一些感情色彩强烈的、掷地有声的图像和非常具有冲击力的文字，它可以帮助你做出行为改变。我们的无意识大脑不能对真实的场景和虚构的场景做区分，因此，如果你看到一幅你特别喜欢的图像，它会让你思考和行动，会让你信以为真。当你信念足够强大的时候，你会做出相应的行为选择，去改变你的现实。

阿尔伯特·爱因斯坦用不同的方式，表达过同样的观点。他曾经说过："我们不能以导致问题出现的同样的思维方式去解决现存的问题。"意思是说，如果你想改变你的现状，你必须采用一套新的价值观和理念，以及不同的行为方式。因此，养成一个习惯吧，每天做一做冥想，让自己多吸收那些积极正向的图像、情感、声音和味道。无论你使用哪种冥想方式，一定要让它真实、有效，在你离开家的时候，要让自己与你期望的新身份和新品质保持一致。

↘ 再接再厉，继续前进

改善你的领导能力，将是一个持续的过程，它需要不断做计划、行动、监控和调整，就像任何项目一样。在你的日程中留出一点时间，把它用于项目的计划和复盘总结，看一看你的项目领导力如何，两周一次，或者一个月一次。要严格要求自己，多花时间参加一些职业发展活动。把你的领导力的提升当作一个重要的项目。计划至少要每两个星期做一次，做好回顾与总结，了解你所取得的成就，明确下一步的行动方向。

在领导力之旅中，为了让你能够保持高昂的士气，要多读一些励志的书籍，多听一些广播，让自己与那些有感召力的人多联系，线上、线下都可以。每天至少 15 分钟，为你的大脑提供一些赋能的资讯，这是最好的充电与培养兴趣的时刻。市面上有很多关于领导力方面的书籍、目标设定方面的课程，以及思维训练和激励等方面的视频。你也可以参加一些社会活动，与想法相似的人交往。选择与那些积极正向的人交往，他们是成功人士，或即将成功的人士，你可以向他们学习。

你也可以在领英中加入与项目管理和领导力相关的群，或者你感兴趣的其他群。微博是另一个向优秀的思想领袖学习和受到鼓舞的地方。我们不能低估社交媒体的力量。这个世界到处都有和你同样处境的人，他们理解你的境况和想法。当我从那些素未谋面的人那里获得支持和鼓励时，我真的无法表述自己的惊喜之情。我们真的生活在一个精彩的时代，伟大和友善的思想触手可及。你所要做的就是走出去，开始与这个世界和人们建立联系。

记住，你需要做的有很多，不仅仅是向别人学习。其中一个最具变革性的经历就是开始与周围的人分享你的见解。有时我们觉得自己没有什么独特的地方可以对他人做出贡献，但没有什么比真实的东西更有意义了。我们每个人都是独一无二的，都有特殊的才能和极具价值的经验，可供其他人学习。所以你可以建立一个网站，开始在领英或其他社交媒体上建群，或者以自己特有的兴趣为主题来撰写博客。以下这些都是不错的分享话题：也许你对某种特定的项目管理技术、某个特定的行业或项目管理面临的挑战有深入的了解，比如，对石油和天然气行业来说，如何在全球范围内实践敏捷管理；或者也许你很擅长与人打交道，在快速建立良好人际关系、处理冲突或进行高难度谈话方面，已经找到了某种方法。先不用考虑话题，写下 10 个你认为最重要的经验，然后和大家分享。

你还应该考虑如何为资历比你浅的人当导师。无论你自己处于职业发展旅程的哪一站，总有人能从你的知识和洞察力的分享中收益。我们都有责任帮助别人做最好的自己，所以花点时间去分享你的智慧。有时，一次专注的 10 分钟谈话就足以让别人的一天因此不同，因为你带来了有意义的、不同视角的新思想。通过你的帮助，也许别人对局面进行了重新构架，或者增强了自信心，或者掌握了某种特殊技能。走出去，提供你的帮助，即使这些人不是你的下属。因为这种帮助不仅能对你帮助的人产生极大的影响，也将训练你的倾听能力，并帮助你满足自己对于关系和贡献的需要。开始行动吧！给别人做导师，你会惊讶于自己在这个过程中会有多大的成长。

回顾与总结

最后，让我们来总结一下你学到了什么，可以做什么。

第 1 章，我们分析了旧有的项目管理体制难以发挥作用的原因，它们注重权威、控制和任务。世界正变得越来越复杂、竞争越来越激烈、相互关联越来越多、发展越来越快速。为了应对这些变化，作为项目的领航者，我们需要更强的领导力。我们讨论了管理和领导之间的区别：管理者基于权威进行管理，认为他们必须了解一切，并告诉其他人如何做；领导者承认自己不知道，他们为团队赋能，让团队做出更好的决策、敢于冒险和创新。我们还讨论了大多数项目经理常犯的三个基本错误；同时明确指出，项目经理要想达成结果，必须积极主动、集中精力关注项目的长期战略，以及在任务和人员之间保持适度的平衡。最后，我们在第 1 章强调了情商的重要性，解释了你需要开发的关于情商的五个方面，以便让你成为一名高情商的领导者。

第 2 章，我请大家向内看，评估自己的价值观、信仰和工作模式，其中哪些可能阻碍你前进，以及你如何采用更积极的思维方式，更好地掌控自己的思想与习惯。我们也审视了人们的动机来源，即每个人终极的“为什么”——为什么这样做的原因。在这方面，我们了解了人类的六大需求（确定性、多样性、重要性、关系、成长和贡献）及如何去满足它们。为了成长为一名项目领导者，我们需要充分了解自己的需求和渴望，以及应该采取什么样的举措提升项目领导力，满足自己的内在需求。

第 3 章开始，我们对七大核心要素逐一进行了讨论。

第一大核心要素是做真实的自我。做真实的自我在这里说的是：做自己，相信自己的直觉，并坚守自己确信是正确的东西。同时意味着，在自己所想、所感、所说和所做之间建立和谐，并树立正直诚实的正确态度。我们讨论了五个逻辑层次，这是一个非常强大的模型，帮助你理解目前你在工作和生活中的冲突，以及如何找到意义，帮助你更好地创建一致性。

第二大核心要素是用愿景领导，指的是与客户合作、为实现项目的最终目标共同担责。我们还谈论了项目成功的关键因素，要同时考虑战略及战术两个方面。最后，我们探讨了怎样克服变革带来的阻碍。我们强调了项目的成功标准，不仅要考虑项目的战术成功要素，还要考虑项目的战略成功要素，以及你如何克服变革的阻力，让人们感到有安全感，并让他们扮演一个角色，亲自参与到项目工作中。

第三大核心要素是改善与创新：我们讨论了挑战现状的重要性，以及如何鼓励团队以创新的方式进行思考。我们探讨了如何从不同的视角进行提问，以及提问如何帮助人们用创新的方式更好地满足客户的需要。

第四大核心要素是赋能团队：我们学习了怎样通过深入了解每个人的优势和渴望，了解每个人的行为动机，以及如何激励团队、提高士气和加强团队合作。这个核心要素涉及了如何建立良好关系，如何更好地倾听、如何做好支持（阴）和挑战（阳），让自己成为一名激励人心的导师和指导者。我们还探讨了领导力的六种不同风格（愿景型、教练型、民主型、亲和型、榜样型和指令型），强调了教练风格的好处。

第五大核心要素是与项目相关方建立信任关系：介绍了如何能够与客户、合作伙伴和最终用户建立良好关系。我们探讨了构建信任的要素（能力、关系、诚信和清晰的沟通），以及如何赢得反对者的支持；如何满足不同沟通偏好和不同个性类型的人的需要。我们还讲解了如何加强沟通技能，如何在沟通的四个层级之间流畅地切换：内容、程序、互动和情绪。

第六大核心要素是使用强有力的技术工具：重点关注了项目经理常犯的与过程相关的错误，以及如何避免犯同样或类似的错误。我们讨论了如何有效地定义项目、管理风险、评估和控制项目，以及如何从经验中更好地学习。最重要的一点，我们强调了工具技巧要如何协同使用，从而强化团队的认同度和责任感。

第七大核心要素是聚焦工作重点：我们谈到了怎么更好地优化、利用你的时间。我们讨论了如何能把重要的任务自始至终地放在紧急事情之前；如何限制时间浪费，避免多重任务；如何授权，并且不让借口、恐惧或自我怀疑阻碍你前行。我们还讨论了如何优化个人能量，以及排除负面压力的问题。

让我们回到第 4 章。本章讲的是你可以采取哪些行动，帮助你内化七大核心要素，让你从项目经理转型为一名项目领导者。我们谈论了你希望成为什么样的项目领导者，以及哪个核心要素及其具体策略是你最需要的。成为领导者不是不加评判地遵循一组特定的规则，而应该眼睛向外，从外部世界获取知识和信息，再应用自身的智慧加以取舍。

本书的最后一部分，我问的基本问题是：你将如何把自己的智慧和在这里学到的东西进行融合，并且将采取什么具体行动。为了达成那个目标，我鼓励你在愿景与使命宣言中阐述你的目标，这会涉及逻辑层次的五个方面。在这种意义上，你会更容易决定你应该优先做什么，不断再接再厉地向前进。

我们也探讨了即使在尝试新策略时觉得不舒服，也要坚持去做——挑战自己、拓展自己的舒适区和不断征求反馈意见，并在前进过程中不断完善自己。实现项目领导力目标的最好方法是，持续小步前进，在过程中不断建立自己的能力和信心。

我希望大家发挥领导力，释放自己的领导力潜能，并祝大家一切顺利。这个世界需要你的才干，需要你的领导力。

如何践行新行为

如何学以致用

- 检查你过去习惯使用并且用得很好的那些技术工具。继续利用这些工具，帮助你提升你的领导力技能。
- 描绘你的人生愿景和使命宣言，然后明确你需要采取的优先行动是什么，以便更好地帮助你实现梦想。当你描绘你的愿景与使命的时候，确保尽可能多地考虑到逻辑层次的每个方面。
- 向那些你尊敬的和崇拜的人寻求反馈，发现你的盲区，采取必要的改进行动，开启你的领导力之旅。

- 每天进步一点点，让你不断接近你的目标。每两个星期，要拿出一点时间来，评估自己的进展，计划下一步的行动。
- 每天早晨，花几分钟时间做一下冥想练习，想象一下你到底想要什么，以及你想成为一名怎么样的项目领导者。感受、观察和倾听你所想要的一切。真诚地反思一下你的真实动机、技能和优点。
- 减少负面的思想情绪，避免过度责备自己，对自己多一点友善和关怀。
- 参加一些活动，开发你的领导力潜力。找一个导师、教练，或者一个有责任感的同事，与他们一起工作。下定决心，行动起来，立志成为一名卓越的项目领导者。
- 找到 www.powerofprojectleadership.com 网站，学习你需要的各种材料、视频、工具模板、播客链接，以及众多转型故事。

小测验：你是否掌握了本章的知识要点

- 在自己的职业生涯中，你知道自己想要得到什么、贡献什么。
- 你每天都在采取行动拓展和挑战自己，能够让自己处于舒适区边缘。
- 你经常去寻求反馈，并且把这视为不断提升自己的一个方法。
- 你了解自己的优势和劣势，并积极寻找机会去磨炼自己。
- 你领导的项目成绩不错。你的客户表示，没有你和你的团队，他们绝对不会取得这些成果。
- 你认真地扮演导师和榜样的角色，并积极地为他人的成长及整个项目管理界做出自己的贡献。